DAS GROSSE WILHELM BUSCH HAUSBUCH

Ein heiteres Album mit einer Würdigung von Dr. Curt Elwenspoek

SÜDWEST VERLAG MÜNCHEN

Huldigung für Meister Wilhelm Busch

Huldigung — —? Kein Zweifel, Sie würden sich dergleichen nachdrücklichst verbitten, verehrter Meister, wie Sie sich alles Getue und allen Aufwand und alle gespreizten Redensarten während Ihres Erdendaseins verbeten haben und dem Rummel der Berühmtheit stets ausgewichen sind. Denn Sie haben es eh und je gewußt:

„Der Ruhm, wie alle Schwindelware,
Hält selten über tausend Jahre.“

Und was sind schon tausend Jahre, nicht wahr? Wenn schon Ruhm, dann doch wenigstens — — Nämlich: Was man so Bescheidenheit nennt, ist nicht die Wurzel Ihrer Scheu vor dem „Getu's“, wie Sie es nannten, sondern eher eine Art von Hochmut, denn Sie waren sich Ihres Wertes und Ranges und inneren Reichtums immer vollauf bewußt. Sie bedurften keiner Bestätigung von außen, und Lobhudelei empfanden Sie als widerwärtige Zudringlichkeit.

Was Sie sich aber heute, da Sie nun schon seit einem halben Jahrhundert im Elysium Ihren Platz gefunden haben, gefallen lassen dürfen und sollten, das ist ein Wort frohen Dankes für all das, was Sie uns geschenkt haben! Und so ist auch diese Huldigung gemeint.

Unser geistiger Lebensraum, unser Bild von der Welt und vom Menschen, diesem widerspruchsvollen und närrischen Wesen, wäre sehr viel enger und ärmer ohne die Fülle drolliger, liebenswerter, skurriler, immer quicklebendiger und unverwechselbarer Gestalten, die Sie geschaffen und zu dauerndem Leben erweckt haben. Sind sie nicht zu unseren ständigen Begleitern geworden: Max und Moritz, die fromme Helene, Tobias Knopp und Balduin Bählamm? Fipps, den Affen, nicht zu vergessen und Hans Huckebein, den Unglücksraben! Dafür sollten wir Ihnen nicht Dank wissen?!

Aber nicht nur dafür! Über den schöpferischen Künstler dürfen wir den Denker nicht vergessen. Es ist den Deutschen, die den tierischen Ernst nicht nur erfunden, sondern förmlich zu ihrem Lebensprinzip erhoben haben, nie so recht beizubringen,

Das große
Wilhelm Busch
Hausbuch

W.B. 94
s.i.f

was beispielsweise den Franzosen und sogar den Engländern eine Selbstverständlichkeit ist, nämlich daß man ernste Wahrheit auch lachenden Mundes sagen kann. Es fällt uns schwer, den Humor ernst zu nehmen. Darum ist der Kreis Ihrer Verehrer immer noch klein, der erkannt hat, daß Sie nicht nur ein großer Künstler mit dem Zeichenstift und mit dem sorgsam geschmiedeten Wort (also ein großer Dichter), sondern auch ein großer Weiser sind, der tiefer in die Welt und in das Wesen des Menschen hineingeschaut und hineingeleuchtet hat als mancher Begründer großer philosophischer Systeme. Und es ist vielleicht nützlich, daran zu erinnern, daß zu diesem Kreise der Tiefblickenden auch ein Mann vom Range unseres Bundespräsidenten gehört: Theodor Heuß hat es sich nicht nehmen lassen, zu dem Sammelwerk „Die großen Deutschen“ seine schöne Würdigung Ihres Wesens und Werkes, verehrter Meister, beizusteuern.

Man möchte eine freundliche, vielleicht ein wenig schelmische Geste des Schicksals darin erblicken, daß es den Deutschen im gleichen Jahr, da die größte Gestalt ihrer geistigen Geschichte in die Ewigkeit abberufen wurde, als Trost sozusagen den größten und weisesten Humoristen bescherte: Am 22. März 1832 starb in Weimar Goethe — vierundzwanzig Tage später, am 15. April 1832, wurde in Wiedensahl bei Hannover Wilhelm Busch geboren.

Schade, daß uns kein Blick in die elysäischen Gefilde vergönnt ist! Ob sie sich über den Wolken beim olympischen Dämmerschoppen wohl gelegentlich an denselben Tisch setzen, Goethe und Wilhelm Busch? Ich könnt' es mir denken. Und sicher nickt der Weise von Weimar dem Weisen von Wiedensahl oder Mechtshausen von Zeit zu Zeit verständnisinnig zu. Ist es nicht so, geliebter Meister Busch? Sie werden sich ja wohl mit Aristophanes und Rembrandt, mit Martialis und Christoph Martin Wieland, mit Hogarth und Thackeray, mit Rabelais und Lichtenberg an dem gleichen Tisch einfinden, an dem Jean Paul und Wilhelm Raabe Sie zusammen mit Till Eulenspiegel schon erwarten?

14. Auflage, 1980, 359.–368. Tausend

Zusammenstellung, Gestaltung und Druckbearbeitung · Heinrich Mayr, München-Gauting

Gesamtherstellung über den Artia Verlag, Prag

ISBN 3 517 00022 1

INHALTSVERZEICHNIS

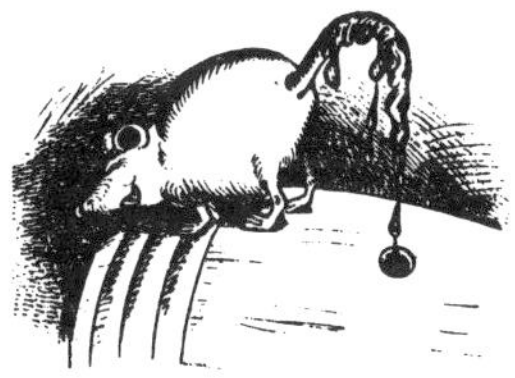

Seite

Seite

Seite

Max und Moritz

Eine Bubengeschichte in sieben Streichen

Vorwort

Ach, was muß man oft von bösen
Kindern hören oder lesen!
Wie zum Beispiel hier von diesen,

Welche Max und Moritz hießen.
Die, anstatt durch weise Lehren
Sich zum Guten zu bekehren,
Oftmals noch darüber lachten
Und sich heimlich lustig machten. —
— Ja, zur Übeltätigkeit,
Ja, dazu ist man bereit! —
— Menschen necken, Tiere quälen,
Äpfel, Birnen, Zwetschen stehlen —
Das ist freilich angenehmer
Und dazu auch viel bequemer,
Als in Kirche oder Schule
Festzusitzen auf dem Stuhle. —
— Aber wehe, wehe, wehe,
Wenn ich auf das Ende sehe!! —
Ach, das war ein schlimmes Ding,
Wie es Max und Moritz ging.
— Drum ist hier, was sie getrieben,
Abgemalt und aufgeschrieben.

Erster Streich

Mancher gibt sich viele Müh
Mit dem lieben Federvieh:
Einesteils der Eier wegen,
Welche diese Vögel legen,
Zweitens, weil man dann und wann
Einen Braten essen kann;
Drittens aber nimmt man auch
Ihre Federn zum Gebrauch
In die Kissen und die Pfühle,
Denn man liegt nicht gerne kühle. —

Seht, da ist die Witwe Bolte,
Die das auch nicht gerne wollte.

Ihrer Hühner waren drei
Und ein stolzer Hahn dabei. —
Max und Moritz dachten nun:
Was ist hier jetzt wohl zu tun? —
— Ganz geschwinde, eins, zwei, drei,
Schneiden sie sich Brot entzwei;
In vier Teile, jedes Stück
Wie ein kleiner Finger dick.
Diese binden sie an Fäden,
Übers Kreuz, ein Stück an jeden,

Und verlegen sie genau
In den Hof der guten Frau. —

Kaum hat dies der Hahn gesehen,
Fängt er auch schon an zu krähen:
Kikeriki, kikikerikih!!
Tak, tak, tak, da kommen sie!

Hahn und Hühner schlucken munter
Jedes ein Stück Brot hinunter;

Aber als sie sich besinnen,
Konnte keines recht von hinnen.

In die Kreuz und in die Quer
Reißen sie sich hin und her,

Flattern auf und in die Höh,
Ach herrje, herrjemine!

Ach, sie bleiben an dem langen,
Dürren Ast des Baumes hangen. —
— Und ihr Hals wird lang und länger,
Ihr Gesang wird bang und bänger.

Jedes legt noch schnell ein Ei,
Und dann kommt der Tod herbei. —

Witwe Bolte in der Kammer
Hört im Bette diesen Jammer;

Ahnungsvoll tritt sie heraus:
Ach, was war das für ein Graus!

Tiefbetrübt und sorgenschwer
Kriegt sie jetzt das Messer her,
Nimmt die Toten von den Strängen,
Daß sie so nicht länger hängen,

„Fließet aus dem Aug, ihr Tränen!
All mein Hoffen, all mein Sehnen,
Meines Lebens schönster Traum
Hängt an diesem Apfelbaum!“

Und mit stummem Trauerblick
Kehrt sie in ihr Haus zurück.

Dieses war der erste Streich,
Doch der zweite folgt sogleich.

Zweiter Streich

Als die gute Witwe Bolte
Sich von ihrem Schmerz erholte,
Dachte sie so hin und her,
Daß es wohl das beste wär,
Die Verstorbnen, die hienieden
Schon so frühe abgeschieden,
Ganz im stillen und in Ehren
Gut gebraten zu verzehren. —
— Freilich war die Trauer groß,
Als sie nun so nackt und bloß
Abgerupft am Herde lagen,
Sie, die einst in schönen Tagen
Bald im Hofe, bald im Garten
Lebensfroh im Sande scharrten. —

Ach, Frau Bolte weint aufs neu,
Und der Spitz steht auch dabei.
Max und Moritz rochen dieses:
„Schnell aufs Dach gekrochen!" hieß es.

Durch den Schornstein mit Vergnügen
Sehen sie die Hühner liegen,
Die schon ohne Kopf und Gurgeln
Lieblich in der Pfanne schmurgeln.

Eben geht mit einem Teller
Witwe Bolte in den Keller,

Daß sie von dem Sauerkohle
Eine Portion sich hole,

Wofür sie besonders schwärmt,
Wenn er wieder aufgewärmt. —
— Unterdessen auf dem Dache
Ist man tätig bei der Sache.
Max hat schon mit Vorbedacht
Eine Angel mitgebracht.

Schnupdiwup, da wird nach oben
Schon ein Huhn heraufgehoben!
Schnupdiwup, jetzt Numro zwei!
Schnupdiwup, jetzt Numro drei!
Und jetzt kommt noch Numro vier:
Schnupdiwup, dich haben wir!
Zwar der Spitz sah es genau
Und er bellt: Rawau, rawau!

Aber schon sind sie ganz munter
Fort und von dem Dach herunter.
Na, das wird Spektakel geben,
Denn Frau Bolte kommt soeben;
Angewurzelt stand sie da,
Als sie nach der Pfanne sah.

Alle Hühner waren fort,
„Spitz!" — das war ihr erstes Wort.

„O du Spitz, du Ungetüm!
Aber wart, ich komme ihm!"

Mit dem Löffel, groß und schwer,
Geht es über Spitzen her;
Laut ertönt sein Wehgeschrei,
Denn er fühlt sich schuldenfrei.

Max und Moritz im Verstecke
Schnarchen aber an der Hecke.
Und vom ganzen Hühnerschmaus
Guckt nur noch ein Bein heraus.

Dieses war der zweite Streich,
Doch der dritte folgt sogleich.

Dritter Streich

Jedermann im Dorfe kannte
Einen, der sich Böck benannte.

Alltagsröcke, Sonntagsröcke,
Lange Hosen, spitze Fräcke,
Westen mit bequemen Taschen,
Warme Mäntel und Gamaschen —
Alle diese Kleidungssachen
Wußte Schneider Böck zu machen. —
Oder wäre was zu flicken,
Abzuschneiden, anzustücken,
Oder gar ein Knopf der Hose
Abgerissen oder lose —
Wie und wo und was es sei,
Hinten, vorne, einerlei —
Alles macht der Meister Böck,
Denn das ist sein Lebenszweck. —
Drum so hat in der Gemeinde
Jedermann ihn gern zum Freunde. —
— Aber Max und Moritz dachten,
Wie sie ihn verdrießlich machten.

Nämlich vor des Meisters Hause
Floß ein Wasser mit Gebrause.

Übers Wasser führt ein Steg,
Und darüber geht der Weg.

Max und Moritz, gar nicht träge,
Sägen heimlich mit der Säge,
Ritzeratze! voller Tücke,
In die Brücke eine Lücke.

Als nun diese Tat vorbei,
Hört man plötzlich ein Geschrei:

„He, heraus, du Ziegen-Böck!
Schneider, Schneider, meck, meck, meck!" —
— Alles konnte Böck ertragen,
Ohne nur ein Wort zu sagen;
Aber wenn er dies erfuhr,
Ging's ihm wider die Natur.

Schnelle springt er mit der Elle
Über seines Hauses Schwelle,

Denn schon wieder, ihm zum Schreck,
Tönt ein lautes: „Meck, meck, meck!“

Und schon ist er auf der Brücke.
Kracks, die Brücke bricht in Stücke!

Wieder tönt es: „Meck, meck, meck!“
Plumps, da ist der Schneider weg!

Grad als dieses vorgekommen,
Kommt ein Gänsepaar geschwommen,

Welches Böck in Todeshast
Krampfhaft bei den Beinen faßt.

Beide Gänse in der Hand,
Flattert er auf trocknes Land.

Übrigens bei alledem
Ist so etwas nicht bequem!

Wie denn Böck von der Geschichte
Auch das Magendrücken kriegte.

Hoch ist hier Frau Böck zu preisen!
Denn ein heißes Bügeleisen,
Auf den kalten Leib gebracht,

Hat es wieder gutgemacht.
Bald im Dorf hinauf, hinunter
Hieß es: Böck ist wieder munter.

Dieses war der dritte Streich,
Doch der vierte folgt sogleich.

Vierter Streich

Also lautet ein Beschluß:
Daß der Mensch was lernen muß. —
Nicht allein das Abc
Bringt den Menschen in die Höh;
Nicht allein am Schreiben, Lesen,
Übt sich ein vernünftig Wesen;
Nicht allein in Rechnungssachen
Soll der Mensch sich Mühe machen;
Sondern auch der Weisheit Lehren
Muß man mit Vergnügen hören.

Daß dies mit Verstand geschah,
War Herr Lehrer Lämpel da. —
Max und Moritz, diese beiden,
Mochten ihn darum nicht leiden,
Denn wer böse Streiche macht,
Gibt nicht auf den Lehrer acht.
Nun war dieser brave Lehrer
Von dem Tobak ein Verehrer,
Was man ohne alle Frage
Nach des Tages Müh und Plage
Einem guten, alten Mann
Auch von Herzen gönnen kann. —
Max und Moritz, unverdrossen,
Sinnen aber schon auf Possen,
Ob vermittelst seiner Pfeifen
Dieser Mann nicht anzugreifen. —
Einstens, als es Sonntag wieder
Und Herr Lämpel brav und bieder

In der Kirche mit Gefühle
Saß vor seinem Orgelspiele,
Schlichen sich die bösen Buben
In sein Haus und seine Stuben,
Wo die Meerschaumpfeife stand;
Max hält sie in seiner Hand;

Aber Moritz aus der Tasche
Zieht die Flintenpulverflasche,
Und geschwinde — stopf, stopf, stopf! —
Pulver in den Pfeifenkopf.
Jetzt nur still und schnell nach Haus,
Denn schon ist die Kirche aus! —

Eben schließt in sanfter Ruh
Lämpel seine Kirche zu;

Und mit Buch und Notenheften,
Nach besorgten Amtsgeschäften,

Lenkt er freudig seine Schritte
Zu der heimatlichen Hütte,

Und voll Dankbarkeit sodann
Zündet er sein Pfeifchen an.

„Ach!“ spricht er. „Die größte Freud’
Ist doch die Zufriedenheit!“

Rums, da geht die Pfeife los
Mit Getöse, schrecklich groß!
Kaffeetopf und Wasserglas,
Tabaksdose, Tintenfaß,
Ofen, Tisch und Sorgensitz —
Alles fliegt im Pulverblitz.

Als der Dampf sich nun erhob,
Sieht man Lämpel, der — gottlob! —
Lebend auf dem Rücken liegt;
Doch er hat was abgekriegt.

Nase, Hand, Gesicht und Ohren
Sind so schwarz als wie die Mohren,
Und des Haares letzter Schopf
Ist verbrannt bis auf den Kopf.

Wer soll nun die Kinder lehren
Und die Wissenschaft vermehren?
Wer soll nun für Lämpel leiten
Seine Amtestätigkeiten?
Woraus soll der Lehrer rauchen,
Wenn die Pfeife nicht zu brauchen?

Mit der Zeit wird alles heil,
Nur die Pfeife hat ihr Teil.

Dieses war der vierte Streich,
Doch der fünfte folgt sogleich.

Fünfter Streich

Wer in Dorfe oder Stadt
Einen Onkel wohnen hat,
Der sei höflich und bescheiden;
Denn das mag der Onkel leiden.
Morgens sagt man: „Guten Morgen!
Haben Sie was zu besorgen?“
Bringt ihm, was er haben muß:
Zeitung, Pfeife, Fidibus.
Oder sollt es wo im Rücken
Drücken, beißen oder zwicken,
Gleich ist man mit Freudigkeit
Dienstbeflissen und bereit.
Oder sei's nach einer Prise,
Daß der Onkel heftig niese,
Ruft man: „Prosit!“ alsogleich. —
„Danke!“ — „Wohl bekomm es Euch!“
Oder kommt er spät nach Haus,
Zieht man ihm die Stiefel aus,
Holt Pantoffel, Schlafrock, Mütze,
Daß er nicht im Kalten sitze.
Kurz, man ist darauf bedacht,
Was dem Onkel Freude macht. —
Max und Moritz ihrerseits
Fanden darin keinen Reiz. —
Denkt euch nur, welch schlechten Witz
Machten sie mit Onkel Fritz!

Jeder weiß, was so ein Mai-
käfer für ein Vogel sei.

In den Bäumen hin und her
Fliegt und kriecht und krabbelt er.

Max und Moritz, immer munter,
Schütteln sie vom Baum herunter.

In die Tüte von Papiere
Sperren sie die Krabbeltiere.

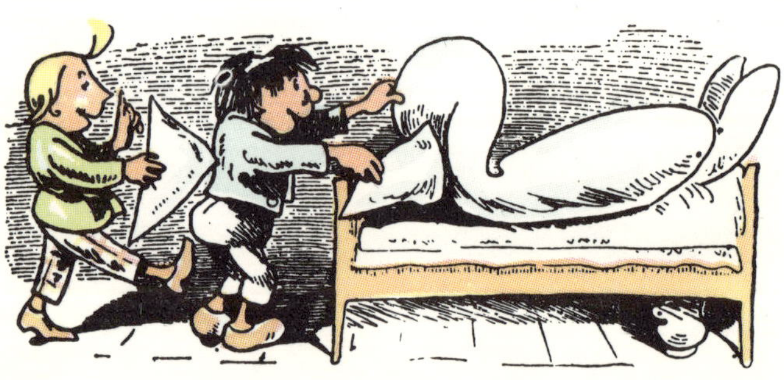

Fort damit und in die Ecke
Unter Onkel Fritzens Decke!

Bald zu Bett geht Onkel Fritze
In der spitzen Zipfelmütze;

Seine Augen macht er zu,
Hüllt sich ein und schläft in Ruh.

Doch die Käfer — kritze, kratze! —
Kommen schnell aus der Matratze.

Schon faßt einer, der voran,
Onkel Fritzens Nase an.

„Bau!" schreit der. „Was ist das hier?"
Und erfaßt das Ungetier.

Und den Onkel voller Grausen
Sieht man aus dem Bette sausen.

3

„Autsch!“ — schon wieder hat er einen
Im Genicke, an den Beinen;

Onkel Fritz, in dieser Not,
Haut und trampelt alles tot.

Hin und her und rundherum
Kriecht es, fliegt es mit Gebrumm.

Guckste wohl, jetzt ist's vorbei
Mit der Käferkrabbelei!

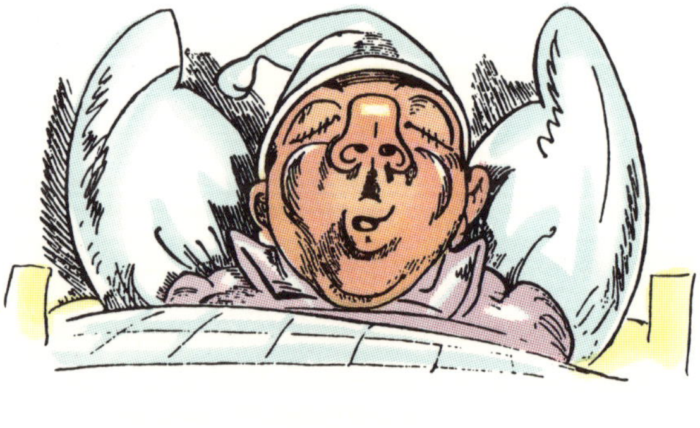

Onkel Fritz hat wieder Ruh
und macht seine Augen zu.

Dieses war der fünfte Streich,
Doch der sechste folgt sogleich.

Sechster Streich

In der schönen Osterzeit,
Wenn die frommen Bäckersleut
Viele süße Zuckersachen
Backen und zurechtemachen,
Wünschten Max und Moritz auch
Sich so etwas zum Gebrauch.

Doch der Bäcker, mit Bedacht,
Hat das Backhaus zugemacht.

Also, will hier einer stehlen,
Muß er durch den Schlot sich quälen.

Ratsch! da kommen die zwei Knaben
Durch den Schornstein, schwarz wie Raben.

Puff! sie fallen in die Kist,
Wo das Mehl darinnen ist!

Da! nun sind sie alle beide
Rundherum so weiß wie Kreide.

Aber schon mit viel Vergnügen
Sehen sie die Brezeln liegen.

Knacks! da bricht der Stuhl entzwei;

Schwapp! da liegen sie im Brei.

Ganz von Kuchenteig umhüllt.
Stehn sie da als Jammerbild. —

Gleich erscheint der Meister Bäcker
Und bemerkt die Zuckerlecker.

Eins, zwei, drei, eh man's gedacht,
Sind zwei Brote draus gemacht!

In dem Ofen glüht es noch –
Ruff! damit ins Ofenloch!

Ruff! man zieht sie aus der Glut;
Denn nun sind sie braun und gut! –

Jeder denkt: die sind perdü!
Aber nein — noch leben sie.

Knusper, knasper! wie zwei Mäuse
Fressen sie durch das Gehäuse;

Und der Meister Bäcker schrie:
„Ach herrje, da laufen sie!“

Dieses war der sechste Streich,
Doch der letzte folgt sogleich.

Letzter Streich

Max und Moritz, wehe euch!
Jetzt kommt euer letzter Streich!

Wozu müssen auch die beiden
Löcher in die Säcke schneiden?

Seht, da trägt der Bauer Mecke
Einen seiner Maltersäcke.

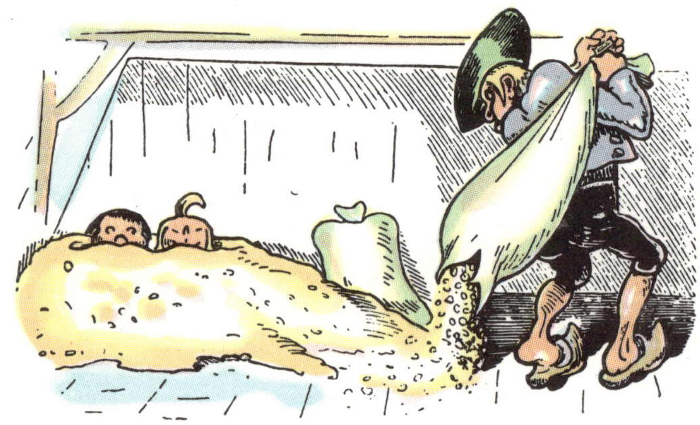

Und verwundert steht und spricht er:
„Zapperment! dat Ding werd lichter!“

Aber kaum, daß er von hinnen,
Fängt das Korn schon an zu rinnen.

Hei! da sieht er voller Freude
Max und Moritz im Getreide.

Rabs! in seinen großen Sack
Schaufelt er das Lumpenpack.

„Her damit!“ Und in den Trichter
Schüttelt er die Bösewichter. —

Max und Moritz wird es schwüle;
Denn nun geht es nach der Mühle. —

Rickeracke! Rickeracke!
Geht die Mühle mit Geknacke.

„Meister Müller, he, heran!
Mahl Er das, so schnell Er kann!“

Hier kann man sie noch erblicken
Fein geschroten und in Stücken.

Doch sogleich verzehret sie

Meister Müllers Federvieh.

Schluß

Als man dies im Dorf erfuhr,
War von Trauer keine Spur.
Witwe Bolte, mild und weich,
Sprach: „Sieh da, ich dacht es gleich!"
„Jajaja!" rief Meister Böck.
„Bosheit ist kein Lebenszweck!"

Drauf so sprach Herr Lehrer Lämpel:
„Dies ist wieder ein Exempel!"
„Freilich", meint' der Zuckerbäcker,
„Warum ist der Mensch so lecker!"
Selbst der gute Onkel Fritze
Sprach: „Das kommt von dumme Witze!"

Doch der brave Bauersmann
Dachte: Wat geiht meck dat an!
Kurz, im ganzen Ort herum
Ging ein freudiges Gebrumm:
„Gott sei Dank! Nun ist's vorbei
Mit der Übeltäterei!!"

Die
Fromme Helene

Erstes Kapitel

Lenchen kommt aufs Land

Wie der Wind in Trauerweiden
Tönt des frommen Sängers Lied,
Wenn er auf die Lasterfreuden
In den großen Städten sieht.

Ach, die sittenlose Presse!
Tut sie nicht in früher Stund
All die sündlichen Exzesse
Schon den Bürgersleuten kund?!

Offenbach ist im Thalia,
Hier sind Bälle, da Konzerts.
Annchen, Hannchen und Maria
Hüpft vor Freuden schon das Herz.

Kaum trank man die letzte Tasse,
Putzt man schon den ird'schen Leib.
Auf dem Walle, auf der Gasse
Wimmelt man zum Zeitvertreib.

Wie sie schauen, wie sie grüßen!
Hier die zierlichen Mosjös,
Dort die Damen mit den süßen,
Himmlisch hohen Prachtpopös.

Und der Jud mit krummer Ferse,
Krummer Nas' und krummer Hos'
Schlängelt sich zur hohen Börse
Tiefverderbt und seelenlos.

Schweigen will ich von Lokalen,
Wo der Böse nächtlich praßt,
Wo im Kreis der Liberalen
Man den Heil'gen Vater haßt.

Schweigen will ich von Konzerten,
Wo der Kenner hoch entzückt
Mit dem seelenvoll-verklärten
Opernglase um sich blickt,

Wo mit weichen Wogenbusen
Man schön warm beisammen sitzt,
Wo der hehre Chor der Musen,
Wo Apollo selber schwitzt.

Schweigen will ich vom Theater,
Wie von da, des Abends spät,
Schöne Mutter, alter Vater
Arm in Arm nach Hause geht.

Zwar man zeuget viele Kinder,
Doch man denket nichts dabei.
Und die Kinder werden Sünder,
Wenn's den Eltern einerlei.

„Komm, Helenchen!" sprach der brave
Vormund. — „Komm, mein liebes Kind!
Komm aufs Land, wo sanfte Schafe
Und die frommen Lämmer sind.

Da ist Onkel, da ist Tante,
Da ist Tugend und Verstand,
Da sind deine Anverwandte!"

So kam Lenchen auf das Land.

Zweites Kapitel

Des Onkels Nachthemd

Helene!" — sprach der Onkel Nolte. —
„Was ich schon immer sagen wollte!
Ich warne dich als Mensch und Christ:

Oh, hüte dich vor allem Bösen:
Es macht Pläsier, wenn man es ist,
Es macht Verdruß, wenn man's gewesen!"

„Ja, leider!" sprach die milde Tante. —
„So ging es vielen, die ich kannte!
Drum soll ein Kind die weisen Lehren
Der alten Leute hochverehren!
Die haben alles hinter sich
Und sind, gottlob! recht tugendlich!

Nun gute Nacht! es ist schon späte!
Und, gutes Lenchen, bete! bete!"

Helene geht. — Und mit Vergnügen
Sieht sie des Onkels Nachthemd liegen.

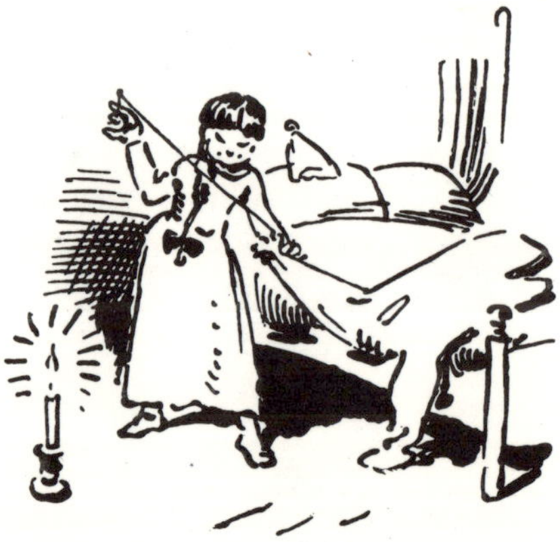

Die Nadel her, so schnell es geht!
Und Hals und Ärmel zugenäht!!

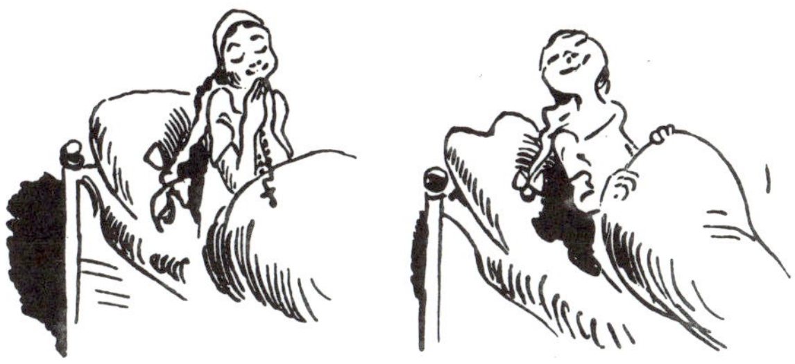

Darauf begibt sie sich zur Ruh
Und deckt sich warm und fröhlich zu.

Bald kommt der Onkel auch herein
Und scheint bereits recht müd zu sein.

Erst nimmt er seine Schlummerprise,
Denn er ist sehr gewöhnt an diese.

Und nun vertauscht er mit Bedacht
Das Hemd des Tags mit dem der Nacht.

Doch geht's nicht so, wie er wohl möcht,
Denn die Geschichte will nicht recht.

„Potztausend, das ist wunderlich!“
Der Onkel Nolte ärgert sich.

Er ärgert sich, doch hilft es nicht.
Ja siehste wohl! da liegt das Licht!

Stets größer wird der Ärger nur,
Es fällt die Dose und die Uhr.

Rack! — stößt er an den Tisch der Nacht,
Was einen großen Lärm gemacht.

Hier kommt die Tante mit dem Licht. —
Der Onkel hat schon Luft gekriegt.

„O sündenvolle Kreatur!
Dich mein ich dort! — Ja, schnarche nur!"

Helene denkt: Dies will ich nun
Auch ganz gewiß nicht wieder tun.

Drittes Kapitel

Vetter Franz

Helenchen wächst und wird gescheit

Und trägt bereits ein langes Kleid. —
„Na, Lene! Hast du's schon vernommen?
Der Vetter Franz ist angekommen."
So sprach die Tante früh um achte,
Indem sie grade Kaffee machte.
„Und hörst du, sei fein hübsch manierlich
Und zeige dich nicht ungebührlich,
Und sitz bei Tische nicht so krumm
Und gaffe nicht soviel herum.
Und ganz besonders muß ich bitten:
Das Grüne, was so ausgeschnitten —
Du ziehst mir nicht das Grüne an,
Weil ich's nun mal nicht leiden kann."

Ei! — denkt Helene — Schläft er noch?
Und schaut auch schon durchs Schlüsselloch.

Der Franz, ermüdet von der Reise,
Liegt tief versteckt im Bettgehäuse.

„Ah, ja, ja jam!" — so gähnt er eben —
„Es wird wohl Zeit, sich zu erheben

Und sich allmählich zu bequemen,
Die Morgenwäsche vorzunehmen."

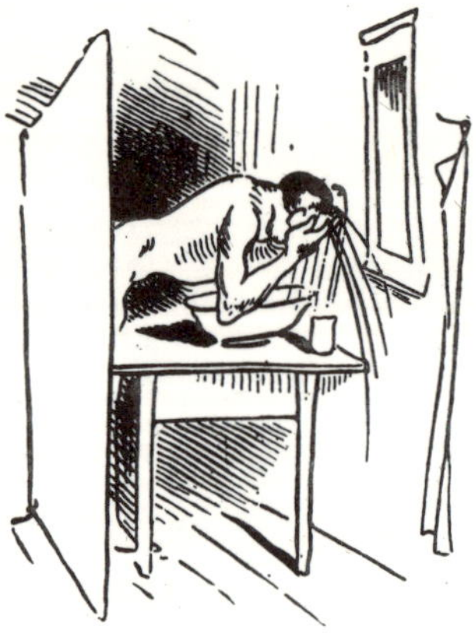

Zum ersten: ist es mal so schicklich,

Zum zweiten: ist es sehr erquicklich,

Zum dritten: ist man sehr bestaubt

Und viertens: soll man's überhaupt,

Denn fünftens: ziert es das Gesicht

Und schließlich: schaden tut's mal nicht.

Wie fröhlich ist der Wandersmann,
Zieht er das reine Hemd sich an.

Und neugestärkt und friedlich-heiter
Bekleidet er sich emsig weiter.

Und erntet endlich stillerfreut

Die Früchte seiner Reinlichkeit.

Jetzt steckt der Franz die Pfeife an,
Helene eilt, so schnell sie kann.

Plemm!! — stößt sie an die alte Brause,
Die oben steht im Treppenhause.

Sie kommt auf Hannchen hergerollt,
Die Franzens Stiefel holen wollt.

Die Lene rutscht, es rutscht die Hanne;
Die Tante trägt die Kaffeekanne.

Da geht es klirr! und klipp! und klapp!
Und auch der Onkel kriegt was ab.

Viertes Kapitel

Der Frosch

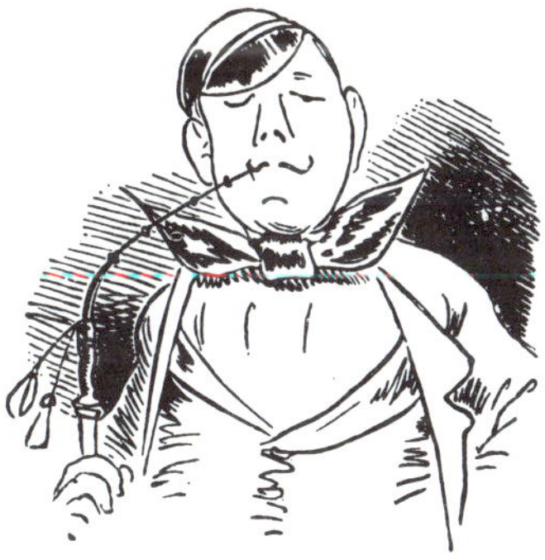

Der Franz, ein Schüler hochgelehrt,
Macht sich gar bald beliebt und wert.

So hat er einstens in der Nacht
Beifolgendes Gedicht gemacht:

Als ich so von ungefähr
Durch den Wald spazierte,
Kam ein bunter Vogel, der
Pfiff und quinquillierte.
Was der bunte Vogel pfiff,
Fühle und begreif' ich:
Liebe ist der Inbegriff,
Auf das andre pfeif' ich.

Er schenkt's Helenen, die darob
Gar hocherfreut und voller Lob.

Und Franz war wirklich angenehm,
Teils dieserhalb, teils außerdem.

Wenn in der Küche oder Kammer
Ein Nagel fehlt — Franz holt den Hammer!

Wenn man den Kellerraum betritt,
Wo's öd und dunkel — Franz geht mit!

Wenn man nach dem Gemüse sah
In Feld und Garten — Franz ist da! —

Oft ist z. B. an den Stangen
Die Bohne schwierig zu erlangen.

Franz aber faßt die Leiter an,
Daß Lenchen ja nicht fallen kann.

Und ist sie dann da oben fertig —
Franz ist zur Hilfe gegenwärtig.

Kurzum! Es sei nun, was es sei —
Der Vetter Franz ist gern dabei.

Indessen ganz insonderheit
Ist er voll Scherz und Lustbarkeit.

Schau, schau! Da schlupft und hupft im Grün
Ein Frosch herum! — Gleich hat er ihn!

Und setzt ihn heimlich nackt und bloß
In Nolten seine Tabaksdos'.

Wie nun der sanfte Onkel Nolte
Sich eine Prise schöpfen wollte —

Hucks da! Mit einem Satze saß
Der Frosch an Nolten seiner Nas'.

Platsch! springt er in die Tasse gar,
Worin noch schöner Kaffee war.

Schlupp! sitzt er in der Butterbemme
Ein kleines Weilchen in der Klemme.

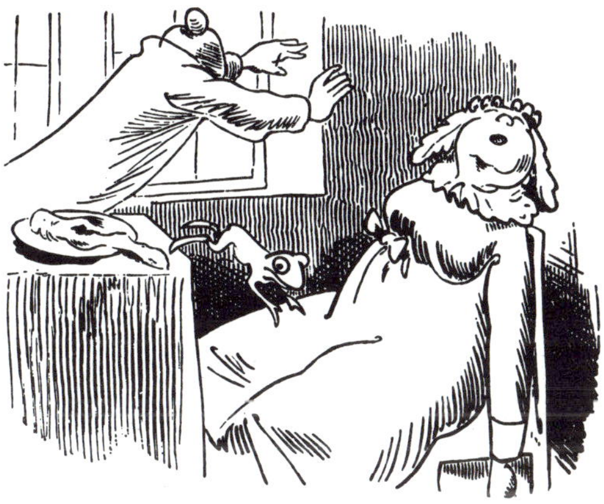

Putsch!! — Ach, der Todesschreck ist groß!
Er hupft in Tante ihren Schoß.

Der Onkel ruft und zieht die Schelle:
„He Hannchen, Hannchen, komme schnelle!“

Und Hannchen ohne Furcht und Bangen
Entfernt das Scheusal mit der Zangen.

Nun kehrt die Tante auch zum Glück
Ins selbstbewußte Sein zurück.

Wie hat Helene da gelacht,
Als Vetter Franz den Scherz gemacht!

Eins aber war von ihm nicht schön:
Man sah ihn oft bei Hannchen stehn!
Doch jeder Jüngling hat wohl mal
'n Hang fürs Küchenpersonal,
Und sündhaft ist der Mensch im ganzen!
Wie betet Lenchen da für Franzen!!

Nur einer war, der heimlich grollte:
Das ist der ahnungsvolle Nolte.
Natürlich tut er dieses bloß
In Anbetracht der Tabaksdos'.
Er war auch wirklich voller Freud,
Als nun vorbei die Ferienzeit
Und Franz mit Schrecken wiederum
Zurück muß aufs Gymnasium.

Fünftes Kapitel

Der Liebesbrief

Und wenn er sich auch ärgern sollte,
Was schert mich dieser Onkel Nolte!“

So denkt Helene, leider Gotts!
Und schreibt dem Onkel grad zum Trotz:

„Geliebter Franz!
Du weißt es ja, dein bin ich ganz!

Wie reizend schön war doch die Zeit,
Wie himmlisch war das Herz erfreut,

Als in den Schnabelbohnen drin
Der Jemand eine Jemandin,

Ich darf wohl sagen: herzlich küßte. —
Ach Gott, wenn das die Tante wüßte!

Und ach! wie ist es hierzuland
Doch jetzt so schrecklich anigant!

Der Onkel ist, gottlob! recht dumm,

Die Tante nöckert so herum,
Und beide sind so furchtbar fromm;
Wenn's irgend möglich, Franz, so komm
Und trockne meiner Sehnsucht Träne!
10.000 Küsse von
Helene."

Jetzt Siegellack! — Doch weh! Alsbald

Ruft Onkel Nolte donnernd: halt!

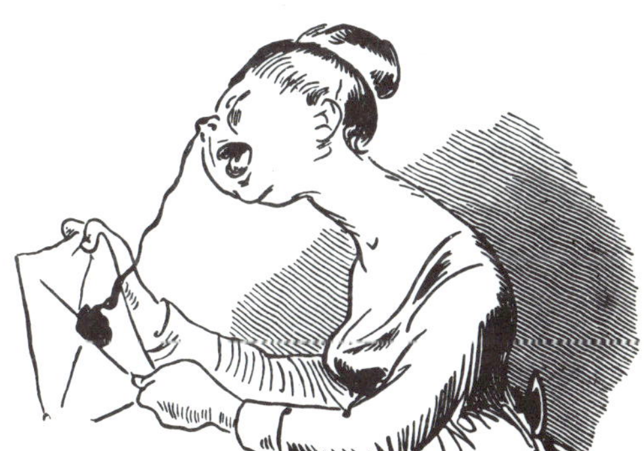

Und an Helenes Nase stracks
Klebt das erhitzte Siegelwachs.

Sechstes Kapitel

Eine unruhige Nacht

In der Kammer, still und donkel,
Schläft die Tante bei dem Onkel.

Mit der Angelschnur versehen
Naht sich Lenchen auf den Zehen.

Zupp! — Schon lüftet sich die Decke
Zu des Onkels großem Schrecke.

Zupp! — Jetzt spürt die Tante auch
An dem Fuß den kalten Hauch.

„Nolte!" — ruft sie — „Lasse das,
Denn es ist ein dummer Spaß!"

Und mit Murren und Gebrumm
Kehrt man beiderseits sich um.

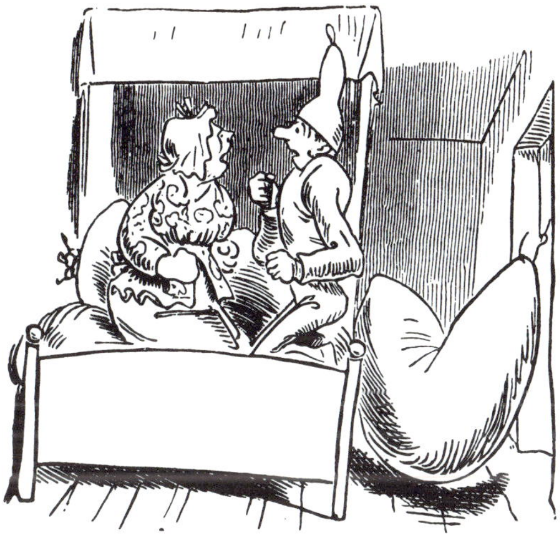

Schnupp! — Da liegt man gänzlich bloß
Und die Zornigkeit wird groß;

Lene hört nicht auf zu zupfen,
Onkel Nolte, der muß hupfen.

Und der Schlüsselbund erklirrt,
Bis der Onkel flüchtig wird.

Lene hält die Türe zu.
Oh, du böse Lene du!

Autsch! Wie tut der Fuß so weh!
An der Angel sitzt die Zeh.

Stille wird es nach und nach,
Friede herrscht im Schlafgemach.

Am Morgen aber ward es klar,
Was nachts im Rat beschlossen war.
Kalt, ernst und dumpf sprach Onkel Nolte:
„Helene, was ich sagen wollte: —"

„Ach!" — rief sie — „Ach! Ich will es nun
Auch ganz gewiß nicht wieder tun!"

„Es ist zu spät! — drum stantepeh
Pack deine Sachen! — So! — Ade!"

Siebentes Kapitel

Interimistische Zerstreuung

Ratsam ist und bleibt es immer
Für ein junges Frauenzimmer,
Einen Mann sich zu erwählen
Und womöglich zu vermählen.
Erstens: will es so der Brauch.
Zweitens: will man's selber auch.
Drittens: man bedarf der Leitung
Und der männlichen Begleitung;
Weil bekanntlich manche Sachen,
Welche große Freude machen,
Mädchen nicht allein verstehn;
Als da ist: ins Wirtshaus gehn. —

Freilich oft, wenn man auch möchte,
Findet sich nicht gleich der Rechte;
Und derweil man so allein,
Sucht man sonst sich zu zerstreun.

Lene hat zu diesem Zwecke
Zwei Kanari in der Hecke,

Welche Niep und Piep genannt.
Zierlich fraßen aus der Hand
Diese goldig netten Mätzchen;

Aber Mienzi hieß das Kätzchen.

Einstens kam auch auf Besuch
Kater Munzel, frech und klug.

Alsobald so ist man einig. —
Fest entschlossen, still und schleunig

Ziehen sie voll Mörderdrang
Niep und Piep die Hälse lang.

Drauf so schreiten sie ganz heiter
Zu dem Kaffeetische weiter. —
Mienzi mit den sanften Tätzchen
Nimmt die guten Zuckerplätzchen.

Aber Munzels dicker Kopf
Quält sich in den Sahnetopf.

Grad kommt Lene, welche drüben
Eben einen Brief geschrieben,
Mit dem Licht und Siegellack
Und bemerkt das Lumpenpack.

Mienzi kann noch schnell enteilen,
Aber Munzel muß verweilen;

Denn es sitzt an Munzels Kopf
Festgeschmiegt der Sahnetopf.

Blindlings stürzt er sich zur Erd'.
Klacks! — Der Topf ist nichts mehr wert.

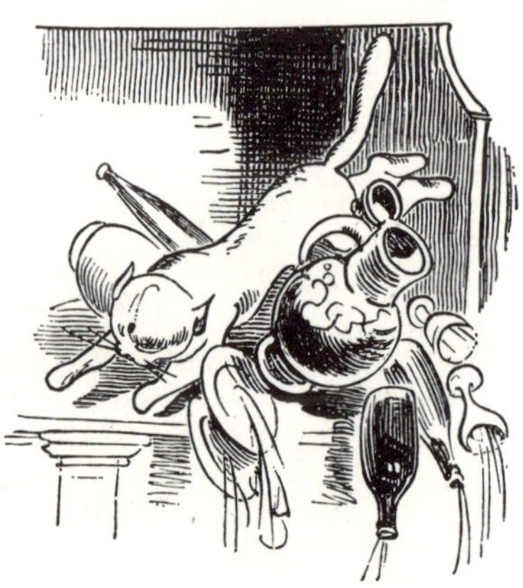

Aufs Büfett geht es jetzunder;
Flaschen, Gläser — alles runter!

Sehr in Ängsten sieht man ihn
Aufwärts sausen am Kamin.

Ach! — Die Venus ist perdü —
Klickeradoms! — von Medici!

Weh! Mit einem Satze ist er
Vom Kamine an dem Lüster;

Und da geht es Klingelingelings!
Unten liegt das teure Dings.

Schnell sucht Munzel zu entrinnen,
Doch er kann nicht mehr von hinnen. —

Wehe, Munzel! — Lene kriegt
Tute, Siegellack und Licht.

Dann das Lack, nachdem's erhitzt,
Auf die Tute, bis sie sitzt.

Allererst tut man die Tute
An des Schweifs behaarte Rute;

Drauf hält man das Licht daran,
Daß die Tute brennen kann.

Jetzt läßt man den Munzel los —
Mau! — Wie ist die Hitze groß!

Achtes Kapitel

Der Heiratsentschluß

Wenn's einer davon haben kann,
So bleibt er gerne dann und wann
Des Morgens, wenn das Wetter kühle,
Noch etwas liegen auf dem Pfühle
Und denkt sich so in seinem Sinn:
Na, dämmre noch 'n bissel hin!
Und denkt so hin und denkt so her,
Wie dies wohl wär, wenn das nicht wär. —
Und schließlich wird es ihm zu dumm. —
Und wendet sich nach vorne um,
Kreucht von der warmen Lagerstätte
Und geht an seine Toilette.

Die Propertät ist sehr zu schätzen,
Doch kann sie manches nicht ersetzen. —

Der Mensch wird schließlich mangelhaft.

Die Locke wird hinweggerafft. —

Mehr ist hier schon die Kunst zu loben,

Denn Schönheit wird durch Kunst gehoben. —

Allein auch dieses, auf die Dauer,
Fällt doch dem Menschen schließlich sauer —

„Es sei!" — sprach Lene heute früh —
„Ich nehme Schmöck und Kompanie!"

G. I. C. Schmöck, schon längst bereit,
Ist dieserhalb gar hocherfreut.
Und als der Frühling kam ins Land,
Ward Lene Madam Schmöck genannt.

Wie lieblich wandelt man zu zwei'n
Das Schloß hinauf im Sonnenschein.

„Ach, sieh nur mal, geliebter Schorsch,
Hier diese Trümmer alt und morsch!"

Neuntes Kapitel

Die Hochzeitsreise

's war Heidelberg, das sich erwählten
Als Freudenort die Neuvermählten. —

„Ja!" — sprach er — „Aber diese Hitze!
Und fühle nur mal, wie ich schwitze!"

Ruinen machen vielen Spaß. —
Auch sieht man gern das große Faß.

Und — alle Ehrfurcht! — muß ich sagen,

Alsbald, so sitzt man froh im Wagen

Und sieht das Panorama schnelle
Vorüberziehn bis zum Hotelle;

Denn Spargel, Schinken, Koteletts
Sind doch mitunter auch was Netts.

„Pist! Kellner! Stell'n Sie eine kalt!
Und Kellner! aber möglichst bald!"

Der Kellner hört des Fremden Wort.
Es saust der Frack.. Schon eilt er fort.

Wie lieb und luftig perlt die Blase
Der Witwe Klicko in dem Glase. —

Der Kellner hört des Fremden Wort.
Es saust der Frack. Schon eilt er fort.

Gelobt seist du vieltausendmal!
Helene blättert im Journal.

Wie lieb und luftig perlt die Blase
Der Witwe Klicko in dem Glase.

„Pist! Kellner! Noch einmal so eine!“ —
— Helenen ihre Uhr ist neune. —

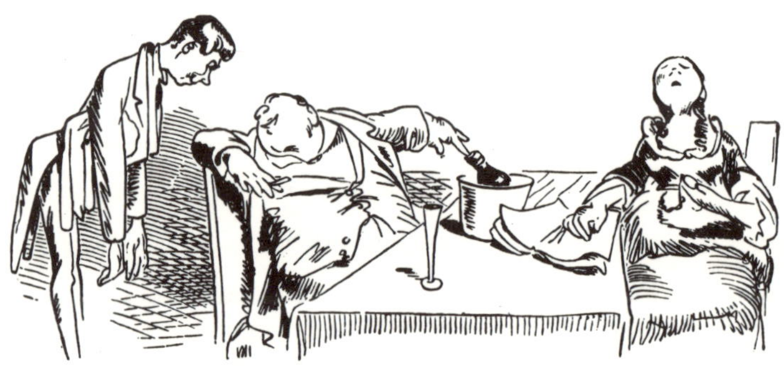

„Pist! Kellner! Noch so was von den!“
— Helenen ihre Uhr ist zehn. —

Schon eilt der Kellner emsig fort. —
Helene spricht ein ernstes Wort. —

Der Kellner leuchtet auf der Stiegen.
Der fremde Herr ist voll Vergnügen.

Pitsch! — Siehe da! Er löscht das Licht.

Plumps! liegt er da und rührt sich nicht.

5*

Zehntes Kapitel

Löbliche Tätigkeit

Viele Madams, die ohne Sorgen,
In Sicherheit und wohlgeborgen,
Die denken! Pah! Es hat noch Zeit! —
Und bleiben ohne Frömmigkeit. —

Wie lobenswert ist da Helene!
Helene denkt nicht so wie jene. —
Nein, nein: sie wandelt oft und gerne
Zur Kirche hin, obschon sie ferne.

Und Jean mit demutsvollem Blick,
Drei Schritte hinterwärts zurück,
Das Buch der Lieder in der Hand,
Folgt seiner Herrin unverwandt.

Doch ist Helene nicht allein
Nur auf sich selbst bedacht. — O nein! —
Ein guter Mensch gibt gerne acht,
Ob auch der andre was Böses macht;
Und strebt durch häufige Belehrung
Nach seiner Beßrung und Bekehrung.

„Schang!“ — sprach sie einstens — „Deine Taschen
Sind oft so dick! Schang! Tust du naschen?

Ja, siehst du wohl! Ich dacht es gleich!
O Schang! Denk an das Himmelreich!“

Dies Wort drang ihm in die Natur,
So daß er schleunigst Beßrung schwur.

Doch nicht durch Worte nur allein
Soll man den andern nützlich sein. —
Helene strickt die guten Jacken,
Die so erquicklich für den Nacken;
Denn draußen wehen rauhe Winde. —
Sie fertigt auch die warme Binde;
Denn diese ist für kalte Mägen
Zur Winterszeit ein wahrer Segen. —
Sie pflegt mit herzlichem Pläsier
Sogar den fränk'schen Offizier,
Der noch mit mehren dieses Jahr
Im Deutschen Reiche seßhaft war. —
Besonders aber tat ihr leid
Der armen Leute Bedürftigkeit. —
Und da der Arzt mit Ernst geraten,
Den Leib in warmem Wein zu baden,

So tut sie's auch.

Oh, wie erfreut
Ist die Schar der armen Leut',

Die, sich recht innerlich zu laben,
Doch auch mal etwas Warmes haben.

Elftes Kapitel

Geistlicher Rat

Viel Freude macht, wie männiglich bekannt,
Für Mann und Weib der heilige Ehestand!
Und lieblich ist es für den Frommen,
Der die Genehmigung dazu bekommen,
Wenn er sodann nach der üblichen Frist
Glücklicher Vater und Mutter ist. —
— Doch manchmal ärgert man sich bloß,
Denn die Ehe bleibt kinderlos. —
— Dieses erfuhr nach einiger Zeit
Helene mit großer Traurigkeit. —
Nun wohnte allda ein frommer Mann,
Bei Sankt Peter dicht nebenan,
Von Frau'n und Jungfrau'n weit und breit
Hochgepriesen ob seiner Gelehrsamkeit. —
(Jetzt war er freilich schon etwas kränklich.)
O meine Tochter! — sprach er bedenklich —
Dieses ist ein schwierig' Kapitel;
Da helfen allein die geistlichen Mittel!
Drum, meine Beste, ist dies mein Rat:
Schreite hinauf den steilen Pfad
Und folge der seligen Pilgerspur
Gen Chosemont de bon secours,
Denn dorten, berühmt seit alter Zeit,
Stehet die Wiege der Fruchtbarkeit.
Und wer allda sich hinverfügt,
Und wer allda die Wiege gewiegt,
Der spürete bald nach selbigter Fahrt,
Daß die Geschichte anders ward.
Solches hat noch vor etzlichen Jahren
Leider Gottes! eine fromme Jungfer erfahren,
Welche, indem sie bis dato in diesen
Dingen nicht sattsam unterwiesen,
Aus Unbedacht und kindlichem Vergnügen
Die Wiege hat angefangen zu wiegen. —
Und ob sie schon nur ein wenig gewiegt,
Hat sie dennoch ein ganz kleines Kind gekriegt. —
Auch kam da ein frecher Pilgersmann,
Der rühret aus Vorwitz die Wiegen an.
Darauf nach etwa etzlichen Wochen,
Nachdem er dieses verübt und verbrochen,
Und — — Doch meine Liebe, genug für heute!
Ich höre, daß es zur Metten läute.
Addio! Und — Trost sei dir beschieden!
Zeuge hin in Frieden!

Zwölftes Kapitel

Die Wallfahrt

Hoch von gnadenreicher Stelle
Winkt die Schenke und Kapelle. —

Aus dem Tale zu der Höhe,
In dem seligen Gedränge
Andachtsvoller Christenmenge
Fühlt man froh des andern Nähe;
Denn hervor aus Herz und Munde,
Aus der Seele tiefstem Grunde
Haucht sich warm und innig an
Pilgerin und Pilgersmann. —

Hier vor allen, schuhbestaubt,
Warm ums Herze, warm ums Haupt,
Oft erprobt in ernster Kraft,
Schreitet die Erzgebruderschaft. —
Itzo kommt die Jungferngilde,

Auf den Lippen Harmonie,
In dem Busen Engelsmilde,
In der Hand das Paraplü. —
O wie lieblich tönt der Chor! —
Bruder Jochen betet vor. —

Aber dort im Sonnenscheine
Geht Helene traurig-heiter,
Sozusagen, ganz alleine,

Denn ihr einziger Begleiter,
Stillverklärt im Sonnenglanz,
Ist der gute Vetter Franz,
Den seit kurzem die Bekannten
Nur den „heil'gen" Franz benannten. —
Traulich wallen sie zu zweit
Als zwei fromme Pilgersleut.

Gott sei Dank, jetzt ist man oben!
Und mit Preisen und mit Loben
Und mit Eifer und Bedacht
Wird das Nötige vollbracht.

Freudig eilt man nun zur Schenke,
Freudig greift man zum Getränke,
Welches schon seit langer Zeit
In des Klosters Einsamkeit
Ernstbesonnen, stillvertraut,
Bruder Jakob öfters braut.

Hierbei schau'n sich innig an
Pilgerin und Pilgersmann.

Endlich nach des Tages Schwüle
Naht die sanfte Abendkühle.

In dem gold'nen Mondenscheine
Geht Helene froh und heiter,
Sozusagen, ganz alleine,
Denn ihr einziger Begleiter,
Stillverklärt im Mondesglanz,
Ist der heil'ge Vetter Franz.
Traulich zieh'n sie heim zu zweit
Als zwei gute Pilgersleut. —

Doch die Erzgebruderschaft,
Nebst den Jungfern tugendhaft,
Die sich etwas sehr verspätet,
Kommen jetzt erst angebetet.
O wie lieblich tönt der Chor!
Bruder Jochen betet vor.

Schau, da kommt von ungefähr
Eine Droschke noch daher. —

Er, der diese Droschke fuhr,
Frech und ruchlos von Natur,
Heimlich denkend: papperlapp!
Tuet seinen Hut nicht ab. —

Weh! Schon schau'n ihn grollend an
Pilgerin und Pilgersmann. —

Zwar der Kutscher sucht mit Klappen,
Anzuspornen seinen Rappen,
Aber Jochen schiebt die lange
Jungfernbundesfahnenstange
Durch die Hinterräder quer

Schrupp! — und 's Fuhrwerk geht nicht mehr. —

Bei den Beinen, bei dem Rocke
Zieht man ihn von seinem Bocke;

Jungfer Nanni mit der Krücke
Stößt ihn häufig ins Genicke.
Aber Jungfer Adelheid
Treibt die Sache gar zu weit,

Denn sie sticht in Kampfeshitze
Mit des Schirmes scharfer Spitze,

Und vor Schaden schützt ihn bloß
Seine warme Lederhos'. —

Drauf so schau'n sich fröhlich an

Pilgerin und Pilgersmann,

Fern verklingt der Jungfernchor,
Bruder Jochen betet vor. —

Doch der böse Kutscher, dem

Alles dieses nicht genehm,
Meldet eilig die Geschichte
Bei dem hohen Stadtgerichte.

Dieses ladet baldigst vor
Jochen und den Jungfernchor.

Und das Urteil wird gesprochen:
Bruder Jochen kriegt drei Wochen,
Aber Jungf- und Bruderschaften
Sollen für die Kosten haften.

Ach! da schau'n sich traurig an
Pilgerin und Pilgersmann.

Dreizehntes Kapitel

Die Zwillinge

Wo kriegten wir die Kinder her,

Wenn Meister Klapperstorch nicht wär?

Er war's, der Schmöcks in letzter Nacht
Ein kleines Zwillingspaar gebracht.

Der Vetter Franz, mit mildem Blick,
Hub an und sprach: „O welches Glück!
Welch' kleine, freundliche Kollegen!
Das ist fürwahr zwiefacher Segen!

Drum töne zwiefach Preis und Ehr!
Herr Schmöck, ich gratuliere sehr!"

Bald drauf um zwölf kommt Schmöck herunter,
So recht vergnügt und frisch und munter.

Und hustet, bis ihm der Salat
Aus beiden Ohren fliegen tat.

Und emsig setzt er sich zu Tische,
Denn heute gibt's Salat und Fische.

Bums! Da! Er schließt den Lebenslauf.
Der Jean fängt schnell die Flasche auf.

Autsch! Eine Gräte kommt verquer,
Und Schmöck wird blau und hustet sehr;

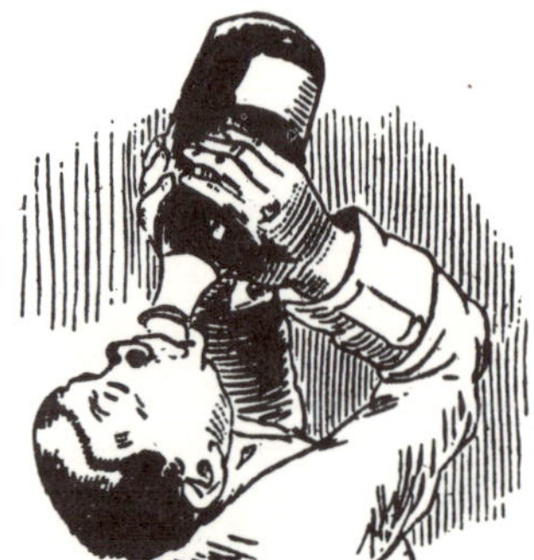

„Oh!" — sprach Jean — „Es ist ein Graus!
Wie schnell ist doch das Leben aus!"

Vierzehntes Kapitel

Ein treuloser Freund

„O Franz!“ spricht Lene — und sie weint —
„O Franz! — Du bist mein einz’ger Freund!“

„Ja!“ — schwört der Franz mit mildem Hauch —
„Ich war’s, ich bin’s und bleib es auch!

Nun gute Nacht! Schon tönt es zehn!
Will’s Gott! Auf baldig’ Wiedersehn!“

Die Stiegen steigt er sanft hinunter. —
Schau, schau! Die Kathi ist noch munter.

Das freut den Franz. — Er hat nun mal
’n Hang fürs Küchenpersonal.

Der Jean, der heimlich näher schlich,
Bemerkt die Sache zorniglich.

Von großer Eifersucht erfüllt,
Hebt er die Flasche rasch und wild.

Und — Kracks! Es dringt der scharfe Schlag
Bis tief in das Gedankenfach.

's ist aus! — Der Lebensfaden bricht. —
Helene naht. — Es fällt das Licht. —

Fünfzehntes Kapitel

Die Reue

Ach, wie ist der Mensch so sündig! —
Lene, Lene! Gehe in dich! —

Und sie eilet tieferschüttert
Zu dem Schranke, schmerzdurchzittert.

Fort! Ihr falschgesinnten Zöpfe,
Schminke und Pomadentöpfe!

Fort! Du Apparat der Lüste,
Hochgewölbtes Herzgerüste!

Fort vor allem mit dem Übel
Dieser Lust- und Sündenstiebel!

Trödelkram der Eitelkeit,
Fort, und sei der Glut geweiht!!

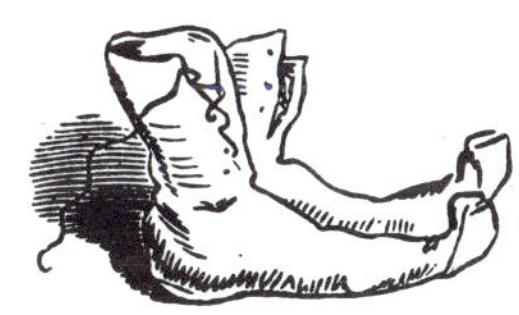

O wie lieblich sind die Schuhe
Demutsvoller Seelenruhe!!

Sieh, da geht Helene hin,
Eine schlanke Büßerin!

Sechzehntes Kapitel

Versuchung und Ende

Es ist ein Brauch von alters her:
Wer Sorgen hat, hat auch Likör!

„Nein!“ — ruft Helene — „Aber nun
Will ich's auch ganz — und ganz — und ganz —
und ganz gewiß nicht wieder tun!“

Sie kniet von ferne fromm und frisch.
Die Flasche stehet auf dem Tisch.

Es läßt sich knien auch ohne Pult.
Die Flasche wartet mit Geduld.

Man liest nicht gerne weit vom Licht.
Die Flasche glänzt und rührt sich nicht.

Oft liest man mehr als wie genug,
Die Flasche ist kein Liederbuch.

Gefährlich ist des Freundes Nähe.
O Lene, Lene! Wehe! Wehe!

O sieh! Im sel'gen Nachtgewande
Erscheint die jüngstverstorb'ne Tante.

Mit geisterhaftem Schmerzgetöne —
„Helene!" — ruft sie — „Oh, Helene!!!"

Umsonst! — Es fällt die Lampe um,
Gefüllt mit dem Petroleum.

Und hilflos und mit Angstgewimmer
Verkohlt dies fromme Frauenzimmer.

Hier sieht man ihre Trümmer rauchen.
Der Rest ist nicht mehr zu gebrauchen.

Siebzehntes Kapitel

Triumph des Bösen

Hu! draußen welch ein schrecklich Grausen!
Blitz, Donner, Nacht und Sturmesbrausen! —

Schon wartet an des Hauses Schlote
Der Unterwelt geschwänzter Bote.

Zwar Lenens guter Genius
Bekämpft den Geist der Finsternus.

Doch dieser kehrt sich um und packt
Ihn mit der Gabel zwiegezackt.

O weh, oh weh! der Gute fällt!
Es siegt der Geist der Unterwelt.

Er faßt die arme Seele schnelle

Und fährt mit ihr zum Schlund der Hölle!

Hinein mit ihr! — Huhu! Haha!
Der heil'ge Franz ist auch schon da.

Epilog

Als Onkel Nolte dies vernommen,
War ihm sein Herze sehr beklommen.

„Das Gute — dieser Satz steht fest —
Ist stets das Böse, was man läßt!"

Doch als er nun genug geklagt:
„Oh!" — sprach er — „Ich hab's gleich gesagt!"

„Ei ja! — da bin ich wirklich froh!
Denn, Gott sei Dank, ich bin nicht so!"

Maler Klecksel

Erstes Kapitel

Das Reden tut dem Menschen gut,
Wenn man es nämlich selber tut,
Von Angstprodukten abgesehn;
Denn so etwas bekommt nicht schön.

Die Segelflotte der Gedanken,
Wie fröhlich fährt sie durch die Schranken
Der aufgesperrten Mundesschleuse
Bei gutem Winde auf die Reise
Und steuert auf des Schalles Wellen
Nach den bekannten offnen Stellen
Am Kopfe, in des Ohres Hafen
Der Menschen, die mitunter schlafen.

Vor allen der Politikus
Gönnt sich der Rede Vollgenuß;
Und wenn er von was sagt, so sei's,
Ist man auch sicher, daß er's weiß.

Doch andern, darin mehr zurück,
Fehlt dieser unfehlbare Blick.
Sie lockt das zartere Gemüt
Ins anmutreiche Kunstgebiet,
Wo grade, wenn man nichts versteht,
Der Schnabel um so leichter geht.

Fern liegt es mir, den Freund zu rügen,
Dem Tee zu kriegen ein Vergnügen
Und im Salon mit geistverwandten
Ästhetisch durchgeglühten Tanten
Durch Reden bald und bald durch Lauschen
Die Seelen säuselnd auszutauschen.
Auch tadl' ich keinen, wenn's ihn gibt,
Der diese Seligkeit nicht liebt,
Der keinen Tee mag, selbst von Engeln,
Dem's aber erst wohl, wo Menschen drängeln.
Ihn fährt die Droschke, zieht das Herz
Zu schönen Opern und Konzerts,
Die auch im Grund, was nicht zu leugnen,
Zum Zwiegespräch sich trefflich eignen.
Man sitzt gesellig unter vielen
So innig nah auf Polsterstühlen,
Man ist so voll humaner Wärme;
Doch ewig stört uns das Gelärme,
Das Grunzen, Plärren und Gegirre
Der musikalischen Geschirre,
Die eine Schar im schwarzen Fracke
Mit krummen Fingern, voller Backe,
Von Meister Zappelmann gehetzt,
Hartnäckig in Bewegung setzt.
So kommt die rechte Unterhaltung
Nur ungenügend zur Entfaltung.

Ich bin daher, statt des Gewinsels,
Mehr für die stille Welt des Pinsels;
Und, was auch einer sagen mag,
Genußreich ist der Nachmittag,
Den ich inmitten schöner Dinge
Im lieben Kunstverein verbringe;
Natürlich meistenteils mit Damen.
Hier ist das Reich der goldnen Rahmen,
Hier herrschen Schönheit und Geschmack,
Hier riecht es angenehm nach Lack;
Hier gibt die Wand sich keine Blöße,
Denn Prachtgemälde jeder Größe
Bekleiden sie und warten ruhig,
Bis man sie würdigt, und das tu ich.
Mit scharfem Blick, nach Kennerweise,
Seh ich zunächst mal nach dem Preise,
Und bei genauerer Betrachtung
Steigt mit dem Preise auch die Achtung.
Ich blicke durch die hohle Hand,
Ich blinzle, nicke: „Ah, scharmant!
Das Kolorit, die Pinselführung,
Die Farbentöne, die Gruppierung,
Dies Lüster, diese Harmonie,
Ein Meisterwerk der Phantasie.
Ach, bitte, sehn Sie nur, Komteß!“
Und die Komteß, sich unterdes
Im duftigen Batiste schneuzend,
Erwidert schwärmerisch: „Oh, wie reizend!“

Und wahrlich! Preis und Dank gebührt
Der Kunst, die diese Welt verziert.

Der Architekt ist hochverehrlich
(Obschon die Kosten oft beschwerlich),
Weil er uns're Erdenkruste,
Die alte, rauhe und berußte,
Mit saubern Baulichkeiten schmückt,
Mit Türmen und Kasernen spickt.
Der Plastiker, der uns ergötzt,
Weil er die großen Männer setzt,
Grauschwärzlich, grünlich oder weißlich,
Schon darum ist er löb- und preislich,
Daß jeder, der z. B. fremd,
Soeben erst vom Bahnhof kömmt,
In der ihm unbekannten Stadt
Gleich den bekannten Schiller hat.
Doch größern Ruhm wird er verdienen,
Der Farben kauft und malt mit ihnen.
Wer weiß die Hallen und dergleichen
So welthistorisch zu bestreichen?
Alfresko und für ewig fast,
Wenn's mittlerweile nicht verblaßt.
Wer liefert uns die Genresachen,
So rührend oder auch zum Lachen?
Wer schuf die grünen Landschaftsbilder,
Die Wirtshaus- und die Wappenschilder?
Wer hat die Reihe deiner Väter
Seit tausend Jahren oder später
So meisterlich in Öl gesetzt?
Wer wird von allen hochgeschätzt?
Der Farbenkünstler! Und mit Grund!
Er macht uns diese Welt so bunt.

Darum, o Jüngling, fasse Mut;
Setz auf den hohen Künstlerhut
Und wirf dich auf die Malerei;
Vielleicht verdienst du was dabei.

Nach diesem ermunterungsvollen Vermerke
Fahren wir fort im löblichen Werke.

Zweites Kapitel

Nachdem die Welt so manches Jahr
Im alten Gleis gegangen war,
Erfuhr dieselbe unvermutet,
Daß, als der Wächter zwölf getutet,
Bei Klecksels, wohnhaft Nr. 3,
Ein Knäblein angekommen sei. —
Bald ist's im Kirchenbuch zu lesen;
Denn wer bislang nicht dagewesen,
Wer so als gänzlich Unbekannter,
Nunmehr als neuer Anverwandter
Ein glücklich Elternpaar besucht,
Wird flugs verzeichnet und gebucht.
Kritzkratz! Als kleiner Weltphilister
Steht Kuno Klecksel im Register. —

Früh zeigt er seine Energie,

Indem er ausdermaßen schrie;
Denn früh belehrt ihn die Erfahrung:
Sobald er schrie, bekam er Nahrung.

Dann lutscht er emsig und behende,

Bis daß die Flüssigkeit zu Ende.

Auch schien's ihm höchst verwundersam,
Wenn jemand mit der Lampe kam,
Er staunt, er glotzt, er schaut verquer,
Folgt der Erscheinung hin und her

Und weidet sich am Lichteffekt.
Man sieht bereits, was in ihm steckt.

Schnell nimmt er zu, wird stark und feist
An Leib nicht minder wie an Geist,
Und zeigt bereits als kleiner Knabe

Des Zeichnens ausgeprägte Gabe.
Zunächst mit einem Schieferstiele
Macht er Gesichter im Profile;

Zwei Augen aber fehlen nie,
Denn die, das weiß er, haben sie.

Durch Übung wächst der Menschenkenner.
Bald macht er auch schon ganze Männer
Und zeichnet fleißig, oft und gern
Sich einen wohlbeleibten Herrn.

Und nicht nur, wie er außen war,
Nein, selbst das Innre stellt er dar.

Hier thront der Mann auf seinem Sitze
Und ißt z. B. Hafergrütze.
Der Löffel führt sie in den Mund,
Sie rinnt und rieselt durch den Schlund,
Sie wird, indem sie weiterläuft,
Sichtbar im Bäuchlein angehäuft.

So blickt man klar, wie selten nur,
Ins innre Walten der Natur. —

Doch ach! wie bald wird uns verhunzt
Die schöne Zeit naiver Kunst;
Wie schnell vom elterlichen Stuhle
Setzt man uns auf die Bank der Schule!

Herr Bötel nannte sich der Lehrer,
Der, seinerseits kein Kunstverehrer,

Mehr auf das Praktische beschränkt,
Dem Kuno seine Studien lenkt.

Einst an dem schwarzen Tafelbrett

Malt Kuno Böteln sein Portrett.

Herr Bötel, der es nicht bestellt,
Auch nicht für sprechend ähnlich hält,

Schleicht sich herzu in Zornerregung;
Und unter heftiger Bewegung
Wird das Gemälde ausgeputzt.

Der Künstler wird als Schwamm benutzt.

Bei Kuno ruft dies Ungemach
Kein Dankgefühl im Busen wach. —

Ein Kirchenschlüssel, von Gestalt
Ehrwürdig, rostig, lang und alt,
Durch Kuno hinten angefeilt,
Wird fest mit Pulver vollgekeilt.
Zu diesem ist er im Besitze
Von einer oft erprobten Spritze;
Und da er einen Schlachter kennt,
Füllt er bei ihm sein Instrument.

Die Nacht ist schwarz, Herr Bötel liest.

Bums! hört er, daß man draußen schießt.

Er denkt: was mag da vor sich gehn?

Ich muß mal aus dem Fenster sehn.

Es zischt der Strahl, von Blut gerötet;

Herr Bötel ruft: „Ich bin getötet!"

Mit diesen Worten fällt er nieder

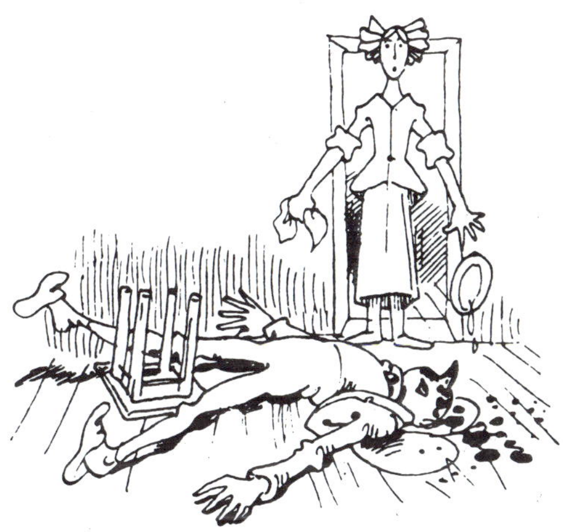

Und streckt die schreckgelähmten Glieder.
Frau Bötel war beim Tellerspülen;
Sie kommt und schreit mit Angstgefühlen:
„Ach Bötel! lebst du noch, so sprich!"

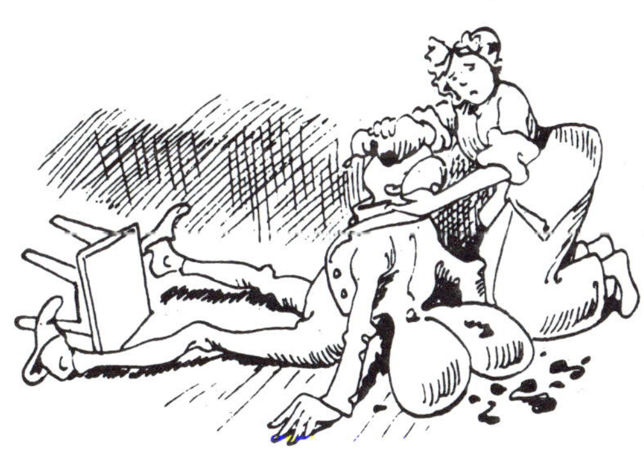

„Kann sein!" — sprach er —
„Man wasche mich!"

Bald zeigt sich, wie die Sache steht.
Herr Bötel lebt und ist komplett.
Er ruft entrüstet und betrübt:

„Das hat der Kuno ausgeübt!"
Wenn wer sich wo als Lump erwiesen,
So bringt man in der Regel diesen
Zum Zweck moralischer Erhebung
In eine andere Umgebung.
Der Ort ist gut, die Lage neu,
Der alte Lump ist auch dabei. —

Nach diesem schon öfters erprobten Vermerke
Fahren wir fort im löblichen Werke.

Drittes Kapitel

Alsbald nach dieser Spritzaffäre
Kommt unser Kuno in die Lehre
Zum braven Malermeister Quast;

Ein Mann, der seine Kunst erfaßt,
Ein Mann, der trefflich tapeziert
Und Ofennischen marmoriert,

Und dem für künstlerische Zwecke
Erreichbar selbst die höchste Decke.

Der Kunstbetrieb hat seine Plagen.

Viel Töpfe muß der Kuno tragen.
Doch gerne trägt er einen Kasten
Mit Vesperbrot für sich und Quasten.

Es fiel ihm auf, daß jeder Hund
Bei diesem Kasten stille stund.

Ei! — denkt er — das ist ja famos!

Und macht den Deckel etwas los.

Ein Teckel, der den Deckel lupft,

Wird eingeklemmt und angetupft,
So daß er buntgefleckelt ward,
Fast wie ein junger Leopard.

Ein Windspiel, das des Weges läuft

Und naschen will, wird quer gestreift;
Es ist dem Zebra ziemlich ähnlich,
Nur schlanker als wie dies gewöhnlich.

Ein kleiner Bulldogg, der als dritter
Der Meinung ist, daß Wurst nicht bitter,

Wird reizend grün und gelb kariert,
Wie's einem Inglischmän gebührt.

Ungern bemerkt dies Meister Quast.

Ihm ist die Narretei verhaßt;
Er liebte keine Zeitverschwendung
Und falsche Farbestoffverwendung.

Er schwieg. Doch als die Stunde kam,
Wo man die Vespermahlzeit nahm,
Da sprach er mild und guten Mutes:

„Ein guter Mensch kriegt auch was Gutes!"

Er schnitt vom Brot sich einen Fladen.

Der Kuno wird nicht eingeladen.

Er greift zur Wurst. Er löst die Haut.
Der Kuno steht dabei und schaut.

Die Wurst verschwindet allgemach.

Der Kuno blickt ihr schmachtend nach. —

Die Wurst verschwand bis auf die Schläue.

Der Kuno weint der Tränen zweie.

Doch Meister Quast reibt frohbedächtig

Den Leib und spricht: „Das schmeckte prächtig!
Heut abend laß ich nichts mehr kochen!" —

Er hält getreu, was er versprochen;
Geht ein durch seine Kammerpforte
Und spricht gemütlich noch die Worte:

„Sei mir willkommen, süßer Schlaf!
Ich bin zufrieden, weil ich brav!“

Der Kuno denkt noch nicht zu ruhn.
Er hat was Wichtiges zu tun.

Zunächst vor jeder andern Tat
Legt er sein Ränzel sich parat.
Sodann erbaut er auf der Diele
Aus Töpfen, Gläsern und Gestühle
Ein Werk im Stil der Pyramiden
Zum Denkmal, daß er abgeschieden;
Apart jedoch von der Verwirrnis
Stellt er den Topf, gefüllt mit Firnis;
Zuletzt ergreift er, wie zur Wehre,

Die mächtige Tapetenschere.

Quast's Deckbett ist nach altem Brauch
Ein stramm gestopfter Federschlauch.
Mit einem langen, leisen Schnitte

Schlitzt es der Kuno in der Mitte.

Rasch leert er jetzt den Firnistopf
Auf Quastens ahnungslosen Kopf.

Quast fährt empor voll Schreck und Staunen

Greift, schlägt und tobt und wird voll Daunen.

Er springt hinaus in großer Hast,
Von Ansehn wie ein Vogel fast,

Und stößt mit schrecklichem Rumbum
Die neu'ste Pyramide um.

Froh schlägt das Herz im Reisekittel,
Vorausgesetzt, man hat die Mittel.

Nach diesem ahnungsvollen Vermerke
Fahren wir fort im löblichen Werke.

Viertes Kapitel

Recht gern empfängt die Musenstadt
Den Fremdling, welcher etwas hat. —
Kuno ist da. Gedankentief
Verfaßt derselbe diesen Brief:

„Geehrter Herr Vater! Bei Meister Quast
Hat es mir leider nicht recht gepaßt.
Seit vorigen Freitag bin ich allhie,
Um zu besuchen die Akademie.
Geld hab' ich bereits schon gar nicht mehr.
Um solches, o Vater, ersuch ich Euch sehr.
Logieren tu ich auf hartem Gestrüppe.
Euer Sohn, das Hunger- und Angstgerippe."

Der Vater, kratzend hinterm Ohr,
Sucht hundert Gulden bang hervor.
Eindringlich warnend vor Verschwendung,
Macht er dem Sohn die schwere Sendung.

Jetzt hat der Kuno Geld in Masse.

Stolz geht er in die Zeichenklasse.
Von allen Schülern, die da sitzen,
Kann keiner so den Bleistift spitzen.
Auch sind nur wenige dazwischen,
Die so wie er mit Gummi wischen.
Und im Schraffieren, was das Schwerste,
Da wird er unbedingt der Erste.

Jedoch zunacht, wenn er sich setzte
Beim Schimmelwirt, blieb er der Letzte.

Mit Leichtigkeit genießt er hier
So seine ein, zwei, drei Glas Bier.

Natürlich, da er so vorzüglich,
Sitzt er zu Ostern schon vergnüglich
Im herrlichen Antikensaale,
Dem Sammelplatz der Ideale.

Der Alten ewig junge Götter —
Wenn mancher auch in Wind und Wetter
Und sonst durch allerlei Verdrieß
Kopf, Arm und Bein im Stiche ließ —
Ergötzen Kuno unbeschreiblich,
Besonders, wenn die Götter weiblich.

Er ahmt sie nach in schwarzer Kreide.

Doch kann er sich auch diese Freude
An schönen Sommernachmittagen,
Wenn's grade nötig, mal versagen
Und eilt mit brennender Havanna
Zum Schimmelwirt zu der Susanna.

Doch eh die Abendglocke klang,
Macht er den hergebrachten Gang

Zur Susel und vertilgt bei ihr
So seine vier, fünf, sechs Glas Bier.

Hier in des Gartens Lustrevier
Trinkt er so zwei, drei, vier Glas Bier.
Daher man denn auch bald erfuhr,
Der Klecksel malt nach der Natur.

Am linken Daumen die Palette,
Steht er schon da vor seinem Brette
Und malt die alte Runzeltante,
Daß sie fast jeder wiederkannte.

Da eines Abends sagt ganz plötzlich,
Grad als der Kuno recht ergötzlich,
Dies sonst so nette Frauenzimmer:

„Jetzt zahlen, oder Bier gibt's nimmer!"

Ach! reines Glück genießt doch nie,
Wer zahlen soll und weiß nicht wie!

Nach diesem mit Wehmut gemachten Vermerke
Fahren wir fort im löblichen Werke.

Fünftes Kapitel

Ganz arglos auf dem Schillerplatzel

Geht Kunos Freund, der Herr v. Gnatzel.
Ein netter Herr, ein lieber Mann.

Der Kuno pumpt ihn freudig an.

Freund Gnatzels Züge werden schmerzlich.
Er spricht gerührt: „Bedaure herzlich!
Recht dumm! Vergaß mein Portemonnaie!

Geduld bis morgen früh! Adieu!"
Von nun an ist es sonderbar,
Wie Gnatzel schwer zu treffen war.

Oft naht sich dieser Freund von ferne,
Und Kuno grüßte ihn so gerne;
Doch kommt er nie zu seinem Zwecke;

Freund Gnatzel biegt um eine Ecke.

Oft sucht ihn Kuno zu beschleichen,
Um ihn von hinten zu erreichen;

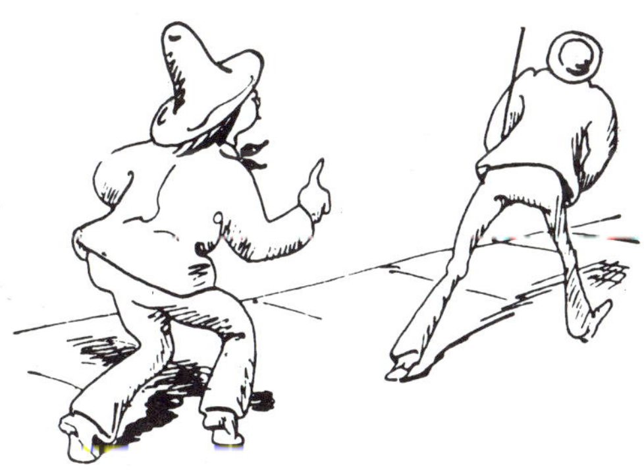

Freund Gnatzel merkt es aber richtig,
Grad so, als ob er hintersichtig,

Schlüpft in die Droschke mit Geschick

Und läßt den Kuno weit zurück.

Der Kuno blickt in eine Schenke.

Sieh da! Freund Gnatzel beim Getränke!

Doch schnell entschlüpft er dem Lokal

Durchs Hinterpförtchen, wie ein Aal. —

Der Kuno sieht in dieser Not
Nur noch ein einzig Rettungsboot.
Er hat, von Schöpfungsdrang erfüllt,
Verfertigt ein historisch Bild:

Wie Bertold Schwarz vor zwei Sekunden
Des Pulvers große Kraft erfunden.
Dies Bildnis soll der Retter sein.
Er bringt es auf den Kunstverein.

Leicht kommt man an das Bildermalen,
Doch schwer an Leute, die's bezahlen.
Statt ihrer ist, als ein Ersatz,
Der Kritikus sofort am Platz.

Nach diesem, ach leider! so wahren Vermerke
Fahren wir fort im löblichen Werke.

Sechstes Kapitel

In selber Stadt ernährte sich
Ganz gut ein Dr. Hinterstich
Durch Kunstberichte von Bedeutung
In der von ihm besorgten Zeitung,
Was manchem das Geschäft verdirbt,
Der mit der Kunst sein Brot erwirbt.
Dies Blatt hat Klecksel mit Behagen
Von jeher eifrig aufgeschlagen.
Auch heute hält er's in der Hand
Und ist auf den Erfolg gespannt.

Wie düster wird sein Blick umnebelt!
Wie hat ihn Hinterstich vermöbelt!

Sogleich in eigener Person
Fort stürmt er auf die Redaktion.

Des Autors Physiognomie
Bedroht er mit dem Paraplü.

Der Kritikus, in Zornekstase,

Spießt mit der Feder Kunos Nase;

Ein Stich, der um so mehr verletzt,
Weil auch zugleich die Tinte ätzt.

Stracks wird der Regenschirm zur Lanze.

Flugs dient der Tisch als eine Schanze.

Vergeblich ist ein hoher Stoß;

Auch bleibt ein tiefer wirkungslos.

Jetzt greift der Kritikus voll Haß
Als Wurfgeschoß zum Tintenfaß.

Jedoch der Schaden bleibt gering,
Weil ihn das Paraplü empfing.

Der Kritikus braucht eine Finte.

Er zieht den Kuno durch die Tinte.

Der Tisch fällt um. Höchst penetrant

Wirkt auf das Augenlicht der Sand.

Indessen zieht der Kuno aber

Den Bleistift Numro 5 von Faber;

Und Hinterstich, der sehr rumort,

Wird mehrfach peinlich angebohrt.

Der Kuno, seines Sieges froh,
Verläßt das Redaktionsbureau.

Ein rechter Maler, klug und fleißig,
Trägt stets 'n spitzen Bleistift bei sich.

Nach diesem beherzigenswerten Vermerke
Fahren wir fort im löblichen Werke.

Siebentes Kapitel

So ist denn also, wie das vorige
Ereignis lehrt, die Welthistorie
Wohl nicht das richtige Gebiet,
Wo Kunos Ruhm und Nutzen blüht.
Vielleicht bei näherer Bekanntschaft
Schuf die Natur ihn für die Landschaft,
Die jedem, der dazu geneigt,
Viel nette Aussichtspunkte zeigt.

Z. B. dieses Felsenstück
Gewährt ihm einen weiten Blick.

Wer kommt denn über jenen Bach?

Das ist das Fräulein von der Ach,
Vermögend zwar, doch etwas ältlich,
Halb geistlich schon und halb noch weltlich,
Lustwandelt sie mit Seelenruh
Und ihrem Spitz dem Kloster zu.

Zwei Hunde kommen angehüpft,
Die man durch eine Schnur verknüpft.

Der Spitz, gar ängstlich, retiriert,

Das gute Fräulein wird umschnürt.

Der Spitz enteilt, die Hunde nach;

Mit ihnen Fräulein von der Ach.

Der Kuno springt von seinem Steine.

Ein Messerschnitt zertrennt die Leine.

Der Kuno zeigt sich höchst galant.

Das Fräulein fragt, eh sie verschwand:
„Darf man Ihr Atelier nicht sehn?“ —

„Holzgasse 5.“ — „Ich danke schön!“

Vielleicht, daß diese gute Tat
Recht angenehme Folgen hat!

Nach diesem hoffnungsvollen Vermerke
Fahren wir fort im löblichen Werke.

Achtes Kapitel

Sie blieb nicht aus. Sie kam zu ihm.
Hold lächelnd sprach sie und intim:
„Mein werter Freund! Seit längst erfüllt
Mich schon der Wunsch, ein lieblich Bild
Zu stiften in die Burgkapelle,
Was ich bei Ihnen nun bestelle.
So legendarisch irgendwie.
Vorläufig dies für Ihre Müh!“
Mit sanftem Druck legt sie in seine
Entzückte Hand zwei größ're Scheine. —

Der Kuno, fremd in der Legende,
Verwendet sich zu diesem Ende
An einen grundgelehrten Greis,
Der folgende Geschichte weiß:

Der kühne Ritter und der greuliche Lindwurm

Es kroch der alte Drache
Aus seinem Felsgemache
Mit grausigem Randal.
All' Jahr ein Mägdlein wollt' er,
Sonst grollt er und radollt er,
Fraß alles ratzekahl.

Was kommt da aus dem Tore
In schwarzem Trauerflore
Für eine Prozession?
Die Königstochter Irme
Bringt man dem Lindgewürme.
Das Scheusal wartet schon.

Hurra! Wohl aus dem Holze
Ein Ritter keck und stolze
Sprengt her wie Wettersturm
Er sticht dem Untier schnelle
Durch seine harte Pelle;
Tot liegt und schlapp der Wurm.

Da sprach der König freudig:
„Wohlan, Herr Ritter, schneidig,
Setzt Euch bei uns zur Ruh.
Ich geb' Euch sporenstreiches
Die Hälfte meines Reiches,
Mein Töchterlein dazu!“

„Mau, mau!“ so rief erschrocken
Mit aufgesträubten Locken
Der Ritter stolz und keck.
„Ich hatte schon mal eine,
Die sitzt mir noch im Beine;
Ade!“ und ritt ums Eck.

O altes blaues Wunder!
Da han wir doch jetzunder
Mehr Herz im Kamisol.
Wir ziehen uns're Kappe
Vor solchem Schwiegerpappe
Und sprechen: Ei, jawohl!

Der Stoff ist Kuno sehr willkommen,
Die zweite Hälfte ausgenommen,
Um ihn mit Kohle zu skizzieren
Und dann in Farben auszuführen. —

Gar oft erfreut das Fräulein sich
An Kunos kühnem Kohlenstrich,
Obgleich ihr eigentlich nicht klar,
Wie auch dem Künstler, was es war.

Wie's scheint, will ihm vor allen Dingen
Das Bild der Jungfrau nicht gelingen.
„Nur schwach, Natur, wirst du verstanden —
Seufzt er — wenn kein Modell vorhanden!"

„Kann ich nicht dienen?" lispelt sie.
„Schön!" — rief er — „Mittwoch in der Früh!"

Als nun die Abendglocke schlug,
Zieht ihn des Herzens süßer Zug
Zum Schimmelwirt, wie ehedem;
Und Susel macht sich angenehm.
Denn alte Treu, sofern es nur
Rentabel ist, kommt gern retour.

Ja, dies Verhältnis hier gedieh
Zu ungeahnter Harmonie. —

Mit zween Herren ist schlecht zu kramen;
Noch schlechter, fürcht ich, mit zwo Damen.

Nach diesem mit Zittern gemachten Vermerke
Fahren wir fort im löblichen Werke.

Neuntes Kapitel

Es war im schönen Karneval,
Wo, wie auch sonst und überall,
Der Mensch mit ungemeiner List
Zu scheinen sucht, was er nicht ist.

Dem Kuno scheint zu diesem Feste
Ein ritterlich Gewand das beste.

Schön Suschen aber schwebt dahin
Als holdnaive Schäferin.
Schon schwingt das Bein, das graziöse,
Sich nach harmonischem Getöse
Bei staubverklärtem Lichterglanze

Im angenehmsten Wirbeltanze. —

Doch ach! die schöne Nacht verrinnt,
Der Morgen kommt; kühl weht der Wind.

Zwei Menschen wandeln durch den Schnee
Vereint in Kunos Atelier.

Und hier besiegeln diese zwei

Sich dauerhafte Lieb und Treu. —

Hoch ist der Liebe süßer Traum
Erhaben über Zeit und Raum. —
Der Kuno, davon auch betäubt,
Vergaß, daß man heut Mittwoch schreibt. —
Es rauscht etwas im Vorgemach.
O weh! das Fräulein von der Ach!
„Herzallerliebster Schatz, allons!

Verbirg dich hinter dem Karton!“

„Willkommen, schönste Gönnerin!

Hier, bitte, treten Sie mal hin!“
Begonnen wird das Konterfei.

Der Spitz schaut hinter die Staff'lei.

Der Künstler macht sein Sach genau.

Der Spitz, bedenklich, macht wau, wau!

Entrüstet aber wird der Spitz

Infolge eines Seitentritts.
Die Haare sträuben sich dem Spitze.

Die Staffel schwankt. Aus rutscht die Stütze;
Und mit Gerassel wird enthüllt

Der Schäferin verschämtes Bild.

Nach dieser Krisis, wie ich bemerke,
Geht es zu End' mit dem löblichen Werke.

Schluß

Hartnäckig weiter fließt die Zeit;
Die Zukunft wird Vergangenheit.
Von einem großen Reservoir
Ins andre rieselt Jahr um Jahr;
Und aus den Fluten taucht empor
Der Menschen bunt gemischtes Korps.
Sie plätschern, traurig oder munter,
'n bissel 'rum, dann gehen s' unter
Und werden, ziemlich abgekühlt,
Für läng're Zeit hinweggespült. —

Wie sorglich blickt das Aug' umher!
Wie freut man sich, wenn der und der,
Noch nicht versunken oder matt,
Den Kopf vergnügt heroben hat.

Der alte Schimmelwirt ist tot.
Ein neuer trägt das Reichskleinod.

Derselbe hat, wie seine Pflicht,
Dies Inserat veröffentlicht:

Kund sei dem hohen Publiko,
Daß meine Frau Suse, des bin ich froh,
Hinwiederum eines Knäbleins genesen,
Als welches bis dato das fünfte gewesen.
Viel Gutes bringet der Jahreswechsel
Dem Schimmelwirte — Kuno Klecksel.

So tut die vielgeschmähte Zeit
Doch mancherlei, was uns erfreut;
Und, was das beste, sie vereinigt
Selbst Leute, die sich einst gepeinigt. —

Das Fräulein freilich, mit erboster
Entsagung, ging vorlängst ins Kloster.
Doch Bötel, wenn er in den Ferien
Die Stadt besucht und Angehörigen,
Und Meister Quast, der allemal
Von hier entnimmt sein Material,
Wie auch der vielgewandte Gnatzel
(Jetzt schon bedeckt mit einer Atzel),
Ja, selbst der Dr. Hinterstich,
Dem alter Groll nicht hinderlich,
Sie alle trinken unbeirrt
Ihr Abendbier beim Schimmelwirt. —

Oft sprach dann Bötel mit Behagen:
„Herr Schimmelwirt! Ich kann wohl sagen:

Wär nicht die rechte Bildung da,
Wo wären wir? Jaja, jaja!!"

Nach diesem von Bötel gemachten Vermerk
Schließen wir freudig das löbliche Werk.

Das Bad am Samstagabend

Hier sieht man Bruder Franz und Fritzen
Zu zweit in einer Wanne sitzen.

Die alte Lene geht; — und gleich
Da treibt man lauter dummes Zeug.

Denn Reinlichkeit ist für die zwei
Am Ende doch nur Spielerei. —

Jetzt will der Fritz beim Untertauchen
Nur seinen einen Finger brauchen.

Natürlich läuft ihm was ins Ohr,
Dem Franz kommt dieses lustig vor.

Das ärgert aber Bruder Fritzen,
Drum fängt er an, den Franz zu spritzen.

Doch der mit seiner großen Zehe
Tut Fritzen an der Nase wehe;

Dafür taucht Fritz den Kopf ihm nieder,
Was so im Wasser sehr zuwider.

Franz aber zieht an Fritzens Bein;
Der zappelt sehr und kann nicht schrein.

In Mund und Auge, zornentbrannt,
Greift jetzt die rachbegier'ge Hand.

Die Wanne wird zu enge
Für dieses Kampfgedränge.

Perdatsch! die alte, brave Lene
Kommt leider grad zu dieser Szene.

Sie spricht voll Würde und voll Schmerz:
„Die Reinlichkeit ist nicht zum Scherz!“

Und die Moral von der Geschicht:
Bad zwei in einer Wanne nicht!

Der fliegende Frosch

Wenn einer, der mit Mühe kaum
Gekrochen ist auf einen Baum,

Schon meint, daß er ein Vogel wär,

So irrt sich der.

Fipps, der Affe

Pegasus, du alter Renner,
Trag mich mal nach Afrika,
Alldieweil so schwarze Männer
Und so bunte Vögel da.

Kleider sind da wenig Sitte;
Höchstens trägt man einen Hut,
Auch wohl einen Schurz der Mitte;
Man ist schwarz und damit gut. —

Dann ist freilich jeder bange,
Selbst der Affengreis entfleucht,
Wenn die lange Brillenschlange
Zischend von der Palme kreucht.

Kröten fallen auf den Rücken,
Ängstlich wird das Bein bewegt;
Und der Strauß muß heftig drücken,
Bis das große Ei gelegt.

Krokodile weinen Tränen,
Geier sehen kreischend zu;
Sehr gemein sind die Hyänen;
Schäbig ist der Marabu.

Nur die Affen, voller Schnacken,
Haben Vor- und Hinterhand;
Emsig mümmeln ihre Backen;
Gerne hockt man beieinand.

Papa schaut in eine Stelle,
Onkel kratzt sich sehr geschwind,
Tante kann es grad so schnelle,
Mama untersucht das Kind.

Fipps — so wollen wir es nennen —
Aber wie er sich betrug,
Wenn wir ihn genauer kennen,
Ach, das ist betrübt genug.

Selten zeigt er sich beständig,
Einmal hilft er aus der Not;
Anfangs ist er recht lebendig,
Und am Schlusse ist er tot.

Erstes Kapitel

Der Fipps, das darf man wohl gesteh'n,

Ist nicht als Schönheit anzuseh'n.
Was ihm dagegen Wert verleiht,
Ist Rührig- und Betriebsamkeit.

Wenn wo was los, er darf nicht fehlen;
Was ihm beliebt, das muß er stehlen;
Wenn wer was macht, er macht es nach;
Und Bosheit ist sein Lieblingsfach.

Es wohnte da ein schwarzer Mann,

Der Affen fing und briet sie dann.

Besonders hat er junge gern,
Viel lieber als die ältern Herrn.
„Ein alter Herr ist immer zäh!"
So spricht er oft und macht „Bebä!"

Um seine Zwecke zu erfüllen,
Wählt er drei leere Kürbishüllen.

Für auf den Kopf die große eine,
Für an die Hände noch zwei kleine.

So kriecht er in ein Bündel Stroh,

Macht sich zurecht und wartet so. —
Dies hat nun allerdings den Schein,
Als ob hier schöne Früchte sei'n.

Fipps, der noch nie so große sah,

Kaum sieht er sie, so ist er da.
Er wählt für seinen Morgenschmaus

Sich gleich die allergrößte aus.
Doch wie er oben sich bemüht,
Erfaßt ihn unten wer und zieht,

Bis daß an jeder Hinterhand
Ringsum ein Kürbis sich befand.

So denkt ihn froh und nach Belieben

Der böse Mann nach Haus zu schieben.
An dieses Mannes Nase hing
Zu Schmuck und Zier ein Nasenring.

Fipps faßt den Reif mit seinem Schweif.
Der Schwarze wird vor Schrecken steif.

Die Nase dreht sich mehre Male
Und bildet eine Qualspirale.

Jetzt biegt der Fipps den langen Ast,

Bis er den Ring der Nase faßt.

Dem Neger wird das Herze bang,

Die Seele kurz, die Nase lang.

Am Ende gibt es einen Ruck,

Und oben schwebt der Nasenschmuck.

Der Schwarze aber aß seit dieser
Begebenheit fast nur Gemüser.

Zweites Kapitel

Natürlich läßt Fipps die ekligen Sachen,
Ohne neidisch zu sein, von anderen machen.
Dagegen aber, wenn einer was tut,
Was den Anschein hat, als tät es ihm gut,
Gleich kommt er begierig und hastig herbei,
Um zu prüfen, ob's wirklich so angenehm sei.

Mal saß er an des Ufers Rand
Auf einer Palme, die dorten stand.

Ein großes Schiff liegt auf dem Meer;
Vom Schiffe schaukelt ein Kahn daher.

Im kleinen Kahn da sitzt ein Mann,
Der hat weder Schuhe noch Stiefel an;

Doch vor ihm steht ganz offenbar
Ein großes und kleines Stiefelpaar.

Das kleine, das er mit sich führt,
Ist innen mit pappigem Pech beschmiert;

Und wie der Mann an das Ufer tritt,

Bringt er die zwei Paar Stiefel mit.
Er trägt sic sorglich unter dem Arm

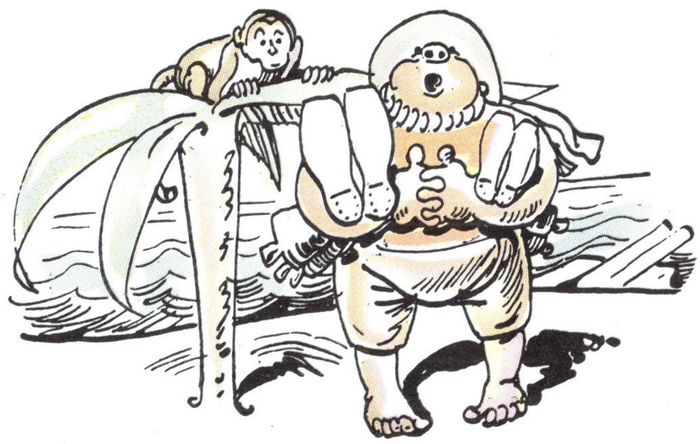

Und jammert damit, daß es Gott erbarm.
Kaum aber ziehet der Trauermann
Sich einen von seinen Stiefeln an,

So mildern sich schon ganz augenscheinlich
Die Schmerzen, die noch vor kurzem so peinlich,

Und gar bei Stiefel Numero zwei
Zeigt er sich gänzlich sorgenfrei.
Dann sucht er in fröhlichem Dauerlauf

Den kleinen Nachen wieder auf
Und läßt aus listig bedachtem Versehn
Das kleine Paar Stiefel am Lande steh'n.

Ratsch, ist der Fipps vom Baum herunter,

Ziehet erwartungsvoll und munter
Die Stiefel an seine Hinterglieder,

Und schau! Der lustige Mann kommt wieder.

O weh! Die Stiefel an Fippsens Bein
Stören die Flucht. Man holt ihn ein.
Vergebens strampelt er ungestüm,

Der Schiffer geht in den Kahn mit ihm.

Zum Schiffe schaukelt und strebt der Kahn,
Das Schiff fährt über den Ozean,
Und selbiger Mann (er schrieb sich Schmidt)
Nimmt Fipps direkt nach Bremen mit.

Drittes Kapitel

Zu Bremen lebt gewandt und still

Als ein Friseur der Meister Krüll,
Und jedermann in dieser Stadt,
Wer Haare und wer keine hat,

Geht gern zu Meister Krüll ins Haus
Und kommt als netter Mensch heraus.

Auch Schmidt läßt sich die Haare schneiden.
Krüll sieht den Affen voller Freuden,

Er denkt: Das wäre ja vor mir
Und meine Kunden ein Pläsier.
Und weil ihn Schmidt veräußern will,
So kauft und hat ihn Meister Krüll.

Es kam mal so und traf sich nun,
Daß Krüll, da anders nichts zu tun,
In Eile, wie er meistens tat,

Das Seitenkabinett betrat,
Wo er die Glanzpomade kocht,
Perücken baut und Zöpfe flocht,
Kurz, wo die kunstgeübte Hand
Vollendet, was der Geist erfand.

Zur selben Zeit erscheint im Laden,
Mit dünnem Kopf und dicken Waden,

Der schlichtbehaarte Bauer Dümmel,
Sitzt auf den Sessel, riecht nach Kümmel
Und hofft getrost, daß man ihn schere,
Was denn auch wirklich nötig wäre.

Wipps! sitzt der Fipps auf seinem Nacken,
Um ihm die Haare abzuzwacken.

Die Schere zwickt, die Haare fliegen;
Dem Dümmel macht es kein Vergnügen.

Oha! das war ein scharfer Schnitt,
Wodurch des Ohres Muschel litt.

„Hör upp!" schreit Dümmel schmerzensbange.
Doch schon hat Fipps die Kräuselzange.

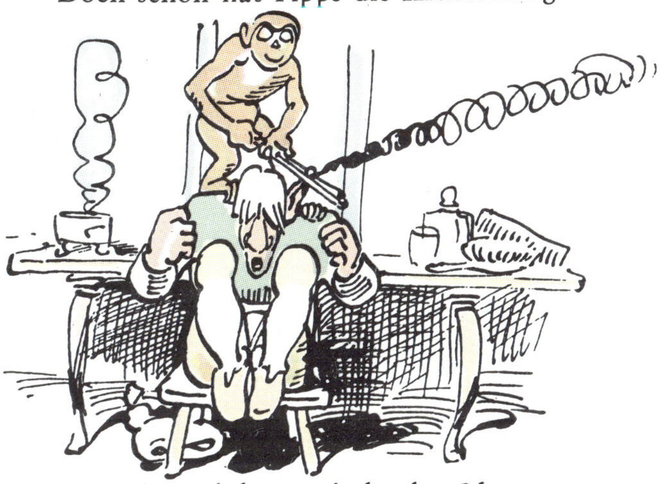

Das Eisen glüht, es zischt das Ohr,
Ein Dampfgewölk steigt draus hervor.

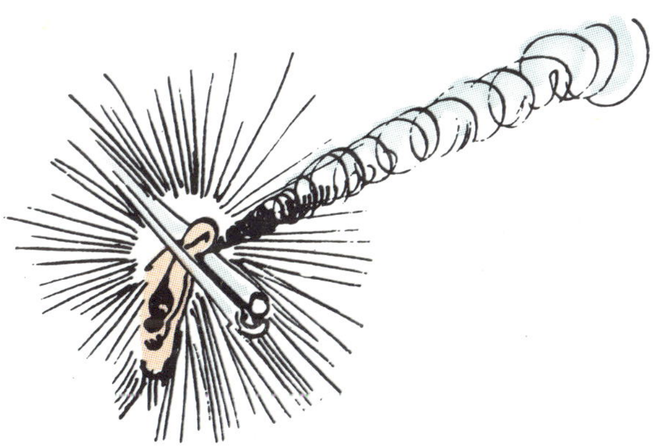

Die Schönheit dieser Welt verschwindet
Und nur der Schmerz zieht, bohrt und mündet
In diesen einen Knotenpunkt,

Den Dümmel hier ins Wasser tunkt. —

Der Meister kommt. — Hoch schwingt die Rechte
Wie zum Gefechte eine Flechte.

Der Spiegel klirrt, die Hand erlahmt;
Der Meister Krüll ist eingerahmt.

Mir scheint, ich bin hier unbeliebt!
Denkt Fipps, der sich hinwegbegibt.

Viertes Kapitel

Aber, ach du meine Güte,
Plötzlich stockt das Herzgeblüte. —

Angelockt von Wohlgerüchen
Hat sich Fipps herbeigeschlichen,
Um mit seinen gier'gen Händen
Diesen Pudding zu entwenden,
Hergestellt mit großem Fleiß.

Dämmrung war es, als Adele
Mit dem Freunde ihrer Seele,
Der so gerne Pudding aß,
Traulich bei der Tafel saß.

„Pudding", sprach er, „ist mein Bestes!"
Drum zum Schluß des kleinen Festes
Steht der wohlgeformte große
Pudding mit der roten Sauce
Braun und lieblich dampfend da,
Was der Freund mit Wonne sah.

Ätsch! die Sache ist zu heiß! —

Ärgerlich ist solche Hitze.
Schlapp! der Freund hat eine Mütze
Tief bis über beide Backen.

Platsch! Und in Adelens Nacken,
Tief bis unten in das Mieder
Rinnt die rote Sauce nieder.

So wird oft die schönste Stunde

In der Liebe Seelenbunde
Durch Herbeikunft eines Dritten
Mitten durch- und abgeschnitten;
Und im Innern wehmutsvoll
Tönt ein dumpfes Kolleroll!

Fünftes Kapitel

Für Fipps wird es dringende Essenszeit. —
Mit fröhlicher Gelenkigkeit
Durch eine Seitengasse entflieht er
Und schleicht in den Laden von einem Konditer.

Da gibt es schmackhafte Kunstgebilde,
Nicht bloß härtliche, sondern auch milde;
Da winken Krapfen und Mohrenköpfe,
Künstlich geflochtene Brezen und Zöpfe;
Auch sieht man da für gemischtes Vergnügen
Mandeln, Rosinen et cetera liegen. —

„Horch!“ ruft voll Sorge Konditer Röck,

„Was rappelt da zwischen meinem Gebäck?!“

Die Sorge wandelt sich in Entsetzen,
Denn da steht Fipps mit Krapfen und Brezen.

Die Brezen trägt er in einer Reih
Auf dem Schwanz, als ob er ein Stecken sei,
Und aufgespießt, gleich wie auf Zapfen,
An allen vier Daumen sitzen die Krapfen.
Zwar Röck bemüht sich, daß er ihn greife
Hinten bei seinem handlichen Schweife,

Doch, weil er soeben den Teig gemischt,
So glitscht er ab, und der Dieb entwischt.

Nichts bleibt ihm übrig als lautes Gebröll,
Und grad kommt Mieke, die alte Mamsell.
Unter hellem Gequieke fällt diese Gute
Platt auf die Steine mit Topf und Tute.

Durch ihre Beine eilt Fipps im Sprunge.
Ihn wirft ein schwärzlicher Schusterjunge

Mit dem Stulpenstiefel, der frisch geschmiert,
So daß er die schönen Krapfen verliert.

Auch wartet ein Bettelmann auf der Brücken

Mit einem Buckel und zween Krücken.

Derselbe verspürt ein großes Verlangen,

Die Brezeln vermittelst der Krücke zu fangen.

Dies kommt ihm aber nicht recht zunütze,
Denn Fipps entzieht ihm die letzte Stütze. —

Da liegt er nun wie ein Käfer am Rücken. —

Fipps aber begibt sich über die Brücken
Und eilet gar sehr beängstigt und matt
Mit der letzten Brezel aus dieser Stadt. —

Schon ist es dunkel und nicht geheuer.

Er schwingt sich über ein Gartengemäuer.
Hier hofft er auf angenehm nächtliche Ruh'. —

Klapp! schnappt die eiserne Falle zu.

Sofort tritt aus dem Wohngebäude
Ein Herr und äußert seine Freude.

„Aha!“, so ruft er, „du bist wohl der,
Der Hühner stiehlt? Na, denn komm her!!“

Hiermit schiebt er ihn vergnüglich

In einen Sack. Und unverzüglich
Ohne jede weit're Besichtigung

Beginnt er die schmerzhafte Züchtigung.

Drauf schließt er ihn für alle Fälle

In einen der leeren Hühnerställe,
Damit er am andern Morgen sodann
Diesen Bösewicht näher besichtigen kann.

Sechstes Kapitel

Wer vielleicht zur guten Tat
Keine rechte Neigung hat,
Dem wird Fasten und Kastein
Immerhin erfrischend sein. —

Als der Herr von gestern abend,
Fest und wohl geschlafen habend,
(Er heißt nämlich Doktor Fink)
Morgens nach dem Stalle ging,
Um zu seh'n, wen er erhascht —
Ei, wie ist er überrascht,
Als bescheiden, sanft und zahm,
Demutsvoll und lendenlahm,

Fipps aus seinem Sacke steigt,
Näher tritt und sich verneigt.

Lächelnd reicht Frau Doktorin
Ihm den guten Apfel hin,
Und das dicke, runde, fette,
Nette Kindermädchen Jette

Mit der niedlichen Elise,
Ei herrje! wie lachten diese. —

Zwei nur finden's nicht am Platze;
Schnipps, der Hund, und Gripps. die Katze,

Die nicht ohne Mißvertrauen
Diesen neuen Gast beschauen.
Fipps ist aber recht gelehrig
Und beträgt sich wie gehörig.
Morgens früh, so flink er kann,
Steckt er Fink die Pfeife an.
Fleißig trägt er dürre Reiser,
Ja, Kaffee zu mahlen weiß er,
Und sobald man musiziert,
Horcht er still, wie sich's gebührt.
Doch sein innigstes Vergnügen
Ist Elisen sanft zu wiegen,
Oder, falls sie mal verdrossen,
Zu erfreu'n durch schöne Possen.
Kurz, es war sein schönster Spaß,
Wenn er bei Elisen saß. —
Dafür kriegt er denn auch nun
Aus verblümtem Zitzkattun
Eine bunte und famose
Hinten zugeknöpfte Hose;
Dazu, reizend von Geschmack,
Einen erbsengrünen Frack;

Und so ist denn gegenwärtig
Dieser hübsche Junge fertig.

Siebentes Kapitel

Elise schläft in ihrer Wiegen.

Fipps paßt geduldig auf die Fliegen. —

Indessen denkt die runde Jette,
Was sie wohl vorzunehmen hätte,
Sieht eine Wespe, die verirrt
Am Fenster auf und nieder schwirrt,

Und treibt das arme Stacheltier
In eine Tute von Papier.

Sanft lächelnd reicht sie ihm die Tute,
Damit er Gutes drin vermute.

Er öffnet sie geschickt und gern,
Denn jeder Argwohn liegt ihm fern.

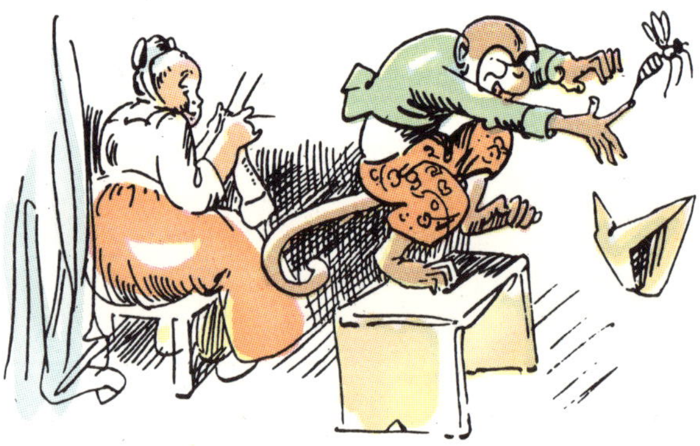

Schnurr pick! Der Stachel sitzt im Finger.
Der Schmerz ist gar kein so geringer.

Doch Fipps hat sich alsbald gefaßt,

Zermalmt das Ding, was ihm verhaßt,

Setzt sich dann wieder an die Wiegen
Und paßt geduldig auf die Fliegen. —
Vor allen eine ist darunter,
Die ganz besonders frech und munter.
Jetzt sitzt sie hier, jetzt summt sie da,
Bald weiter weg, bald wieder nah.

Jetzt krabbelt sie auf Jettens Jacke,

Jetzt wärmt sie sich auf Jettens Backe.
Das gute Kind ist eingenickt.
Kein Wunder, wenn sie nun erschrickt,

Denn, schlapp! die Fliege traf ein Hieb,

Woran sie starb und sitzen blieb. —

Fipps aber hockt so friedlich da,
Als ob dies alles nicht geschah,

Und schließet seine Augen zu
Mit abgefeimter Seelenruh'.

Achtes Kapitel

Kaum hat mal einer ein bissel was,
Gleich gibt es welche, die ärgert das. —

Fipps hat sich einen Knochen stibitzt,
Wo auch noch ziemlich was drannen sitzt.

Neidgierig hocken im Hintergrund
Gripps, der Kater, und Schnipps, der Hund.

Wauwau! Sie sausen von ihrem Platze.

Happs! macht der Hund, kritzekratze! die Katze,
Daß Fipps in ängstlichem Seelendrang
Eilig auf einen Schrank entsprang,
Allwo man aufbewahren tät

Mancherlei nützliches Handgerät.

Und Gripps, der Kater, und Schnipps, der Hund,
Schleichen beschämt in den Hintergrund.

Fipps aber knüpft mit der Hand gewandt
Den Knochen an ein Band, das er fand,

Und schlängelt dasselbe voller List,
Durch einen Korb, welcher löchricht ist.

Sogleich folgt Gripps dem Bratengebein

Bis tief in das Korbgeflecht hinein.

Schwupp! hat ihn der Fipps drin festgedrückt,
Und mit der Zange, die beißt und zwickt,
Entfernt er sorgsam die scharfen Klauen.

Ach, wie so kläglich muß Gripps miauen,
Denn gerade in seinen Fingerspitzen
Hat er die peinlichsten Nerven sitzen.

Jetzt wird auch noch der Schweif gebogen
Und durch des Korbes Henkel gezogen.

Mit einer Klammer versieht er ihn,
Damit er nicht leichtlich herauszuzieh'n.
Schnipps, der Hund, schnappt aber derweilen
Den Knochen und möchte von dannen eilen.

Dieses gelingt ihm jedoch nicht ganz,

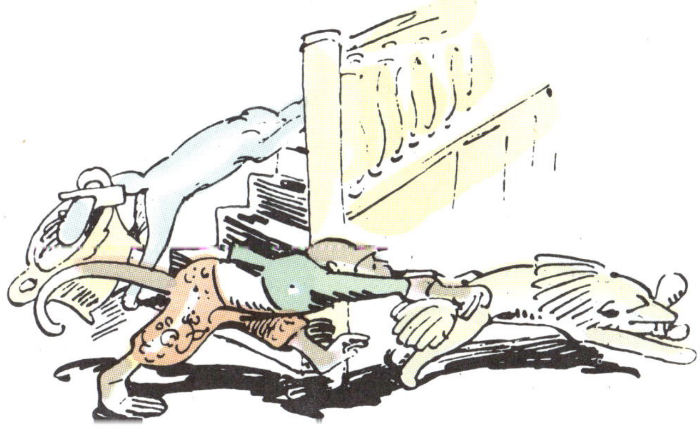

Denn Fipps erwischt ihn bei seinem Schwanz

Und schwingt ihn solchermaßen im Kreis,
Bis er nichts Gescheit's mehr zu denken weiß.

Hiernach, gewissermaßen als Schlitten,
Ziehet er ihn in des Hofes Mitten

Und läßt ihn dorten
mal soeben

Über dem Abgrund des
Brunnens schweben,

Wo ein schwäch- und
ängstlich Gemüt

Nur ungern hängt
und hinuntersieht.

Drauf so führt er ihn
hinten nach

An des Daches Rinne
bis auf das Dach

Und lehnt ihn über den Schlot allhier.
Draus gehet ein merklicher Dampf herfür. —
Dem Auge höchst peinlich ist der Rauch,
Auch muß man niesen und husten auch,
Und schließlich denkt man nichts weiter als bloß:
Jetzt wird's mir zu dumm, und ich lasse los!
So wird dieser Rauch immer stärker und stärker.
Schnipps fällt rücküber und auf den Erker,

Und Gripps, der gerad aus der Luke fährt,
Fühlt plötzlich, ihm wird der Korb beschwert.

Hulterpulter, sie rumpeln in großer Hast

Vom Dach und baumeln an einem Ast.

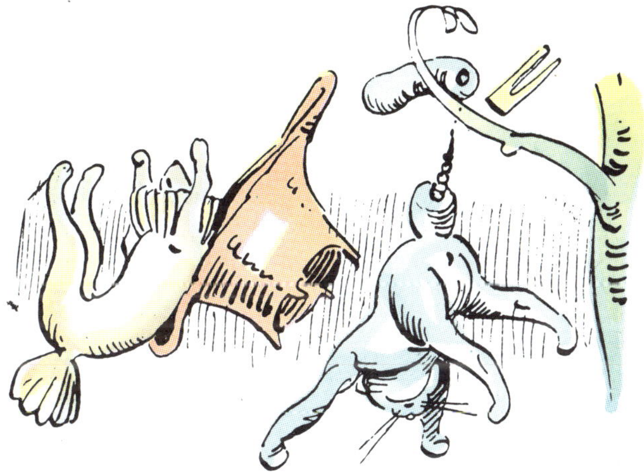

Hier trennt man sich nicht ohne Pein

Und jeder ist wieder

für sich allein.

Seitdem ward Fipps von diesen zween

Als Meister verehrt und angeseh'n.

Neuntes Kapitel

Mit Recht erscheint uns das Klavier,
Wenn's schön poliert, als Zimmerzier.
Ob's außerdem Genuß verschafft,
Bleibt hin und wieder zweifelhaft.

Auch Fipps fühlt sich dazu getrieben,
Die Kunst in Tönen auszuüben.

Er zeigt sich wirklich recht gewandt,
Selbst mit der linken Hinterhand.

Und braucht er auch die Rechte noch,
Den Apfel, den genießt er doch.

Jetzt stimmen ein mit Herz und Mund
Der Kater Gripps und Schnipps, der Hund.

Zu Kattermäng gehören zwei,
Er braucht sich bloß allein dabei.

Bei dem Duett sind stets zu seh'n
Zwei Mäuler, welche offensteh'n.

Piano klingt auf diese Weise
Besonders innig, weich und leise.

Oft wird es einem sehr verdacht,
Wenn er Geräusch nach Noten macht.

Der Künstler fühlt sich stets gekränkt,
Wenn's anders kommt, als wie er denkt.

Zehntes Kapitel

Wöhnlich im Wechselgespräch beim
angenehm schmeckenden Portwein

Saßen Professor Klöhn und Fink, der würdige
Doktor.
Aber jener beschloß, wie folgt, die belehrende
Rede:

„Oh, verehrtester Freund! Nichts gehet doch
über die hohe Weisheit der Mutter Natur. —
Sie erschuf ja so mancherlei Kräuter,

Harte und weiche zugleich, doch letztere mehr zu
Gemüse.

Auch erschuf sie die Tiere, erfreulich, harmlos und nutzbar;
Hüllte sie außen in Häute, woraus man Stiefel verfertigt,
Füllte sie innen mit Fleisch von sehr beträchtlichem Nährwert;
Aber erst ganz zuletzt, damit er es dankend benutze,
Schuf sie des Menschen Gestalt und verlieh ihm die Öffnung des Mundes.

Aufrecht stehet er da, und alles ertragt er mit Würde.“

Also sprach der Professor, erhub sich und setzte den Hut auf.

Wehe, die Nase hernieder, ins Mundloch rieselt die Tinte.

Wehe, durch Gummi verklebt, fest haftet das nützliche Sacktuch.

Drohend mit Zorngebärde erhebt er den schlanken Spazierstock.

Autsch! Ein schmerzlich Geflecht umschlingt
den schwellenden Daumen.

Hastig begibt er sich fort;
indessen die Würde ist mäßig.

Elftes Kapitel

Wie gewöhnlich liest die Jette
Wieder nachts in ihrem Bette.

Auf dem Kopf hat sie die Haube,
In der Hand die Gartenlaube.

Hieran will sie sich erfreu'n,

Duselt, nickt und schlummert ein.
An das Unschlittkerzenlicht
Daran freilich denkt sie nicht. —

Erst brennt nur die Zeitungsecke,

Dann der Vorhang, dann die Decke.
Schließlich brennt das ganze Haus;

Unten läuft man schon heraus. —

Vater Fink, er läuft nicht schlecht,
Trägt den treuen Stiefelknecht.

Mutter Fink, besorgt vor allen,
Rettet ihre Mäusefallen.

Jette schwebt vom Fensterrand,
Sie ist etwas angebrannt.

Doch sie sinkt ins Regenfaß,

Wo es drinnen kühl und naß. —

Also sicher wären diese. —

Aber ach, wo ist Elise??!

Seht nach oben! Fipps, der Brave,
Hält das Kind, was fest im Schlafe.

Aus dem Fenster, hoch im Raume,
Schwingt er sich zum nächsten Baume.

Höchst besorgt wie eine Amme,
Ruscht er abwärts an dem Stamme.

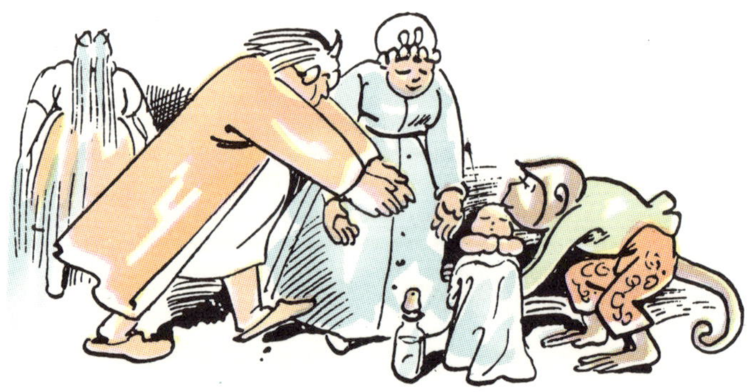

Sanft legt er Elisen nieder.
Sie hat ihre Eltern wieder;
Und die Flasche steht dabei,
Falls Elise durstig sei. —

Zwölftes Kapitel

Fink hat versichert, Gott Lob und Dank,
Bei der Achener Feuerversicherungsbank,
Und nach zwei Jahren so ungefähr,
Wohnt er weit schöner als wie vorher. —

Fipps natürlich, der hat es seitdem

In jeder Hinsicht sehr angenehm. —
Dies aber wird ihm im höchsten Grad
Unerträglich und wirklich fad.
Denn, leider Gottes, so ist der Schlechte,
Daß er immer was anderes möchte.
Auch hat er ein höchst verruchtes Gelüst,
Grad so zu sein, wie er eben ist.

Mal traf es sich, daß die Familie Fink
Zusammen aus- und spazierenging,
Um nebst Besorgung von anderen Sachen
Professor Klöhn einen Besuch zu machen. —

Fipps sehnt sich förmlich nach bösen Streichen.

Sein Plan steht fest. Er will entweichen.

Schon ist er im Feld. Die Hasen flieh'n.
Einen Wanderer sieht man des Weges zieh'n.

Sehr heftig erschrickt der Wandersmann.
Die Töpfersfrau geht still voran.

Zuweilen fällt das Topfgeschirr,
Und dann zerbricht es mit großem Geklirr.
In jenem Haus da, so fügt's der Himmel,
Wohnt grad der bewußte Bauer Dümmel;

Und Dümmels Küchlein piepsen bang,
Denn Fipps zieht ihnen die Hälse lang.

Da steht auch Dümmels kleiner Sohn
Mit dem Butterbrot. — Fipps hat es schon.

Des kleinen Dümmels durchdringender Schrei
Lockt seine erschrockene Mutter herbei.

Mit den Schreckenswortten: „Da kummt de Dübel!!"
Fällt sie in einen dastehenden Kübel.

Doch Dümmel schreit und kennt ihn gleich wieder:
„Dat is de verdammtige Haaresnieder!"

Schnell faßt er die Flinte, ein Schießeding,
Was da seit Anno fünfzehn hing.

Auch sammeln sich eilig von jeglicher Seite
Die Nachbarsleute, gerüstet zum Streite.

Und plötzlich ruft einer: „Kiek, kiek, da sitt'e!"
Jetzt harrt ein jeglicher ängstlich und stumm.

Sie alle machen großmächtige Schritte,

Dümmel legt an. — Er zielt. — Er drückt. —

Dann geht es: Wumm!!
Groß ist der Knall und der Rückwärtsstoß,
Denn jahrelang ging diese Flinte nicht los.

Ende

Wehe! Wehe! Dümmel zielte wacker.
Fipps muß sterben, weil er so ein Racker. —

Wie durch Zufall kommen alle jene,
Die er einst gekränkt, zu dieser Szene.

Droben auf Adelens Dienersitze
Thront der Schwarze mit dem Nasenschlitze.
Mieke, Krüll und Köck mit seinem Bauch,
Wand'rer, Töpferfrau, der Bettler auch;
Alle kommen; doch von diesen allen
Läßt nicht einer eine Träne fallen.
Auch ist eine solche nicht zu seh'n
In dem Auge von Professor Klöhn,
Der mit Fink und Frau und mit Elisen
Und mit Jetten wandelt durch die Wiesen.
Nur Elise faßte Fippsens Hand,
Während ihr das Aug' voll Tränen stand.

„Armer Fipps!" so spricht sie herzig treu.
Damit stirbt er. Alles ist vorbei.

Man begrub ihn hinten in der Ecke,
Wo in Finkens Garten an der Hecke
All die weißen Doldenblumen steh'n.
Dort ist, sagt man, noch sein Grab zu seh'n.
Doch, daß Kater Gripps und Schnipps, der Hund,
Ganz untröstlich, sagt man ohne Grund.

Balduin Bählamm

der verhinderte Dichter

Erstes Kapitel

Wie wohl ist dem, der dann und wann
Sich etwas Schönes dichten kann!

Der Mensch, durchtrieben und gescheit,
Bemerkte schon seit alter Zeit,
Daß ihm hienieden allerlei
Verdrießlich und zuwider sei.

Die Freude flieht auf allen Wegen;
Der Ärger kommt uns gern entgegen.

Gar mancher schleicht betrübt umher;
Sein Knopfloch ist so öd und leer.
Für manchen hat ein Mädchen Reiz,
Nur bleibt die Liebe seinerseits.

Doch gibt's noch mehr Verdrießlichkeiten.
Zum Beispiel läßt sich nicht bestreiten:
Die Sorge, wie man Nahrung findet,
Ist häufig nicht so unbegründet.

Kommt einer dann und fragt: Wie geht's?
Steht man gewöhnlich oder stets
Gewissermaßen peinlich da,
Indem man spricht: Nun, so lala!
Und nur der Heuchler lacht vergnüglich
Und gibt zur Antwort: Ei, vorzüglich!

Im Durchschnitt ist man kummervoll
Und weiß nicht, was man machen soll. —

Nicht so der Dichter. Kaum mißfällt
Ihm diese altgebackne Welt,
So knetet er aus weicher Kleie
Für sich privatim eine neue
Und zieht als freier Musensohn
In die Poetendimension,
Die fünfte, da die vierte jetzt
Von Geistern ohnehin besetzt.

Hier ist es luftig, duftig schön,
Hier hat er nichts mehr auszustehn,
Hier aus dem mütterlichen Busen
Der ewig wohlgenährten Musen
Rinnt ihm der Stoff beständig neu
In seine saubre Molkerei.

Gleichwie die brave Bauernmutter.
Tagtäglich macht sie frische Butter.
Des Abends spät, des Morgens frühe
Zupft sie am Hinterleib der Kühe
Mit kunstgeübten Handgelenken
Und trägt, was kommt, zu kühlen Schränken,
Wo bald ihr Finger, leicht gekrümmt,
Den fetten Rahm, der oben schwimmt,
Beiseite schöpft und so in Masse
Vereint im hohen Butterfasse.
Jetzt mit durchlöchertem Pistille
Bedrängt sie die geschmeid'ge Fülle.
Es kullert, bullert, quietscht und quatscht,
Wird auf und nieder durchgematscht,
Bis das geplagte Element
Vor Angst in dick und dünn sich trennt.
Dies ist der Augenblick der Wonne.
Sie hebt das Dicke aus der Tonne,
Legt's in die Mulde, flach von Holz,
Durchknetet es und drückt und rollt's,
Und sieh, in frohen Händen hält se
Die wohlgeratne Butterwälze.

So auch der Dichter. — Stillbeglückt
Hat er sich was zurechtgedrückt
Und fühlt sich nun in jeder Richtung
Befriedigt durch die eigne Dichtung.

Doch guter Menschen Hauptbestreben
Ist, andern auch was abzugeben.

Der Dichter, dem sein Fabrikat
So viel Genuß bereitet hat,
Er sehnt sich sehr, er kann nicht ruhn,
Auch andern damit wohlzutun;
Und muß er sich auch recht bemühn,
Er sucht sich wen, und findet ihn;
Und sträubt sich der vor solchen Freuden,
Er kann sein Glück mal nicht vermeiden.
Am Mittelknopfe seiner Weste
Hält ihn der Dichter dringend feste,
Führt ihn beiseit zum guten Zwecke
In eine lauschig stille Ecke,
Und schon erfolgt der Griff, der rasche,
Links in die warme Busentasche,
Und rauschend öffnen sich die Spalten
Des Manuskripts, die viel enthalten.
Die Lippe sprüht, das Auge leuchtet,
Des Lauschers Bart wird angefeuchtet,
Denn nah und warm, wie sanftes Flöten,
Ertönt die Stimme des Poeten. —
„Vortrefflich!" ruft des Dichters Freund;
Dasselbe, was der Dichter meint;
Und, was er sicher weiß, zu glauben
Darf sich doch jeder wohl erlauben.

Wie schön, wenn das, was er erdacht,
Empfunden und zurechtgemacht,
Wenn seines Geistes Kunstprodukt,
Im Morgenblättchen abgedruckt,
Vom treuen Kolporteur geleitet,
Sich durch die ganze Stadt verbreitet.

Das Wasser kocht. — In jedem Hause,
Hervor aus stiller Schlummerklause,
Eilt neugestärkt und neugereinigt,
Froh grüßend, weil aufs neu vereinigt,
Hausvater, Mutter, Jüngling, Mädchen
Zum Frühkaffee mit frischen Brötchen.
Sie alle bitten nach der Reihe
Das Morgenblatt sich aus, das neue,
Und jeder stutzt und jeder spricht:
„Was für ein reizendes Gedicht!"
Durch die Lorgnetten, durch die Brillen,
Durch weit geöffnete Pupillen,
Erst in den Kopf, dann in das Herz,
Dann kreuz und quer und niederwärts
Fließt's und durchweicht das ganze Wesen
Von allen denen, die es lesen.

Nun lebt in Leib und Seel der Leute,
Umschlossen vom Bezirk der Häute
Und andern warmen Kleidungsstücken,
Der Dichter fort, um zu beglücken,
Bis daß er schließlich abgenützt,
Verklungen oder ausgeschwitzt.

Ein schönes Los! Indessen doch
Das allerschönste blüht ihm noch.
Denn Laura, seine süße Qual,
Sein Himmelstraum, sein Ideal,
Die glühend ihm entgegenfliegt,
Besiegt in seinen Armen liegt,
Sie flüstert schmachtend inniglich:
„Göttlicher Mensch, ich schätze dich!
Und daß du so mein Herz gewannst,
Macht bloß, weil du so dichten kannst!!"

Oh, wie beglückt ist doch ein Mann,
Wenn er Gedichte machen kann!

Zweites Kapitel

Ein guter Mensch, der Bählamm hieß
Und Schreiber war, durchschaute dies.

Nicht, daß es ihm an Nahrung fehlt.
Er hat ein Amt, er ist vermählt.
Und nicht bloß dieses ist und hat er;
Er ist bereits auch viermal Vater.
Und dennoch zwingt ihn tiefes Sehnen,
Sein Glück noch weiter auszudehnen.
Er möchte dichten, möchte singen,
Er möchte was zuwege bringen
Zur Freude sich und jedermannes;
Er fühlt, er muß und also kann es.
Der Muße froh, im Paletot,
Verläßt er abends sein Bureau.

Er eilt zum Park, um hier im Freien
Den holden Musen sich zu weihen.

Natürlich einer, der wie er
Gefühlvoll und gedankenschwer,
Mag sich an weihevollen Plätzen
Beim Dichten gern auch niedersetzen.

Doch schon besetzt ist jeder Platz

Von Leuten mit und ohne Schatz.

Da lenkt er doch die Schritte lieber
Zum Keller, der nicht fern, hinüber.

Er wählt sich unter vielen Bänken

Die Bank, die angenehm zum Denken.

Zwar erst verwirrte seinen Sinn

Das Nahgefühl der Kellnerin;

Doch führt ihn bald ein tiefer Zug

Zu höherem Gedankenflug.

Schon brennt der Kopf, schon glüht der Sitz,
Schon sprüht ein heller Geistesblitz;

Schon will der Griffel ihn notieren;
Allein es ist nicht auszuführen.

Der Hut als Dämpfer der Ekstase
Sinkt plötzlich tief auf Ohr und Nase.

Ein Freund, der viel Humor besaß,
Macht sich von hinten diesen Spaß.

Empört geht Bählamm fort nach Haus,
Der Freund trinkt seinen Maßkrug aus.

Zu Hause hängt er Hut und Rock
An den gewohnten Kleiderstock

Und schmückt in seinem Kabinett
Mit Joppe sich und Samtbarett,
Die, wie die Dichtung Vers und Reim,
Den Dichter zieren, der daheim.

Scharfsinnend geht er hin und wider,

Bald schaut er auf, bald schaut er nieder.

Jetzt steht er still und ruft: „Aha!“
Denn schon ist ein Gedanke da.

Schnell tritt Frau Bählamm in die Tür,
Sie hält in Händen ein Papier.

Sie ruft: „Geliebter Balduin!
Du mußt wohl mal den Beutel ziehn.
Siehst Du die Rechnung breit und lang?
Der Schuster wartet auf dem Gang.“

Besonders tief und voll Empörung
Fühlt man die pekuniäre Störung.

’s ist abgetan. — Das Haupt gesenkt,

Steht er schon wieder da und denkt.

Begeistert blickt er in die Höh’:
„Willkommen, herrliche Idee!“

Auf springt die Tür. — An Bein und Arm

Geräuschvoll hängt der Kinderschwarm. —
„Ho!" — ruft der Franzel — „Kinder, hört!
Jetzt spielen wir 'mal Droschkenpferd!
Papa ist Gaul und Kutscher ich."
„Ja!" — ruft die Gustel — „fahre mich!"
„Ich" — ruft der Fritz — „will hinten auf!
Hopp, hopp, du altes Pferdchen, lauf!"

„Hüh!" — ruft der kleine Balduin —
„Will er nicht ziehn, so hau ich ihn!" —

Wer kann bei so bewandten Dingen
Ein Dichterwerk zustande bringen? —

Nun meint man freilich, sei die Nacht,
Um nachzudenken, wie gemacht.
Doch oh! wie sehr kann man sich täuschen!
Es fehlt auch ihr nicht an Geräuschen.

Der Papa hat sich ausgestreckt,
Gewissenhaft sich zugedeckt!
Warm wird der Fuß, der Kopf denkt nach;
Da geht es: Bäh! — vielleicht nur schwach.
Doch dieses Bäh erweckt ein zweites,

Dann bäh aus jeder Kehle schreit es.

Aus Mamas Mund ein scharfes Zischen,
Bedrohlich schwellend, tönt dazwischen
Und Papas Baß, der grad' noch fehlte,
Verstärkt zuletzt das Tongemälde.

Wie peinlich dies, ach, das ermißt
Nur der, der selber Vater ist.

Drittes Kapitel

Ein großer Geist, wie Bählamm seiner,
Ist nicht so ratlos wie ein kleiner.
Er sieht, ihm mangelt bloß im Grunde
Der stille Ort, die stille Stunde,
Um das, was nötig ist zum Dichten,
Gemächlich einsam zu verrichten;
Und alsogleich spricht der Verstand:

Verlaß die Stadt und geh aufs Land!
Wo Biederkeit noch nicht veraltet,
Wo Ruhe herrscht und Friede waltet! —

Leicht reisefertig ist zumeist
Ein Mensch, wenn er als Dichter reist.

Die kleine Tasche, buntgestickt,
Ist schnell gefüllt und zugedrückt.
Ein Hut von Stroh als Sommerzier,
Ein Dichterkragen von Papier,
Das himmelblaue Flattertuch,
Der Feldstuhl, das Notizenbuch,
Ein Bleistift Nr. 4 und endlich
Das Paraplü sind selbstverständlich.

Zum Bahnhof führt ihn die Familie

Hier spricht er: „Lebe wohl, Cäcilie!
Ich bring euch auch was Schönes mit!“
Dann schwingt er sich mit leichtem Schritt,
Damit er nicht die Zeit verpasse,
In die bekannte Dichterklasse.
Der Pfiff ertönt, die Glocke schlug.

Fort schlängelt sich der Bummelzug.

Vorüber schnell und schneller tanzen,
Durch Draht verknüpft zu einem Ganzen,
Die schwesterlich verwandten, langen
Zahlreichen Telegraphenstangen.
Der Wald, die Wiesen, das Gefilde
Als unstät wirbelnde Gebilde,
Sind lästig den verwirrten Sinnen.
Gern richtet sich der Blick nach innen.
Ein leichtes Rütteln, sanftes Schwanken
Erweckt und sammelt die Gedanken.
Manch Bild, was sich versteckt vielleicht,
Wird angeregt und aufgescheucht.

Bald fühlt sich Bählamm süßbeklommen,
Die herrlichsten Gedanken kommen. —

Ein langer Pfiff. — Da hält er schon
Auf der ersehnten Bahnstation. —

Ein wohlgenährter Passagier

In Nägelschuhen wartet hier.

Er zwängt sich hastig ins Coupé.

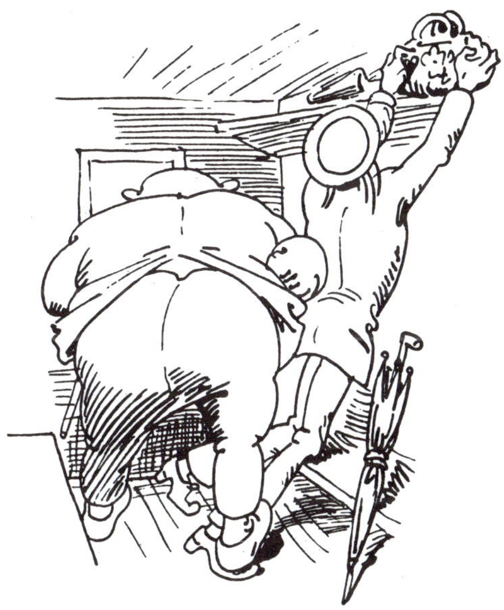

„Pardon!“ — Er tritt auf Bählamms Zeh. —

Des Lebens Freuden sind vergänglich;
Das Hühnerauge bleibt empfänglich.

Wie dies sich äußert, ist bekannt.
Krumm wird das Bein und krumm die Hand;
Die Augenlöcher schließen sich,
Das linke ganz absonderlich;
Dagegen öffnet sich der Mund,
Als wollt er flöten, spitz und rund.

Zwar hilft so eine Angstgebärde
Nicht viel zur Linderung der Beschwerde;
Doch ist sie nötig jederzeit
Zu des Beschauers Heiterkeit.

Viertes Kapitel

Wie lieb erscheint, wie freundlich winkt
Dem Dichter, der noch etwas hinkt,

Des Dörfleins anspruchloses Bild,
In schlichten Sommerstaub gehüllt.

Hier reitet Jörg, der kleine Knabe,
Auf seinem langen Hakenstabe,

Die Hahnenfeder auf der Mütze,
Kindlich naiv durch eine Pfütze.

Dort mit dem kurzen Schmurgelpfeifchen,
Auf seinem trauten Düngerhäufchen
Steht Krischan Bopp und füllt die Luft
Mit seines Krautes Schmeichelduft.

Er blickt nach Rike Mistelfink.
Ein Mädel sauber, stramm und flink.
Sie reinigt grad' den Ziegenstall;
Und Friede waltet überall.

Sofort im ländlichen Logis
Geht Bählamm an die Poesie.
Er schwelgt im Sonnenuntergang,

Er lauscht dem Herdenglockenklang,
Und ahnungsfroh empfindet er's:
Glück auf! Jetzt kommt der erste Vers!

Klirrbatsch! Da liegt der Blumentopf.
Es zeigt sich ein gehörnter Kopf,

Das Maulwerk auf, die Augen zu,
Und plärrt posaunenhaft: Ramuh!!

Erschüttert gehen Vers und Reime
Mitsamt dem Kunstwerk aus dem Leime.
Das tut die Macht der rauhen Töne.
Die Sängerin verläßt die Szene.

Fünftes Kapitel

Die Nacht verstrich. Der Morgen schummert.
Hat unser Bählamm süß geschlummert?
Kennst du das Tierlein leicht beschwingt,
Was, um die Nase schwebend, singt?
Kennst du die andern, die nicht fliegen,
Die leicht zu Fuß und schwer zu kriegen?

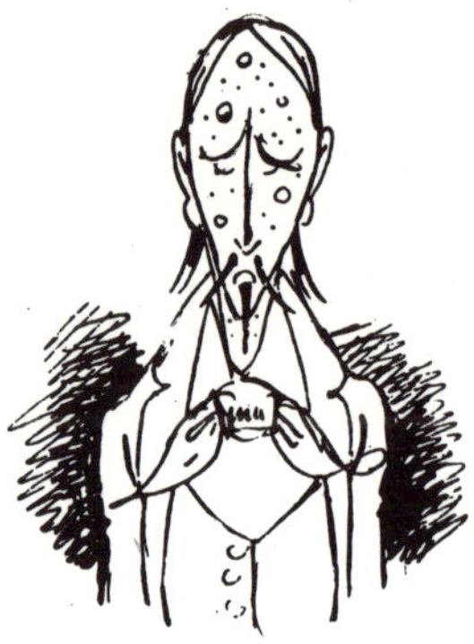

Betrachte Bählamm sein Gesicht,
Du weißt Bescheid, drum frage nicht.

Hier auf dem Dreifuß unterm Flieder
Sitzt er bereits und dichtet wieder.

Der Knabe Jörg, in froher Laune,

Bemerkt ihn durch ein Loch im Zaune,
Er zieht die Nadel aus der Mütze,

Durchbohrt damit die Hakenspitze,

Und hat verschmitzt auch schon begonnen

Den kleinen Scherz, den er ersonnen.

Der Dichter greift sich ins Genicke.

Mal wieder, denkt er, eine Mücke.

Er nimmt die Hand in Augenschein.

Es mußte doch wohl keine sein.

Kaum hat er dies als wahr befunden

So kommt ein Stich direkt von unten.

Um diese Gegend zu beschützen,

Kann man das Sacktuch auch benützen.

Insoweit wäre alles gut.

O weh! Wohin entschwebt der Hut?

„Ein leichtes Kräusellüftchen!“ rief er,
Holt seinen Hut und setzt ihn tiefer.

Ganz arglos will er sich soeben
Zurück auf seinen Sitz begeben.
Doch die gewohnte Stütze mangelt.
Der Dreifuß wird hinweggeangelt.
Anstatt in den bequemen Sessel,

Setzt er sich in die scharfe Nessel.

Und hell durchblitzt ihn der Gedanke:
Es sitzt wer hinter dieser Planke!

Sehr gut in solchen Fällen ist
Bedachtsamkeit, gepaart mit List.

Verlockend und zugleich gespannt
Setzt er sich wieder vor die Wand.

Aha! Und jetzt wird zugefaßt,
Und trefflich hat er’s abgepaßt;

Denn grad’ im Zentrum bohrte sich

Durch seine Hand der Nadelstich.
Natürlich macht ihn das nervos.
Der Jörg entfernt sich sorgenlos.

Sechstes Kapitel

In freier Luft, in frischem Grün,
Da wo die bunten Blümlein blühn,
In Wiesen, Wäldern, auf der Heide,
Entfernt von jedem Wohngebäude,
Auf rein botanischem Gebiet
Weilt jeder gern, der voll Gemüt.

Hier legt sich Bählamm auf den Rücken
Und fühlt es tief und mit Entzücken,
Nachdem er Bein und Blick erhoben:

Groß ist die Welt, besonders oben!

Wie klein dagegen und beschränkt
Zeigt sich der Ohrwurm, wenn er denkt.

Engherzig schleicht er durch das Moos,
Beseelt von dem Gedanken bloß,
Wo's dunkel sei und eng und hohl,
Denn da nur ist ihm pudelwohl.

Grad' wie er wünscht, und sehr gelegen
Blinkt ihm des Dichters Ohr entgegen.

In diesen wohlerwärmten Räumen,
So denkt er, kann ich selig träumen.

Doch wenn er glaubt, daß ihm hienieden
Noch weitre Wirksamkeit beschieden,
So irrt er sich. — Ein Winkelzug
Von Bählamms Bein, der fest genug,
Zerstört die Form, d. h. so ziemlich,
Die diesem Wurme eigentümlich,
Und seinem Dasein als Subjekt
Ist vorderhand ein Ziel gesteckt.

Sogleich und mit gewisser Schnelle
Vertauscht der Dichter diese Stelle
Für eine andre, mehr erhöht,
Allwo ein Bäumlein winkend steht.

Ein Vöglein zwitschert in den Zweigen;
Dem Dichter wird so schwül und eigen.
Die Stirn umsäuseln laue Lüfte;
Es zuckt der Geist im Faberstifte.

Pitschkleck! — Ein Fleck. Ein jäher Schreck. —
Erleichtert fliegt das Vöglein weg.
Indessen auch der andre Sänger
Verweilt an diesem Ort nicht länger.

Den Himmel, der noch eben blau,
Umwölkt ein ahnungsvolles Grau,

Vor Regen schützt die Scheidewand
Des Schirmes, wenn er aufgespannt.

Verquer durch Regen und Gestrüppe
Kommt Krischan mit der scharfen Hippe.
Vom Regen ist der Blick umflort,

Und richtig wird der Schirm durchbohrt.

Betrübend ist und wenig nütze
Das Paraplü mit einem Schlitze;
Doch ist noch Glück bei jedem Hieb,
Wobei der Kopf heroben blieb.

Auch braucht man, läßt der Regen nach,
Ja sowieso kein Regendach.

Und hier, begleitet von der Ziege,
Kommt Rike über eine Stiege;
Und Bählamm, wie die Dichter sind,
Will diesem anmutsvollen Kind

Als Huldigung mit Scherz und Necken
Ein Sträußlein an den Busen stecken.

Ein Prall — ein Schall — dicht am Gesicht —

Verloren ist das Gleichgewicht.

So töricht ist der Mensch. — Er stutzt,
Schaut dämlich drein und ist verdutzt,

Anstatt sich erst mal solche Sachen
In aller Ruhe klarzumachen. —

Hier strotzt die Backe voller Saft;
Da hängt die Hand, gefüllt mit Kraft.
Die Kraft, infolge von Erregung,
Verwandelt sich in Schwungbewegung.
Bewegung, die in schnellem Blitze
Zur Backe eilt, wird hier zur Hitze.

Die Hitze aber, durch Entzündung
Der Nerven, brennt als Schmerzempfindung
Bis in den tiefsten Seelenkern,
Und dies Gefühl hat keiner gern.

Ohrfeige heißt man diese Handlung,
Der Forscher nennt es Kraftverwandlung.

Siebentes Kapitel

Der Mond. Dies Wort so ahnungsreich,
So treffend, weil es rund und weich —
Wer wäre wohl so kaltbedächtig,
So herzlos, hart und niederträchtig,
Daß es ihm nicht, wenn er es liest,
Sanftschauernd durch die Seele fließt?

Das Dörflein ruht im Mondenschimmer,
Die Bauern schnarchen fest wie immer;
Es ruhn die Ochsen und die Stuten,
Und nur der Wächter muß noch tuten,
Weil ihn sein Amt dazu verpflichtet,

Der Dichter aber schwärmt und dichtet.

Was ist da drüben für ein Wink?
Ist das nicht Rike Mistelfink?

Ja, wie es scheint, hat sie bereut
Die rücksichtslose Sprödigkeit.
Der Dichter fühlt sein Herz erweichen.
Er folgt dem liebevollen Zeichen.

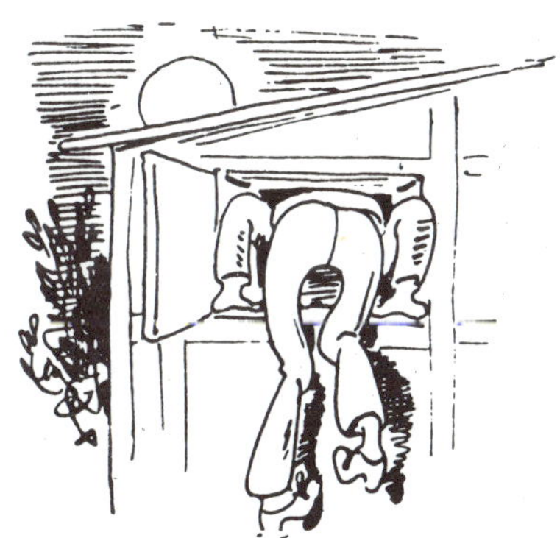

Er drängt sich, nicht ganz ohne Qual,
In ein beschränktes Stallokal.

Mit einem Mäh! (mit einem langen)
Sieht er sich unverhofft empfangen.

Doch nur ein kurzes Meck begleitet
Den Seitenstich, der Schmerz bereitet.

Ein Stoß grad in die Magengegend
Ist aber auch sehr schmerzerregend.

Daß selbst ein Korb in solcher Lage
Erwünscht erscheint, ist keine Frage.

Bedeckung findet sich gar leicht;

Es fragt sich nur, wie weit sie reicht. —
Und grade kommt die Rike hier,
Der Krischan emsig hinter ihr;

Sie mit vergnügtem Mienenspiel,
Er mit dem langen Besenstiel.

Er schiebt ihn durch des Korbes Henkel

Und zwischen Bählamm seine Schenkel.

Nachdem er sicher eingesackt,
Wird er gelupft und aufgepackt.

Er strampelt sehr, denn schwer im Sinn
Liegt ihm die Frage: Ach, wohin?

Ein Wasser, mondbeglänzt und kühl,
Ist das erstrebte Reiseziel,

Und angelangt bei diesem Punkt
Wird fleißig auf und ab getunkt;

Worauf, nachdem der Korb geleert,
Das Liebespaar nach Hause kehrt.

Achtes Kapitel

Es tut nicht gut, wenn man im Bad,
Und nur die Füße draußen hat. —

Auch Bählamm hat's nicht wohl getan.
Es zog ihm in den Backenzahn. —

Das Zahnweh, subjektiv genommen,
Ist ohne Zweifel unwillkommen;
Doch hat's die gute Eigenschaft,
Daß sich dabei die Lebenskraft,
Die man nach außen oft verschwendet,
Auf einen Punkt nach innen wendet,
Und hier energisch konzentriert.
Kaum wird der erste Stich verspürt,
Kaum fühlt man das bekannte Bohren,
Das Rucken, Zucken und Rumoren —
Und aus ist's mit der Weltgeschichte,
Vergessen sind die Kursberichte,
Die Steuern und das Einmaleins.
Kurz, jede Form gewohnten Seins,
Die sonst real erscheint und wichtig,
Wird plötzlich wesenlos und nichtig.
Ja, selbst die alte Liebe rostet —
Man weiß nicht, was die Butter kostet —
Denn einzig in der engen Höhle
Des Backenzahnes weilt die Seele,

Noch eh' der neue Tag erschien,
War Bählamm auch soweit gediehn.

Und unter Toben und Gesaus
Reift der Entschluß: Er muß heraus!! —

Er steht und läutet äußerst schnelle
An Doktor Schmurzel seiner Schelle.

Der Doktor wird von diesem Lärme
Emporgeschreckt aus seiner Wärme.
Indessen kränkt ihn das nicht weiter;
Ein Unglück stimmt ihn immer heiter.

Er ruft: „Seid mir gegrüßt, mein Lieber!

Lehnt Euch gefälligst hintenüber!
Gleich kennen wir den Fall genauer!“

(Der Finger schmeckt ein wenig sauer.)

„Nun stützt das Haupt auf diese Lehne

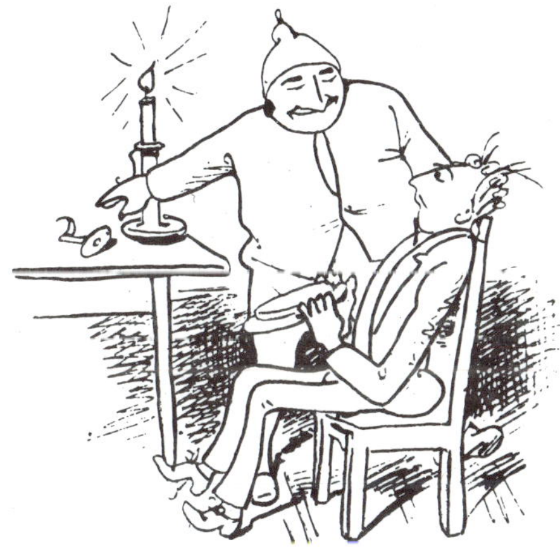

Und denkt derweil an alles Schöne!

Holupp!!

Wie ist es? Habt ihr nichts gespürt?“
„Ich glaub’, es hat sich was gerührt!“

„Da dies der Fall, so gratulier’ ich!
Die Sache ist nicht weiter schwierig!

„Hab's mir gedacht!" sprach Doktor Schmurzel,

Hol—upp!!!"
Vergebens ist die Kraftentfaltung;
Der Zahn verharrt in seiner Haltung.

„Das Hindernis liegt in der Wurzel.

Ich bitte bloß um drei Mark zehn!

Recht gute Nacht! Auf Wiedersehn!"

Neuntes Kapitel

Dem hohen lyrischen Poeten
Ist tiefer Schmerz gewiß vonnöten;
Doch schwerlich, ach, befördert je
Das ganz gewöhnliche Wehweh,
Wie Bählamm seines zum Exempel,
Den Dichter in den Ruhmestempel.

Die Backe schwillt. — Die Träne quillt,
Ein Tuch umrahmt das Jammerbild.

Verhaßt ist ihm die Ländlichkeit
Mit Riken ihrer Schändlichkeit,
Mit Doktor Schmurzels Chirurgie,
Mit Bäumen, Kräutern, Mensch und Vieh,
Und schmerzlich dringend mahnt die Backe:
Oh, kehre heim! Doch vorher packe! —

Gern möcht er still von dannen scheiden,
Gern jede Ovation vermeiden,
Allein ihm bleibt bei seiner Fahrt
Ein Lebewohl nicht ganz erspart.

Meckmeck! so schallt's aus jener Ecke;
Meckmeck! ruft einer durch die Hecke,
Meckmeck! so schmettert's in der Näh,
Und Rikens Ziege macht mähhäh! —

Da wundert sich wohl mancher sehr,
Wie's möglich sei, daß ein Malör
So schleunige Verbreitung finde.
Der Weise schweigt. Er kennt die Gründe. —

Als Bählamm sein Coupé erreicht,
Wird ihm verhältnismäßig leicht.

'ne Frau, 'n Kind und eine Tasche,
Worin die Gummistöpselflasche,
Sind unsers Reisenden Begleiter.
Der Säugling zeigt sich äußerst heiter.
Er strebt und webt mit Händ und Füßen,
Er laßt sein Maulchen überfließen;
Er ist so süß, daß fast mit Recht
Ein Junggesell ihn küssen möcht.

O weh! die Fröhlichkeit entweicht.
Wohlmeinend wird ihm dargereicht
Das Glas, woraus er sich ernährt;

Er lehnt es ab; er ist empört;
Und penetrant, gleich der Trompete,
Klagt er in Tönen seine Nöte. —
Die Mutter seufzt. Der Trank ist kalt.
Wohl uns! Hier hat man Aufenthalt.

„Ach!“ — bat sie — „halten S' ihn mal eben,
Ich muß ihm etwas Warmes geben!“

Sie eilt hinaus ins Restaurant.
Der Zug hält drei Minuten lang.

Einsteigen! Fertig! — Pfüt! — Und los!
Mit seinem Säugling auf dem Schoß,
Mit dicker Backe, wehem Zahn,
Rollt er dahin per Eisenbahn
Der Heimat zu und trifft um neun
Präzise auf dem Bahnhof ein. —
Der Säugling, des Gesanges müde,
Ruht aus von seinem Klageliede,
Umhüllt mit einer warmen Windel,
Auf Bählamms Arm als stilles Bündel.
Trotzdem hat Bählamm das Bestreben,
Ihn möglichst baldig abzugeben.

Der Schaffner, ohne Mitgefühl,
Bedankt sich höflich, aber kühl.

Desgleichen auch der Bahnverwalter;

Desgleichen auch der Mann am Schalter.

So muß er sich denn wohl bequemen,
Sein Bündel mit nach Haus zu nehmen.

„Der Papa kommt!“ so rufen hier
Die frohen Kinder alle vier.

„Und“ — sprach die Mutter — „gebt mal acht!
Er hat was Schönes mitgebracht!“

Jedoch bei näherer Belehrung,
Wie wenig schätzt sie die Bescherung.

„Oh!“ — ruft sie — „Aber Balduin!“

Dann wird's ihr vor den Augen grün.
Zum Glück, in diesem Ungemach,

Kommt bald des Knaben Mutter nach.

Zwar ist die Flasche kalt wie nie,

Doch weil's pressiert, so nimmt er sie. —
Der Abschied war nicht sehr beschwerlich,
Was auch bei Bählamm sehr erklärlich;
Denn gerne gibt man aus der Hand
Den Säugling, der nicht stammverwandt.

Schluß

Sofort legt Bählamm sich zur Ruh.

Die Hand der Gattin deckt ihn zu.
Der Backe Schwulst verdünnert sich;
Sanft naht der Schlaf, der Schmerz entwich,
Und vor dem innern Seelenraum
Erscheint ein lockend süßer Traum. —
Ihm war als ob, ihm war als wie,
So unaussprechlich wohl wie nie. —
Hernieder durch das Dachgebälke,
Auf rosenrotem Duftgewölke
Schwebt eine reizend wundersame
In Weiß gehüllte Flügeldame,
Die winkt und lächelt wie zum Zeichen,
Als sollt er ihr die Hände reichen;
Und selbstverständlich wunderbar
Erwächst auch ihm ein Flügelpaar;

Und selig will er sich erheben,
Um mit der Dame fortzuschweben.

Doch ach! Wie schaudert er zusammen!
Denn wie mit tausend Kilogrammen

Hängt es sich plötzlich an die Glieder,
Hemmt das entfaltete Gefieder
Und hindert, daß er weiterfliege.
Hohnlächelnd meckert eine Ziege.
Die himmlische Gestalt verschwindet,
Und nur das eine ist begründet,

Frau Bählamm ruft, als er erwacht:

„Heraus, mein Schatz! Es ist schon acht

Um neune wandelt Bählamm so

Wie ehedem auf sein Bureau. —

So steht zum Schluß am rechten Platz
Der unumstößlich wahre Satz:
Die Schwierigkeit ist immer klein,
Man muß nur nicht verhindert sein.

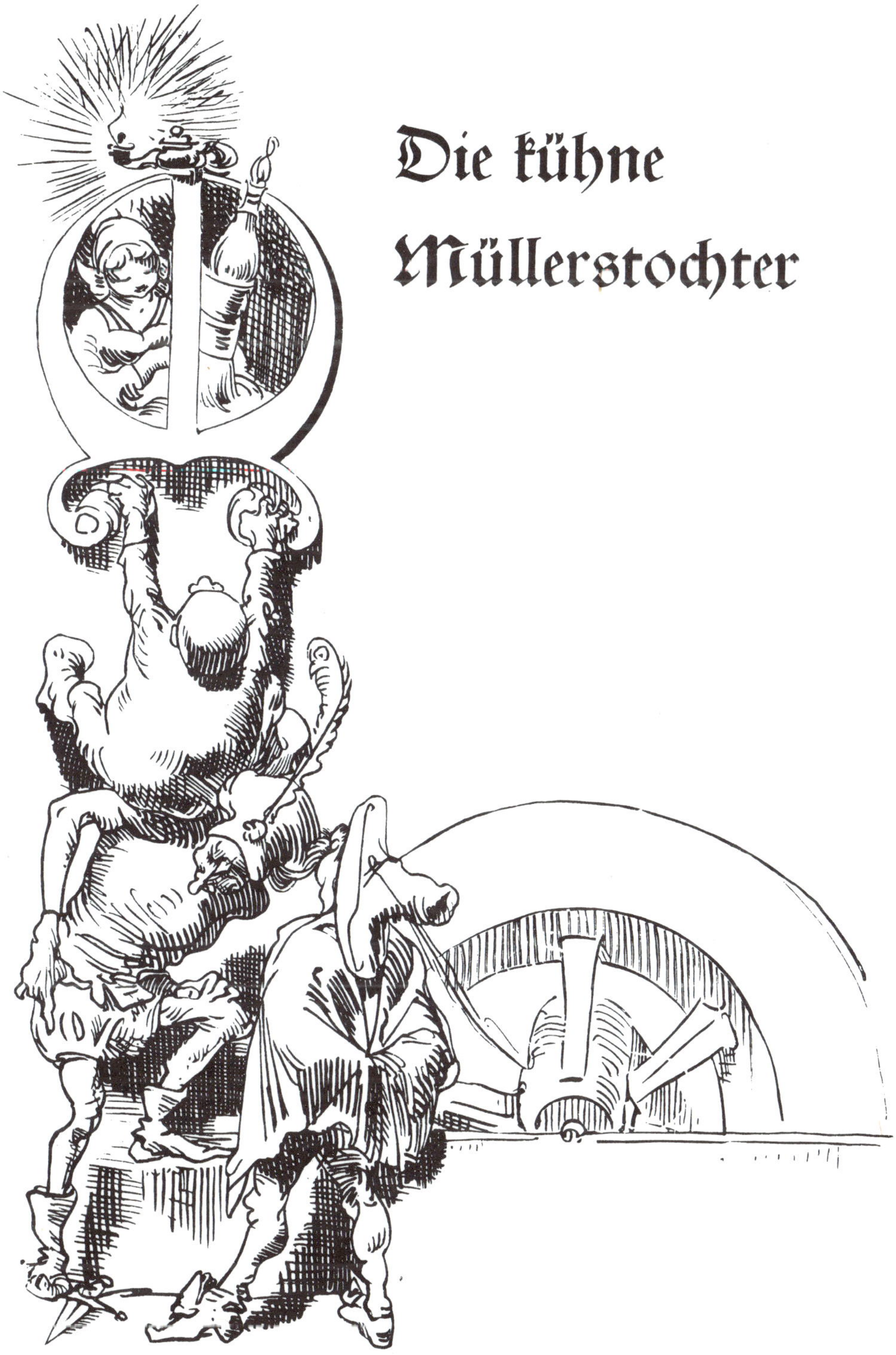

Die kühne Müllerstochter

Die kühne Müllerstochter

Es heult der Sturm, die Nacht ist graus,
Die Lampe schimmert im Müllerhaus.

Da schleichen drei Räuber wild und stumm —
Husch, husch, pist, pist! — ums Haus herum.

Der zweite will Blut, der dritte will Gold,
Der erste, der ist dem Mädel hold.

Die Müllerstochter spinnt allein,
Drei Räuber schaun zum Fenster herein.

Und als der erste steigt herein,
Da hebt das Mädchen den Mühlenstein.

Und — patsch! — der Räuber lebt nicht mehr,
Der Mühlstein druckt ihn gar zu sehr.

Doch schon erscheint mordgierig-heiter
Und steigt durchs Loch der Räuber zweiter.

Ha! Hu! — Er ist, eh' er's gewollt,
Wie Rollenknaster aufgerollt.

Jetzt aber naht mit kühnem Schritte
Voll Goldbegierigkeit der dritte.

Schnapp! — ist der Hals ihm eingeklommen;
Er stirbt, weil ihm die Luft benommen.

So starben die drei ganz unverhofft.
O Jüngling! Da schau her!
So bringt ein einzig Mädchen oft
Drei Männer ins Malheur!!!

Der Schreihals

„Da, Lina, zieh ihm 's Nachtzeug an,
Daß ich die Flasche wärmen kann."

Doch schreit er nicht und hält ganz still
Und läßt sich pudern, wo man will.

Die Mutter geht, und eh' sie scheidet,
Wird Willi schon des Hemds entkleidet.

Kaum aber schnüret man ihn ein,
So fängt er auch schon an zu schrei'n.

Die Wäscherei gefällt ihm nicht,
Vor allen Dingen im Gesicht.

Habäh! — So tönt sein Wehgeschrei
Und lockt den Vater selbst herbei.

„Hier, halt ihn eben mal, Papa!
Ich geh' und rufe die Mama!"

„Horch, Willi, horch, die Ticktackuhr!" —
Der Willi schreit noch ärger nur.

Der Vater trommelt an den Scheiben,
Um Willis Trauer zu vertreiben.

„Susu, mein Herz! Schlaf ein, schlaf ein!" —
Er fängt noch lauter an zu schrei'n.

Er läßt ihn in den Spiegel schau'n. —
Der Willi schreit, bis daß er braun.

Mit List zeigt er die Zipfelhauben —
Umsonst! — der Willi will's nicht glauben.

Jetzt macht er einen Butzemann. —
O weh! — Nun geht's noch schlimmer an.

Grad kommt die Tante auf Visite
Und ruft erschreckt: „Du meine Güte!" —

Die Mutter öffnet grad die Tür:
„Mein Herz! Was machen sie mit dir?!"

Voll Weisheit öffnet sie den Bund. —
Da haben wir's! — Das war der Grund! —

Die Mutter macht ein ernst Gesicht:
„Ja, was ist das? — Auch dieses nicht?!" —

Und Willi, der von Schmerz befreit,
Lacht laut vor lauter Heiterkeit.

Das Pusterohr

Hier sitzt Herr Bartelmann im Frei'n
Und taucht sich eine Brezel ein.

Der Franz mit seinem Pusterohr
Schießt Bartelmann ans linke Ohr.

Ei, Zapperment, so denkt sich der,
Das kam ja wohl von unten her.

Doch nein — denkt er —, es kann nicht sein!
Und taucht die Brezel wieder ein.

Und — witsch — getroffen ist die Brezen,
Herrn Bartelmann erfaßt Entsetzen.

Und — witsch — jetzt trifft die Kugel gar
Das Aug', das sehr empfindlich war.

Aujau! Er fällt — denn mit Geblase
Schießt Franz den Pfeil ihm in die Nase.

So daß dem braven Bartelmann
Die Träne aus dem Auge rann.

Da denkt Herr Bartelmann: Aha!
Dies spitze Ding, das kenn' ich ja!

Ei, Zapperment — so denkt sich der —,
Das kommt ja wohl von oben her! —

Und freudig kommt ihm der Gedanke:
Der Franz steht hinter dieser Planke!

Und — klapp! schlägt er mit seinem Topf
Das Pusterohr tief in den Kopf!

Drum schieß mit deinem Püsterich
Auf keine alten Leute nicht!

Vorschläge eines Tierschutzvereines

Der hinterlistige Heinrich

Die Mutter sprach: „O Heinrich mein!
Nimm diese Brezen, sie sei dein!“

Der böse Heinrich denkt sich gleich:
Jetzt fang' ich Gänse auf dem Teich.

Ein junges Gänslein schwamm an Land;
Schnapp! hat es Heinrich in der Hand.

Es schreit und zappelt fürchterlich;
Die Alten sind ganz außer sich.

Jetzt faßt die Gans den Heinrich an,
Wo sie zunächst ihn fassen kann.

Der Heinrich fällt auf seinen Rücken;
Am Ohr tun ihn die Gänse zwicken.

Sie fliegen dann, o weh, o weh!
Mit Heinrich fort und in die Höh'.

Hoch über seiner Mutter Haus,
Da lassen sie den Heinrich aus.

Der fällt ganz schwarz und über Kopf
Der Mutter in den Suppentopf.

Mit einer Gabel und mit Müh'
Zieht ihn die Mutter aus der Brüh'.

Hier sieht man ihn am Ofen stehn. —
Dem Schlingel ist ganz recht geschehn!

Die Gänse aber voll Ergötzen
Verzehren Heinrichs braune Brezen.

Diogenes und die bösen Buben von Korinth

Nachdenklich liegt in seiner Tonne
Diogenes hier an der Sonne.

Diogenes schaut aus dem Faß
Und spricht: „Ei, ei! Was soll denn das!"

Ein Bube, der ihn liegen sah,
Ruft seinen Freund; gleich ist er da.

Der Bube mit der Mütze
Holt seine Wasserspritze.

Nun fangen die zwei Tropfen
Am Fasse an zu klopfen.

Er spritzt durchs Spundloch in das Faß,
Diogenes wird pudelnaß.

Kaum legt Diogenes sich nieder,
So kommen die bösen Buben wieder.

Zwei Nägel, die am Fasse stecken,
Fassen die Buben bei den Röcken.

Sie gehn ans Faß und schieben es;
„Halt, halt!“ schreit da Diogenes.

Die bösen Buben weinen
Und zappeln mit den Beinen.

Ganz schwindlig wird der Brave. —
Paßt auf! Jetzt kommt die Strafe.

Da hilft kein Weinen und kein Schrei’n,
Sie müssen unters Faß hinein.

Die bösen Buben von Korinth
Sind platt gewalzt, wie Kuchen sind.
Diogenes der Weise aber kroch ins Faß
Und sprach: „Jaja! Das kommt von das!“

Die Verwandlung

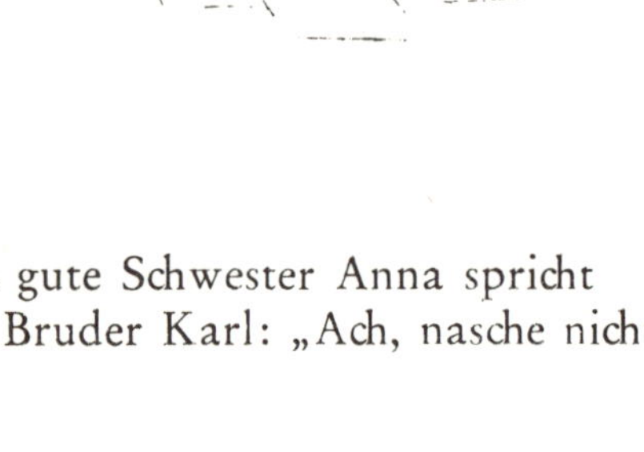

Die gute Schwester Anna spricht
Zu Bruder Karl: „Ach, nasche nicht!“

Doch der will immer weiter lecken.
Da kommt die Mutter mit dem Stecken.

Er läuft bis vor das Hexenhaus,
Da baumelt eine Wurst heraus.

Schwipp! fängt ihn an der Angel schlau
Die alte, böse Hexenfrau.

Dem Karl ist sonderbar zumute,
Die Hexe schwingt die Zauberrute

Und macht durch ihre Hexerein

Aus Karl ein kleines Quiekeschwein.

Schon fängt der Hexe böser Mann
Das Messer scharf zu schleifen an.

Da findet das treue Schwesterlein
Die Wunderblume mit lichtem Schein.

Und eben als die Bösen trachten
Das Quiekeschwein sich abzuschlachten,

Da tritt herein das Ännchen. — Das Schwein
quiekt und rennt;
Die Hexe fällt ins Messer, der böse Mann
verbrennt.

Und Bruder Karl verliert auch bald
Die traurig-schweinerne Gestalt;

Da ist er froh
Und spricht: „Nie mach' ich's wieder so!“

Der Lohn des Fleißes

„Komm, Nero!“ spricht Herr Bartel ernst.
„Es wird jetzt Zeit, daß du was lernst!

Du willst nicht? — Gut! so hau’ ich dich
Mit einem Stecken fürchterlich.“

Drauf sitzt der Nero mäuschenstill
Und hört, was man ihm sagen will.

„Hut ab!“ Das ist das erste Stück,
Der Nero macht es mit Geschick.

Zum zweiten: „Jenen Stecken dort!
Nur munter, Nero! Such! Apport!“

Und jetzt: „Die Tür auf! — So, so, so!
Das geht ja schon: Bravissimo!“

Ach! denkt der Nero, ach wozu
Läßt mich mein Herr doch nicht in Ruh'?!

Und läßt, dieweil der Schreck so groß,
Die festgemachte Schlinge los.

Da kommt, als sie spazierengingen,
Der Hundefänger mit der Schlingen.

Gleich sitzt der Nero mit der Mütze
In einer tiefen Wasserpfütze.

„Hut ab!“ ruft schnell Herr Bartel jetzt,
Der Hundefänger ist entsetzt.

Der böse Mann, gar sehr gewandt,
Fischt aber Nero an das Land.

Und sperrt ihn in den Gitterkasten
Und schreit: „Jetzt soll der Schlingel fasten!"

Er macht die Türe auf, und dann
Läuft er nach Hause, so schnell er kann.

Doch kaum hat sich der Mann entfernt,
Zeigt Nero, daß er was gelernt.

Hier kehrt er heim und ist erfreut,
Das macht allein die Fleißigkeit.

Nachhilfe

Dem Esel, störrisch im Geschäfte,
Verleiht der Knittel neue Kräfte.

Die Strafe der Faulheit

Fräulein Ammer kost allhier
Mit Schnick, dem allerliebsten Tier.

Sie füttert ihn, soviel er mag,
Mit Zuckerbrot den ganzen Tag.

Und nachts liegt er sogar im Bett,
Da wird er freilich dick und fett.

Einstmals, als sie spazierengehen,
Sieht man den Hundefänger stehen.

Er lockt den Schnick mit einer Brezen,
Das Fräulein ruft ihm voll Entsetzen.

Doch weil er nicht gehorchen kann,
Fängt ihn gripsgraps der böse Mann.

Seht, wie er läuft, der Hundehäscher!
Und trägt im Sack den dicken Näscher.

Das Fräulein naht und jammert laut,
Es ist zu spat; da liegt die Haut.

Gern lief er fort, der arme Schnick
Doch ist er viel zu dumm und dick.

Zwei Gülden zahlt sie in der Stille
Für Schnickens letzte Außenhülle.

„Den schlacht' ich!" spricht der böse Mann
„Weil er so fett und gar nichts kann."

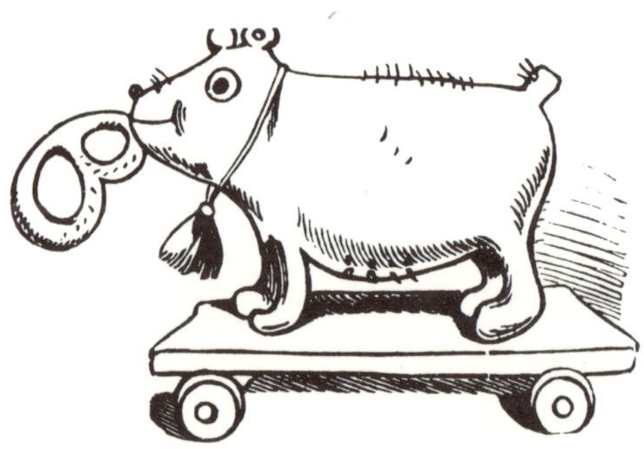

Hier steht der ausgestopfte Schnick.
— Wer dick und faul, hat selten Glück.

Das warme Bad

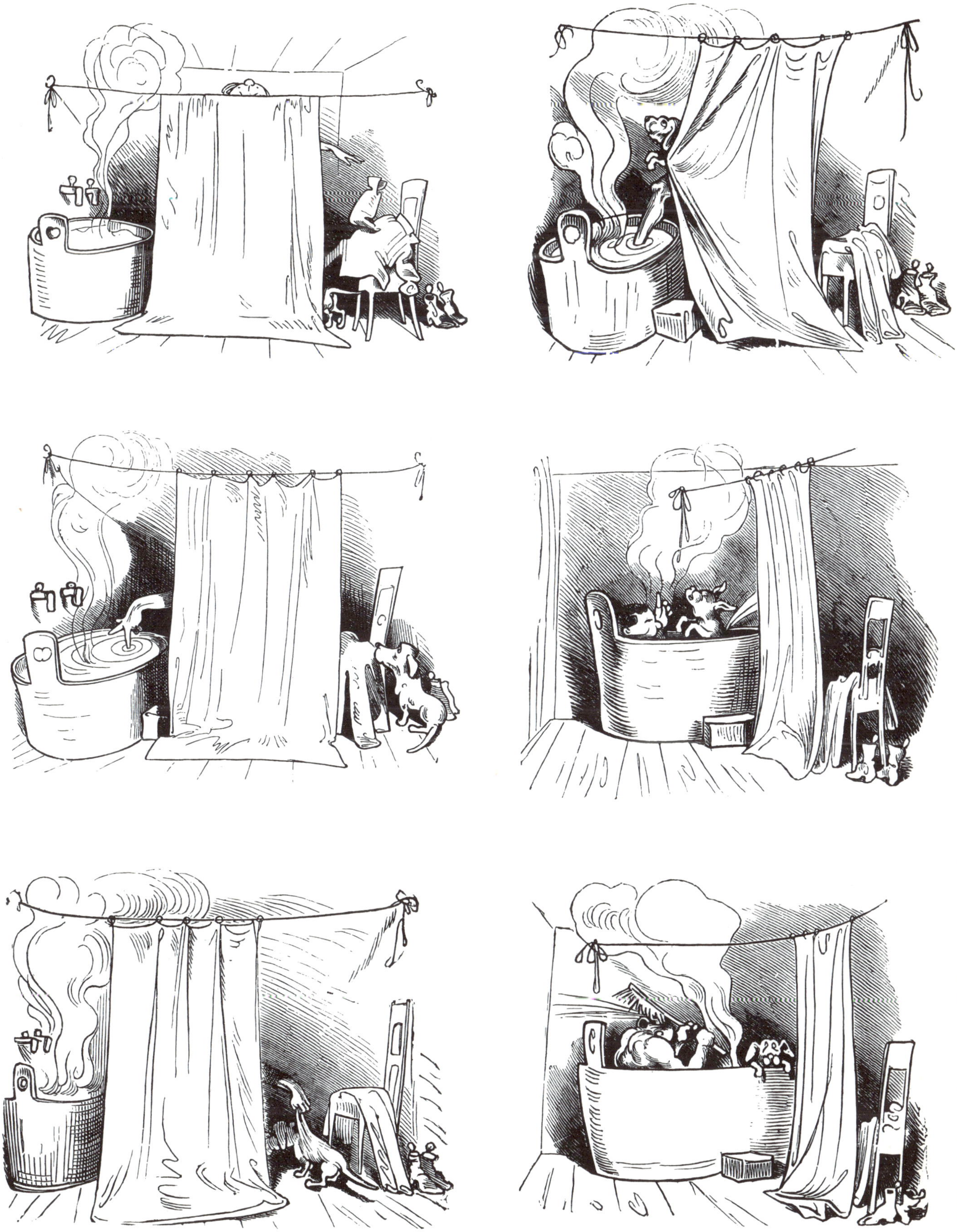

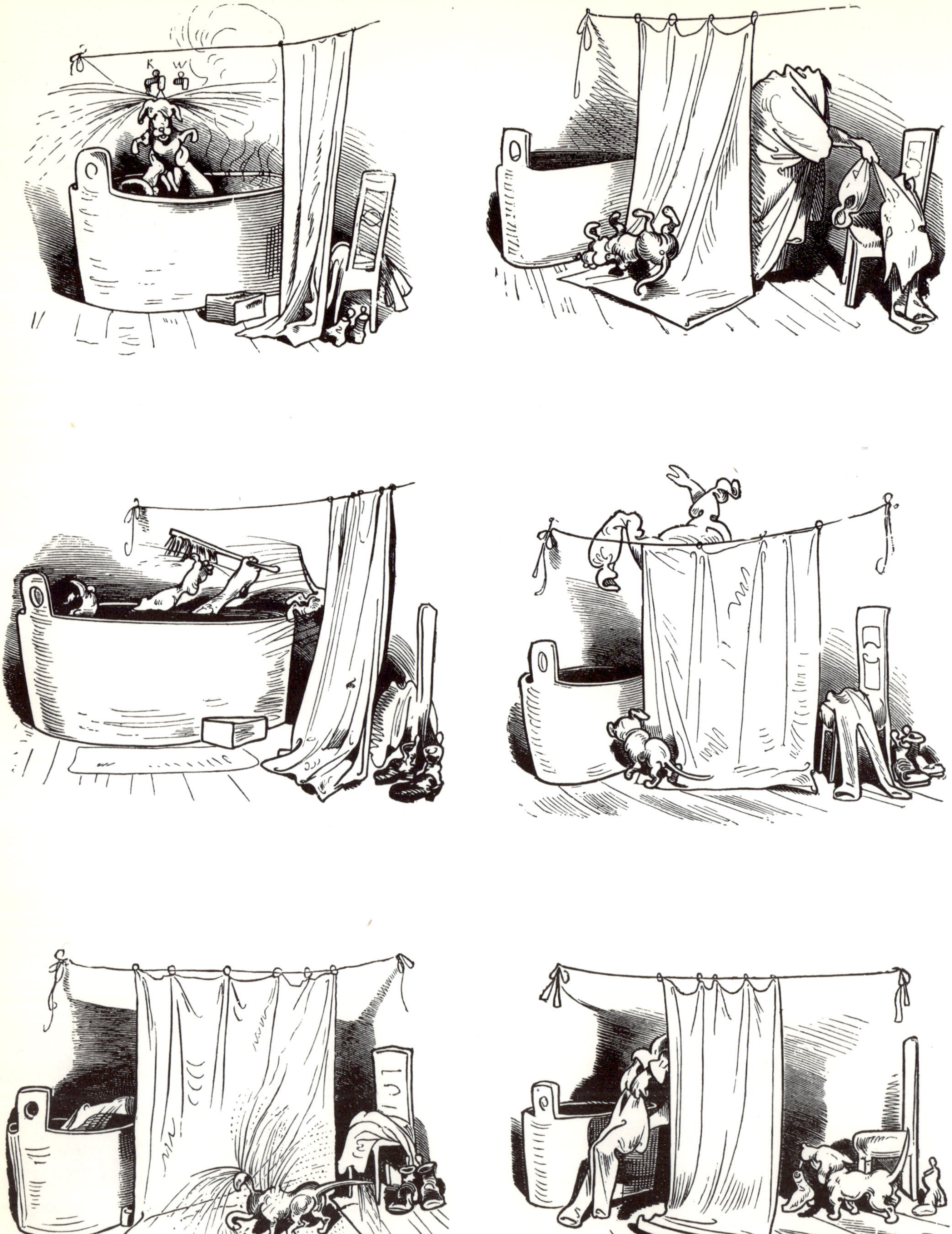
K
W

Der hohle Zahn

Oftmalen bringt ein harter Brocken
Des Mahles Freude sehr ins Stocken.

So geht's nun auch dem Friedrich Kracke;
Er sitzt ganz krumm und hält die Backe.

Um seine Ruhe ist's getan;
Er biß sich auf den hohlen Zahn.

Er taucht den Kopf mitsamt dem Übel
In einen kalten Wasserkübel.

Nun sagt man zwar: Es hilft der Rauch!
Und Friedrich Kracke tut es auch;

Jedoch das Übel will nicht weichen;
Auf andre Art will er's erreichen —

Allein schon treiben ihn die Nöten,
Mit Schnaps des Zahnes Nerv zu töten.

Umsonst!
Er schlägt, vom Schmerz bedrängt,
Die Frau, die einzuheizen denkt.

Auch zieht ein Pflaster hinterm Ohr
Die Schmerzen leider nicht hervor.

Und zappelnd mit den Beinen,
Hört man ihn bitter weinen.

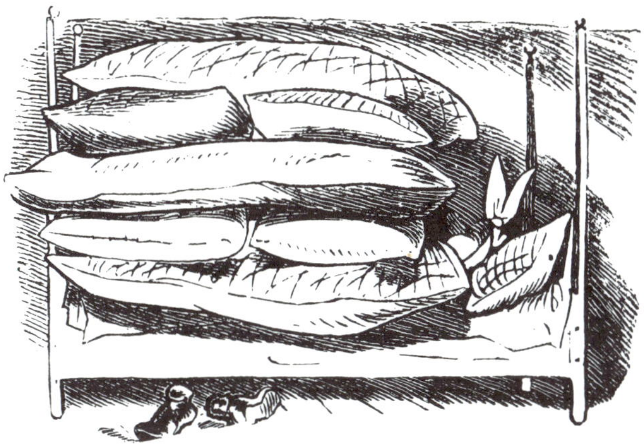

Vielleicht, so denkt er, wird das Schwitzen
Möglicherweise etwas nützen.

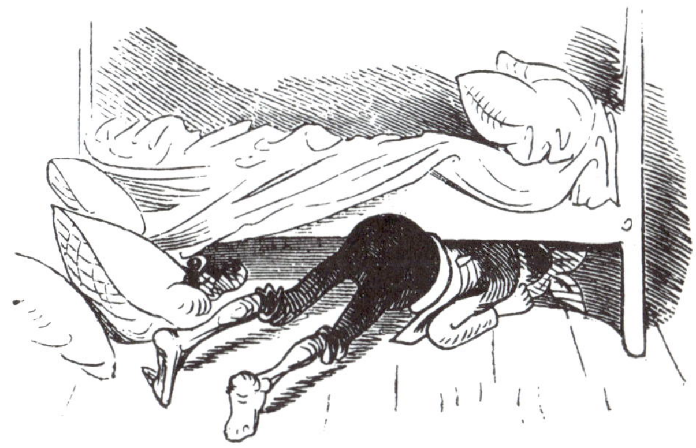

Jetzt sucht er unterm Bette
Umsonst die Ruhestätte.

Indes die Hitze wird zu groß;
Er strampelt sich schon wieder los;

Zuletzt fällt ihm der Doktor ein.
Er klopft. — Der Doktor ruft: „Herein!

Ei, guten Tag, mein lieber Kracke,
Nehmt Platz! Was ist's denn mit der Backe?

Laßt sehn! Jaja! Das glaub' ich wohl!
Der ist ja in der Wurzel hohl!"

Nun geht der Doktor still beiseit.
Der Bauer ist nicht sehr erfreut.

Und lächelnd kehrt der Doktor wieder,
Dem Bauern fährt es durch die Glieder.

Ach! Wie erschrak er, als er da
Den wohlbekannten Haken sah.

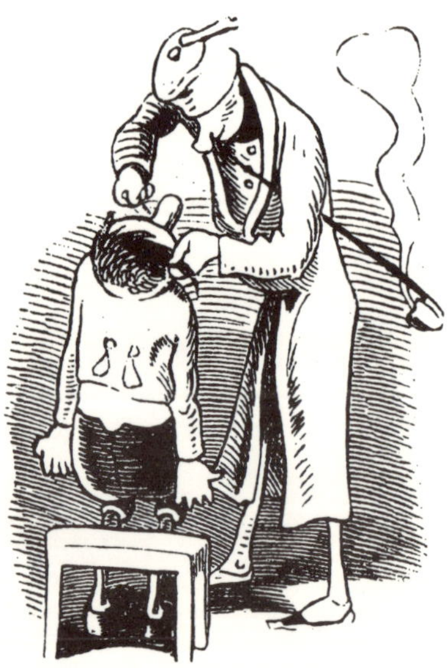

Der Doktor, ruhig und besonnen,
Hat schon bereits sein Werk begonnen,

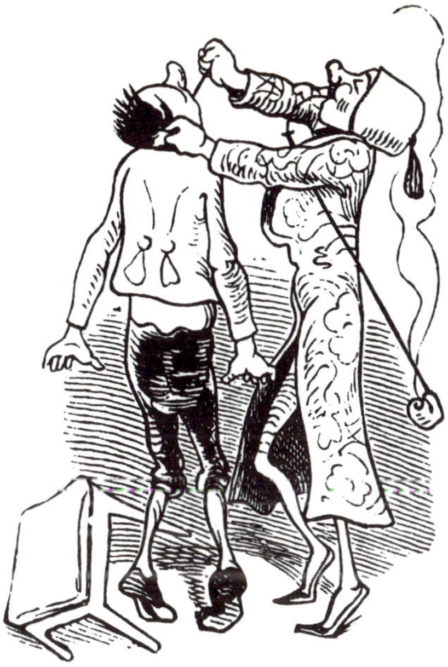

Und unbewußt nach oben
Fühlt Kracke sich gehoben.

Mit Staunen und voll Heiterkeit
Sieht Kracke sich vom Schmerz befreit.

Und rack — rack! Da haben wir den Zahn,
Der so abscheulich weh getan!

Der Doktor, würdig, wie er war,
Nimmt in Empfang sein Honorar.

Und Friedrich Kracke setzt sich wieder
Vergnügt zum Abendessen nieder.

Adelens Spaziergang

Ein Mädchen, schön und voll Gemüt,
Geht hier spazieren, wie man sieht.

Sie pflückt auf frühlingsgrüner Au
Vergißmeinnicht, das Blümlein blau.

Ach Gott!
Da hupft ein grüner, nasser,
Erschrecklich großer Frosch ins Wasser.

Adele, die ihn hupfen sah,
Fällt um und ist der Ohnmacht nah.

Ameisenbisse tun gar weh;
Schnell springt Adele in die Höh'.

Ein Schäfer weidet in der Fern';
Den Ziegenbock hat man nicht gern.

Es stößt der Bock; Adele schreit;
Der Hirt ist in Verlegenheit.

Der Schäfer trägt Adelen fort;
Ein Storch kommt auch an diesen Ort.

Auf seine Hörner nimmt der Bock
Adelens Krinolinenrock.

Schnapp! faßt der Storch die Krinoline
Und fliegt davon mit froher Miene.

Hund, Hirt und Herde stehen stumm
Um diesen Unglücksfall herum.

Hier sitzt das Ding im Baume fest
Als wunderschönes Storchennest.

Die kluge Ratte

Es war einmal eine alte graue Ratte,
Die, wie man sieht, ein Faß gefunden hatte.

Darauf, so schaut die Ratte hin und her,
Was in dem Fasse drin zu finden wär'.

Schau, schau! Ein süßer Honig ist darein,
Doch leider ist das Spundloch viel zu klein.

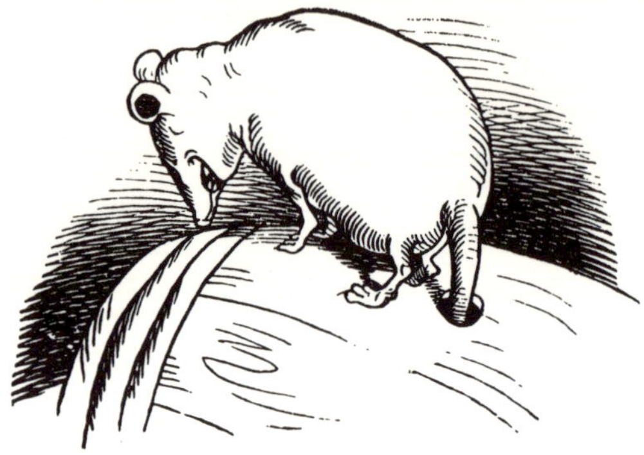

Indes die Ratten sind nicht gar so dumm,
Sieh nur, die alte Ratte dreht sich um.

Sie taucht den langen Schwanz hinab ins Faß
Und zieht ihn in die Höh' mit süßem Naß.

Nun aber ist die Ratte gar nicht faul
Und zieht den Schwanz sich selber durch das Maul.

Das Rabennest

Zwei Knaben, jung und heiter,
Die tragen eine Leiter.

Im Nest die jungen Raben,
Die werden wir gleich haben.

Da fällt die Leiter um im Nu,
Die Raben sehen munter zu.

Sie schreien im Vereine!
Man sieht nur noch die Beine!

Der Jäger kommt an diesen Ort
Und spricht zu seinem Hund: „Apport!“

Den Knaben apportiert der Hund,
Der Jäger hat die Pfeif' im Mund.

Zur Hälfte sind die Knaben
So schwarz als wie die Raben.

Nun hole auch den andern her!
Der Schlingel aber will nicht mehr.

Der Hund und auch der Jägersmann,
Die haben schwarze Stiefel an.

Der Jäger muß sich selbst bemühn,
Den Knaben aus dem Sumpf zu ziehn.

Die Raben in dem Rabennest
Sind aber kreuzfidel gewest.

Hans Huckebein

Der Unglücksrabe

Hier sieht man Fritz, den muntern Knaben,
Nebst Huckebein, dem jungen Raben.

Schon rutscht er auf dem Ast daher,
Der Vogel, der mißtraut ihm sehr.

Und dieser Fritz, wie alle Knaben,
Will einen Raben gerne haben.

Schlapp! macht der Fritz von seiner Kappe
Mit Listen eine Vogelklappe.

Beinahe hätt er ihn! Doch ach!
Der Ast zerbricht mit einem Krach.

Der schwarze Vogel ist gefangen,
Er bleibt im Unterfutter hangen.

In schwarzen Beeren sitzt der Fritze,
Der schwarze Vogel in der Mütze.

„Jetzt hab' ich dich, Hans Huckebein!
Wie sich wird Tante Lotte freun!"

Der Knabe Fritz ist schwarz betupft;
Der Rabe ist in Angst und hupft.

Die Tante kommt aus ihrer Tür;
„Ei!" spricht sie, „welch ein gutes Tier!"

Kaum ist das Wort dem Mund entflohn,
Schnapp! hat er ihren Finger schon.

„Ach!“ ruft sie, „er ist doch nicht gut!
Weil er mir was zuleide tut!!“

Hier lauert in des Topfes Höhle
Hans Huckebein, die schwarze Seele.

Den Knochen, den er Spitz gestohlen,
Will dieser jetzt sich wieder holen.

So ziehn mit Knurren und Gekrächz
Der eine links, der andre rechts.

Schon denkt der Spitz, daß er gewinnt,
Da zwickt der Rabe ihn von hint.

O weh! er springt auf Spitzens Nacken,
Um ihm die Haare auszuzwacken.

Da sitzen sie und schaun und schaun. —
Dem Kater ist nicht sehr zu traun.

Der Spitz, der ärgert sich bereits
Und rupft den Raben seinerseits.

Der Kater hackt den Spitz, der schreit,
Der Rabe ist voll Freudigkeit.

Derweil springt mit dem Schinkenbein
Der Kater in den Topf hinein.

Schnell faßt er, weil der Topf nicht ganz,
Mit schlauer List den Katerschwanz.

Es rollt der Topf. Es krümmt voll Quale
Des Katers Schweif sich zur Spirale.

Und Spitz und Kater fliehn im Lauf. –
Der größte Lump bleibt obenauf!!

Nichts Schönres gab's fur Tante Lotte
Als Schwarzeheidelbeerkompotte.

Doch Huckebein verschleudert nur
Die schöne Gabe der Natur.

Die Tante naht voll Zorn und Schrecken;
Hans Huckebein verläßt das Becken.

Und schnell betritt er, angstbeflügelt,
Die Wäsche, welche frisch gebügelt.

O weh! er kommt ins Tellerbord;
Die Teller rollen rasselnd fort.

Und auf der Tante linken Fuß
Stürzt sich des Eimers Wasserguß.

Auch fällt der Korb, worin die Eier —
Ojemine! — und sind so teuer!

Sie hält die Gabel in der Hand,
Und auch der Fritz kommt angerannt.

Patsch! fällt der Krug. Das gute Bier
Ergießt sich in die Stiefel hier.

Perdums! da liegen sie. — Dem Fritze
Dringt durch das Ohr die Gabelspitze.

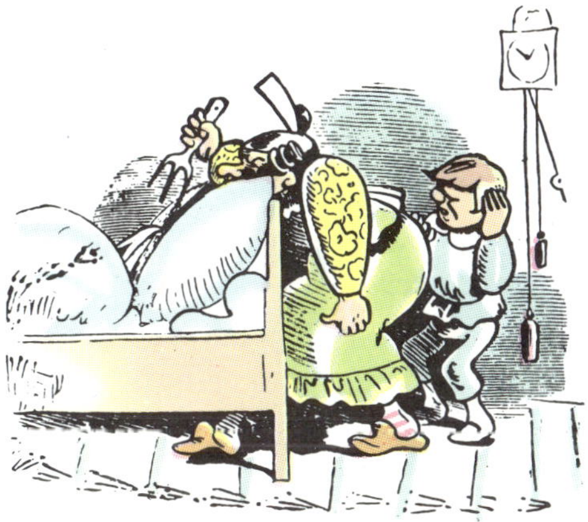

Dies wird des Raben Ende sein,
So denkt man wohl, doch leider nein!

Denn — schnupp! — der Tante Nase faßt er;
Und nochmals triumphiert das Laster!

Jetzt aber naht sich das Malör,
Denn dies Getränke ist Likör.

Es duftet süß. — Hans Huckebein
Taucht seinen Schnabel froh hinein.

Und läßt mit stillvergnügtem Sinnen
Den ersten Schluck hinunterrinnen.

Nicht übel! und er taucht schon wieder
Den Schnabel in die Tiefe nieder.

Er hebt das Glas und schlürft den Rest,
Weil er nicht gern was übrigläßt.

Der Vogel, welcher sonsten fleucht,
Wird hier zu einem Tier, was kreucht.

Ei, ei! ihm wird so wunderlich,
So leicht und doch absunderlich.

Und Übermut kommt zum Beschluß,
Der alles ruinieren muß.

Er krächzt mit freudigem Getön
Und muß auf einem Beine stehn.

Er zerrt voll roher Lust und Tücke
Der Tante künstliches Gestricke.

Der Tisch ist glatt — der Böse taumelt —
Das Ende naht — sieh da, er baumelt!

„Die Bosheit war sein Hauptpläsier,
Drum“, spricht die Tante, „hängt er hier!“

Drohendes Verhängnis

Es machen sich die Fliegen
Ein luftig Tanzvergnügen.
Der Frosch, der denkt: Nur munter!
Ihr kommt schon noch herunter!

Plisch und Plum

Erstes Kapitel

Eine Pfeife in dem Munde,
Unterm Arm zwei junge Hunde

Trug der alte Kaspar Schlich. —
Rauchen kann er fürchterlich.
Doch, obschon die Pfeife glüht,
Oh, wie kalt ist sein Gemüt! —

„Wozu“ — lauten seine Worte —
„Wozu nützt mir diese Sorte?
Macht sie mir vielleicht Pläsier?
Einfach nein! erwidr' ich mir.
Wenn mir aber was nicht lieb,
Weg damit! ist mein Prinzip.“

An dem Teiche steht er still,
Weil er sie ertränken will.

Ängstlich strampeln beide kleinen
Quadrupeden mit den Beinen;
Denn die inn're Stimme spricht:
Der Geschichte trau' ich nicht! —

Hubs! fliegt einer schon im Bogen.

Plisch! da glitscht er in die Wogen.

Hubs! der zweite hinterher.

Plum!! damit verschwindet er.

„Abgemacht!“ rief Kaspar Schlich,
Dampfte und entfernte sich.

Aber hier, wie überhaupt,
Kommt es anders, als man glaubt.
Paul und Peter, welche grade
Sich entblößt zu einem Bade,
Gaben still verborgen acht,
Was der böse Schlich gemacht.

Hurtig und den Fröschen gleich
Hupfen beide in den Teich.

„Plisch" — rief Paul — „so nenn ich meinen."
Plum — so nannte Peter seinen.

Jeder bringt in seiner Hand
Einen kleinen Hund ans Land.

Und so tragen Paul und Peter

Ihre beiden kleinen Köter
Eilig, doch mit aller Schonung,
Hin zur elterlichen Wohnung.

Zweites Kapitel

Papa Fittig, treu und friedlich,
Mama Fittig, sehr gemütlich,
Sitzen, Arm in Arm geschmiegt,

Sorgenlos und stillvergnügt
Kurz vor ihrem Abendschmause
Noch ein wenig vor dem Hause,
Denn der Tag war ein gelinder,
Und erwarten ihre Kinder.

Sieh, da kommen alle zwei,
Plisch und Plum sind auch dabei. –
Dies scheint aber nichts für Fittig.

Heftig ruft er: „Na, da bitt' ich!"
Doch Mama mit sanften Mienen:
„Fittig!!" — bat sie — „gönn es ihnen!!"

Angerichtet stand die frische
Abendmilch schon auf dem Tische.

Freudig eilen sie ins Haus;
Plisch und Plum geschwind voraus.

Ach, da stehn sie ohne Scham
Mitten in dem süßen Rahm
Und bekunden ihr Behagen
Durch ein lautes Zungenschlagen.

Schlich, der durch das Fenster sah,
Ruft verwundert: „Ei, sieh da!
Dies ist freilich ärgerlich,
Hehe! aber nicht für mich!!“

Drittes Kapitel

Paul und Peter, ungerührt,
Grad als wäre nichts passiert,
Ruhn in ihrem Schlafgemach;
Denn was fragen sie darnach.
Ein und aus durch ihre Nasen
Säuselt ein gelindes Blasen.

Plisch und Plum hingegen scheinen
Noch nicht recht mit sich im reinen

In betreff der Lagerstätte.

Schließlich gehn sie auch zu Bette.

Unser Plisch, gewohnterweise,
Dreht sich dreimal erst im Kreise.
Unser Plum dagegen zeigt
Sich zur Zärtlichkeit geneigt.

Denen, die die Ruhe pflegen,
Kommen manche ungelegen.

„Marsch!" — Mit diesem barschen Wort
Stößt man sie nach außen fort. —

Kühle weckt die Tätigkeit;
Tätigkeit verkürzt die Zeit.

Sehr willkommen sind dazu
Hier die Hose, da der Schuh;
Welche, eh der Tag beginnt,

Auch bereits verändert sind.

Für den Vater, welch ein Schrecken,
Als er kam und wollte wecken.

Der Gedanke macht ihn blaß,
Wenn er fragt: Was kostet das?

Schon will er die Knaben strafen,
Welche tun, als ob sie schlafen.

Doch die Mutter fleht: „Ich bitt' dich,
Sei nicht grausam, bester Fittig!!"
Diese Worte liebevoll
Schmelzen seinen Vatergroll.

Paul und Peter ist's egal.
Peter geht vorerst einmal
In zwei Schlapp-Pantoffeln los,
Paul in seiner Zackenhos'.

Plisch und Plum, weil ohne Sitte,
Kommen in die Hundehütte.

„Ist fatal!“ — bemerkte Schlich —
„Hehe! aber nicht für mich!“

Viertes Kapitel

Endlich fing im Drahtgehäuse

Sich die frechste aller Mäuse,
Welche Mama Fittig immer,
Bald im Keller, bald im Zimmer,
Und besonders bei der Nacht
Fürchterlich nervös gemacht.

Dieses gibt für Plisch und Plum
Ein erwünschtes Gaudium;
Denn jetzt heißt es: „Mal heraus,
Alte, böse Knuspermaus!“

Husch! Des Peters Hosenbein,

Denkt sie, soll ihr Schutz verleihn.

Plisch verfolgt sie in das Rohr;
Plum steht anderseits davor.

Knipp! In sein Geruchsorgan
Bohrt die Maus den Nagezahn.

Plisch will sie am Schwanze ziehn,

Knipp! Am Ohre hat sie ihn.

Siehst du wohl, da läuft sie hin
In das Beet der Nachbarin.

Kritzekratze, wehe dir,
Du geliebte Blumenzier!

Madam Kümmel will soeben
Öl auf ihre Lampe geben.

Fast wäre ihr das Herz geknickt,
Als sie in den Garten blickt.

Sie beflügelt ihren Schritt,
Und die Kanne bringt sie mit.

Zornig, aber mit Genuß,
Gibt sie jedem einen Guß;
Erst dem Plisch und dann dem Plum.

Scharf ist das Petroleum;

Und die Wirkung, die es macht,
Hat Frau Kümmel nicht bedacht.

Aber was sich nun begibt,
Macht Frau Kümmel so betrübt,
Daß sie, wie von Wahn umfächelt,
Ihre Augen schließt und lächelt.

Mit dem Seufzerhauche: „U!“
Stößt ihr eine Ohnmacht zu:

Paul und Peter, frech und kühl,
Zeigen wenig Mitgefühl;
Fremder Leute Seelenschmerzen
Nehmen sie sich nicht zu Herzen.

„Ist fatal!“ — bemerkte Schlich —
„Hehe! aber nicht für mich.“

Fünftes Kapitel

Plisch und Plum, wie leider klar,
Sind ein niederträchtig Paar;

Niederträchtig, aber einig,
Und in letzter Hinsicht, mein' ich,
Immerhin noch zu verehren;

Doch wie lange wird es währen?
Bösewicht mit Bösewicht —
Auf die Dauer geht es nicht.

Vis-à-vis im Sonnenschein
Saß ein Hündchen hübsch und klein,

Dieser Anblick ist für beide
Eine unverhoffte Freude.

Jeder möchte vorne stehen,
Um entzückt hinaufzuspähen.

Hat sich Plisch hervorgedrängt,
Fühlt der Plum sich tief gekränkt.

Drängt nach vorne sich der Plum,
Nimmt der Plisch die Sache krumm.

Schon erhebt sich dumpfes Grollen,
Füße scharren, Augen rollen,

Und der heiße Kampf beginnt;

Plum muß laufen, Plisch gewinnt.

Mama Fittig machte grad
Pfannenkuchen und Salat,
Das bekannte Leibgericht,
Was so sehr zum Herzen spricht.

Hurr! Da kommt mit Ungestüm
Plum, und Plisch ist hinter ihm.

Schemel, Topf und Kuchenbrei
Mischt sich in die Beißerei. —
„Warte, Plisch! du Schwerenöter!“
Damit reichte ihm der Peter

Einen wohlgezielten Hieb. —
Das ist aber Paul nicht lieb.

„Warum schlägst du meinen Köter?“
Ruft der Paul und haut den Peter.

Papa Fittig kommt gesprungen
Mit dem Stocke hochgeschwungen.

Dieser, auch nicht angefroren,
Klatscht dem Paul um seine Ohren.

Jetzt wird's aber desperat. —
Ach, der köstliche Salat
Dient den aufgeregten Geistern,
Sich damit zu überkleistern.

Mama Fittig, voller Güte,
Daß sie dies Malör verhüte:
„Bester Fittig“ — ruft sie — „faß dich!“
Dabei ist sie etwas hastig.

Ihre Haube, zartumflort,
Wird von Fittigs Stock durchbohrt.

„Hehe!" lacht der böse Schlich —
„Wie ich sehe, hat man sich!"

Wer sich freut, wenn wer betrübt,
Macht sich meistens unbeliebt.

Lästig durch die große Hitze
Ist die Pfannenkuchenmütze.

„Höchst fatal!“ — bemerkte Schlich —
„Aber diesmal auch für mich!“

Sechstes Kapitel

Seht, da sitzen Plisch und Plum
Voll Verdruß und machen brumm!

Denn zwei Ketten, gar nicht lang,
Hemmen ihren Tatendrang.

Und auch Fittig hat Beschwerden.
Dies — denkt er — muß anders werden!
Tugend will ermuntert sein,
Bosheit kann man schon allein!

Daher sitzen Paul und Peter
Jetzt vor Bokelmanns Katheder
Und Magister Bokelmann
Hub, wie folgt, zu reden an:

„Geliebte Knaben, ich bin erfreut,
Daß ihr nunmehro gekommen seid,
Um, wie ich hoffe, mit allen Kräften
Augen und Ohren auf mich zu heften. —
Zum ersten: Lasset uns fleißig betreiben
Lesen, Kopf-, Tafelrechnen und Schreiben,
Alldieweil der Mensch durch sotane Künste
Zu Ehren gelanget und Brotgewinste.

Zum zweiten: Was würde das aber besagen
Ohne ein höfliches Wohlbetragen;
Denn wer nicht höflich nach allen Seiten,
Hat doch nur lauter Verdrießlichkeiten,
Darum zum Schlusse, — denn sehet, so bin ich —
Bitt' ich euch dringend, inständigst und innig

Habt ihr beschlossen in eurem Gemüte,
Meiner Lehre zu folgen in aller Güte,
So reichet die Hände und blicket mich an
Und sprechet: Jawohl, Herr Bokelmann!"

Paul und Peter denken froh:
Alter Junge, bist du so??

Keine Antwort geben sie,
Sondern machen bloß hihi!
Worauf er, der leise pfiff,
Wiederum das Wort ergriff.

„Dieweil ihr denn gesonnen" — so spricht er —
„Euch zu verhärten als Bösewichter,
So bin ich gesonnen, euch dahingegen
Allhier mal über das Pult zu legen,
Um solchermaßen mit einigen Streichen
Die harten Gemüter euch zu erweichen."

Flugs hervor aus seinem Kleide,
Wie den Säbel aus der Scheide,
Zieht er seine harte, gute
Schlanke, schwanke Haselrute,
Faßt mit kund'ger Hand im Nacken
Paul und Peter bei den Jacken

Und verklopft sie, so vereint,
Bis es ihm genügend scheint.

„Nunmehr“ — so sprach er in guter Ruh —
„Meine lieben Knaben, was sagt ihr dazu??

Seid ihr zufrieden und sind wir einig??“
„Jawohl, Herr Bokelmann!“ riefen sie schleunig.

Dies ist Bokelmanns Manier
Daß sie gut, das sehen wir.
Jeder sagte, jeder fand:

„Paul und Peter sind scharmant!!“

Aber auch für Plisch und Plum
Nahte sich das Studium
Und die nötige Dressur,

Ganz wie Bokelmann verfuhr.

Bald sind beide kunstgeübt,
Daher allgemein beliebt,
Und, wie das mit Recht geschieht,
Auf die Kunst folgt der Profit.

Schluß

Zugereist in diese Gegend,
Noch viel mehr als sehr vermögend,
In der Hand das Perspektiv,
Kam ein Mister namens Pief.

„Warum soll ich nicht beim Gehen" —
Sprach er — „in die Ferne sehen?
Schön ist es auch anderswo,
Und hier bin ich sowieso."

Hierbei aber stolpert er

In den Teich und sieht nichts mehr.

„Paul und Peter, meine Lieben,
Wo ist denn der Herr geblieben?"
Fragte Fittig, der mit ihnen
Hier spazierengeht im Grünen.
Doch wo der geblieben war,
Wird ihm ohne dieses klar.

Ohne Perspektiv und Hut
Steigt er ruhig aus der Flut.

„Alleh, Plisch und Plum, apport!"
Tönte das Kommandowort.

Streng gewöhnt an das Parieren,
Tauchen sie und apportieren
Das Vermißte prompt und schnell.
Mister Pief sprach: „Weriwell!
Diese zwei gefallen mir!

Wollt ihr hundert Mark dafür?"
Drauf erwidert Papa Fittig
Ohne weiteres: „Ei, da bitt ich."

Er fühlt sich wie neu bestärkt,
Als er soviel Geld bemerkt.

„Also, Plisch und Plum, ihr beiden,
Lebet wohl, wir müssen scheiden,
Ach, an dieser Stelle hier,
Wo vor einem Jahr wir vier
In so schmerzlich süßer Stunde
Uns vereint zum schönen Bunde;
Lebt vergnügt und ohne Not,
Beefsteak sei euer täglich Brot!"

Schlich, der auch herbeigekommen,
Hat dies alles wahrgenommen.
Fremdes Glück ist ihm zu schwer.
„Recht erfreulich!" murmelt er —
„Aber leider nicht für mich!!"

Plötzlich fühlt er einen Stich,
Kriegt vor Neid den Seelenkrampf,
Macht geschwind noch etwas Dampf,
Fällt ins Wasser, daß es zischt,

Und der Lebensdocht erlischt. —

Die Maus

oder Die gestörte Nachtruhe

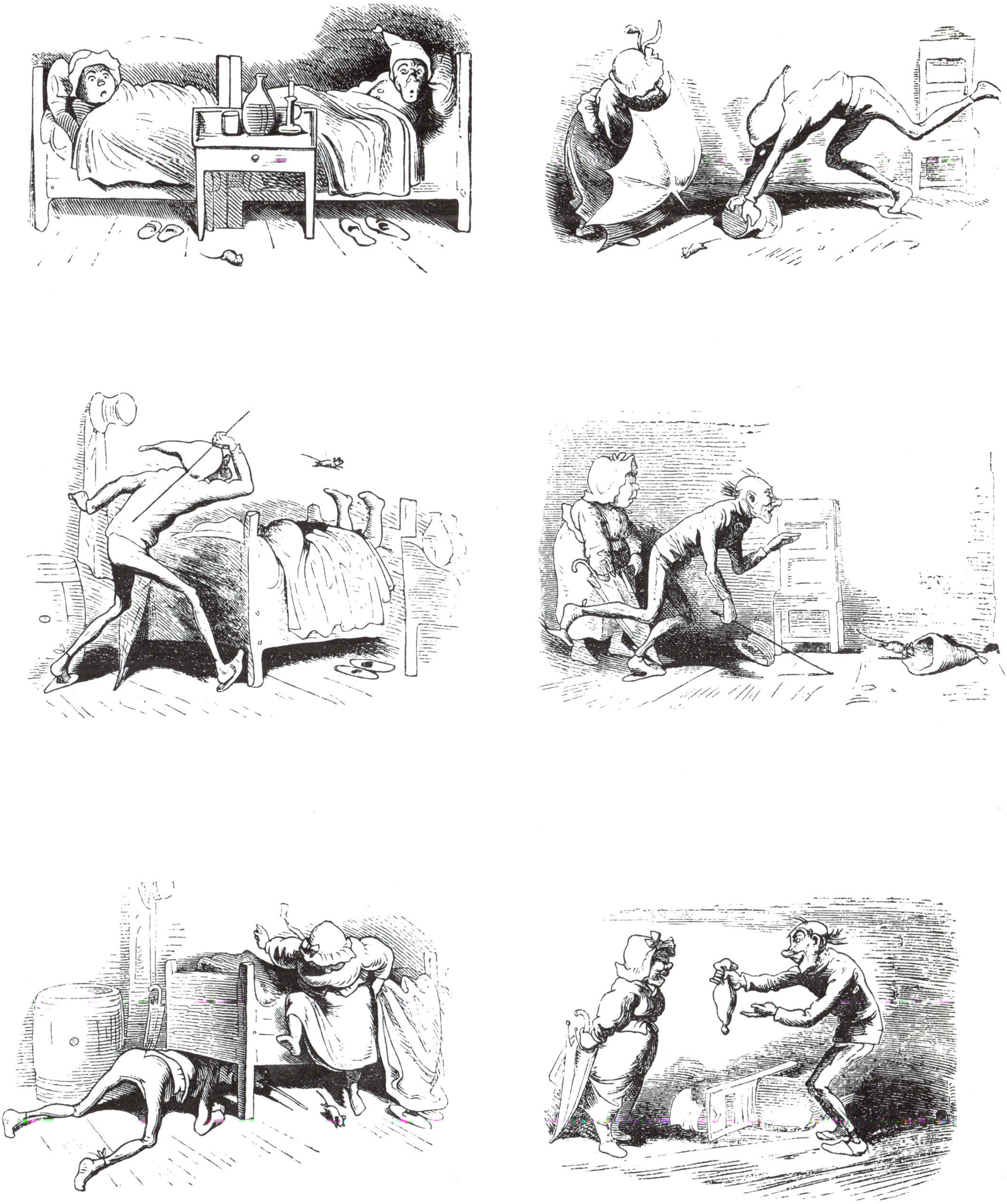

Tobias Knopp. Erster Teil

Abenteuer eines Junggesellen

Die Sache wird bedenklich

Sokrates, der alte Greis,
Sagte oft in tiefen Sorgen:
„Ach, wieviel ist doch verborgen,
Was man immer noch nicht weiß.“

Und so ist es. — Doch indessen
Darf man eines nicht vergessen:
Eines weiß man doch hienieden,
Nämlich, wenn man unzufrieden. —

Dies ist auch Tobias Knopp,

Und er ärgert sich darob.

Seine zwei Kanarienvögel

Die sind immer froh und kregel,
Während ihn so manches quält,
Weil es ihm bis dato fehlt.

Ja, die Zeit entfliehet schnell;
Knopp, du bist noch Junggesell! —

Zwar für Stiefel, Bett, Kaffee
Sorgt die gute Dorothee;
Und auch, wenn er dann und wann
Etwas nicht alleine kann,

Ist sie gleich darauf bedacht,
Daß sie es zurechte macht.
Doch ihm fehlt Zufriedenheit. —

Nur mit großer Traurigkeit
Bleibt er vor dem Spiegel stehn,

Um sein Bildnis zu besehn.
Vornerum ist alles blank;
Aber hinten, Gott sei Dank!
Denkt er sich mit frohem Hoffen,
Wird noch manches angetroffen.

Oh, wie ist der Schreck so groß!

Hinten ist erst recht nichts los;

Und auch hier tritt ohne Frage
Nur der pure Kopf zu Tage. —

Auch bemerkt er außerdem,
Was ihm gar nicht recht bequem,

Daß er um des Leibes Mitten
Längst die Wölbung überschritten,
Welche für den Speiseschlauch,
Bei natürlichem Gebrauch,
Wie zum Trinken, so zum Essen,
Festgesetzt und abgemessen. —
Doch es bietet die Natur
Hierfür eine sanfte Kur.

Draußen, wo die Blumen sprießen,
Karelsbader Salz genießen
Und melodisch sich bewegen,
Ist ein rechter Himmelssegen;
Und es steigert noch die Lust,
Wenn man immer sagt: du mußt.

Knopp, der sich dazu entschlossen,

Wandelt treu und unverdrossen.

Manchmal bleibt er sinnend stehn,

Manchmal kann ihn keiner sehn.

Aber bald so geht er wieder
Treubeflissen auf und nieder.

Dieses treibt er vierzehn Tage;
Darnach steigt er auf die Waage

Und da wird es freudig kund:
Heißa, minus zwanzig Pfund!

Wieder schwinden vierzehn Tage
Wieder sitzt er auf der Waage,
Autsch, nun ist ja offenbar

Alles wieder, wie es war.

Ach, so denkt er, diese Welt
Hat doch viel, was nicht gefällt.

Rosen, Tanten, Basen, Nelken
Sind genötigt zu verwelken;

Ach — und endlich auch durch mich
macht man einen dicken Strich.
Auch von mir wird man es lesen:
Knopp war da und ist gewesen.
Ach, und keine Träne fließt
Aus dem Auge, was es liest;
Keiner wird, wenn ich begraben,
Unbequemlichkeiten haben;
Keine Seele wird geniert,
Weil man keinen Kummer spürt.
Dahingegen spricht man dann:
Was geht dieser Knopp uns an?

Dies mag aber Knopp nicht leiden;
Beim Gedanken, so zu scheiden
In ein unverziertes Grab,
Drückt er eine Träne ab.
Sie liegt da, wo er gesessen,

Seinem Schmerze angemessen.

Dieses ist ja fürchterlich.
Also, Knopp, vermähle dich.
Mach dich auf und sieh dich um,
Reise mal 'n bissel rum.
Sieh mal dies und sieh mal das,
Und paß auf, du findest was.

Einfach ist für seine Zwecke
Das benötigte Gepäcke;

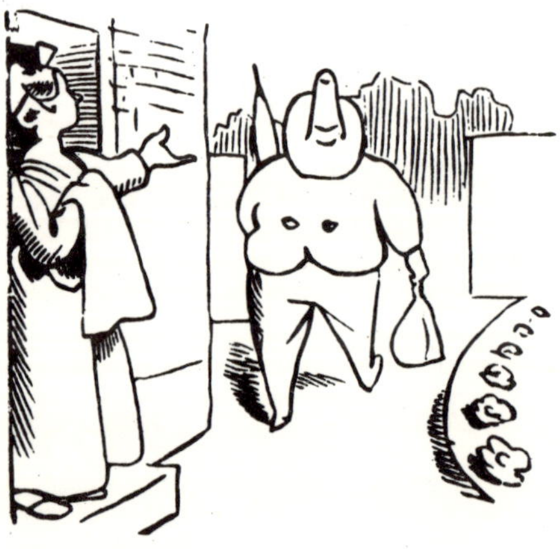

Und die brave Dorothee
Ruft: Herr Knopp, nanu adjeh!

Eine alte Flamme

Allererst und alsofort
Eilet Knopp an jenen Ort,
Wo sie wohnt, die Wohlbekannte,
Welche sich Adele nannte;
Jene reizende Adele,
Die er einst mit ganzer Seele
Tiefgeliebt und hochgeehrt,
Die ihn aber nicht erhört,
So daß er, seit dies geschah,

Nur ihr süßes Bildnis sah.

Transpirierend und beklommen
Ist er vor die Tür gekommen,
Oh, sein Herze klopft so sehr,
Doch am Ende klopft auch er.

„Himmel" — ruft sie — „welches Glück!!"

(Knopp sein Schweiß, der tritt zurück)

„Komm, geliebter Herzensschatz,
Nimm auf der Berschäre Platz!

Nur an dich bei Tag und Nacht,
Süßer Freund, hab' ich gedacht.

Unaussprechlich inniglich,
Freund und Engel, lieb' ich dich!"

Knopp, aus Mangel an Gefühl,
Fühlt sich wieder äußerst schwül,
Doch in dieser Angstsekunde
Nahen sich drei fremde Hunde.

„Hilfe, Hilfe!" — ruft Adele —
„Hilf, Geliebter meiner Seele!!!"

Knopp hat keinen Sinn dafür.
Er entfernt sich durch die Tür. —

Schnell verläßt er diesen Ort.
Und begibt sich weiter fort.

Ein schwarzer Kollege

Knopp verfügt sich weiter fort
Bis an einen andern Ort.
Da wohnt einer, den er kannte,
Der sich Förster Knarrtje nannte. —

Unterwegs bemerkt er bald
Eine schwärzliche Gestalt,

Und nun biegt dieselbe schräg
Ab auf einen Seitenweg.

Sieh, da kommt ja Knarrtje her!

„Alter Knopp das freut mich sehr!"

Traulich wandeln diese zwei
Nach der nahen Försterei.

Oh, du, du verruchtes Weib,
Jetzt kommt Knarrtje dir zu Leib!“

„So, da sind wir, tritt hinein;
Meine Frau, die wird sich freun!“

Knopps Vermittlung will nicht glücken,
Wums! da liegt er auf dem Rücken.

„He, zum Teufel, was ist das?
Alleh, Waldmann, alleh faß!

Schnell verläßt er diesen Ort
Und begibt sich weiter fort.

Rektor Debisch

Knopp begibt sich weiter fort

Bis an einen andern Ort.
Da wohnt einer, den er kannte,
Der sich Rektor Debisch nannte.

Er erteilet seinem Sohn
Eben eine Lektion,
Die er aber unterbricht,

Als er Knopp zu sehen kriegt.

Zu dem Sohne spricht er dann:

„Kuno, sag' ich, sieh mich an!
Höre zu und merke auf!
Richte itzo deinen Lauf
Dahin, wo ich dir befehle,
Nämlich in die Kellerhöhle.
Dorten lieget auf dem Stroh
Eine Flasche voll Bordeaux.
Diese Flasche, sag' ich dir,
Zieh herfür und bringe mir!"

Kuno eilet froh und prompt,
Daß er in den Keller kommt,
Wo er still und wohlgemut
Etwas von dem Traubenblut

In sich selbst herüberleitet,
Was ihm viel Genuß bereitet.

Die dadurch entstand'ne Leere

Füllt er an der Regenröhre. —

Rotwein ist für alte Knaben

Eine von den besten Gaben:

Gern erhebet man das Glas.

Aber Knopp, der findet was.

„Ei" — spricht Debisch — „dieses ist
Sozusagen Taubenmist.

Ei, wie käme dieses dann?

Kuno, sag' ich, sieh mich an!!"

Drauf nach diesem strengen Blick
Kommt er auf den Wein zurück.

Aber Knopp verschmäht das Glas,

Denn schon wieder sieht er was.

„Dies“ — spricht Debisch — „scheint mir ein

Neugebor'ner Spatz zu sein

Ei, wie käme dieses dann?

Kuno, sag' ich, sieh mich an!!

Deiner Taten schwarzes Bild
Ist vor meinem Blick enthüllt;
Und nur dieses sage ich:

Pfui, mein Sohn, entferne dich!! —“

Das ist Debisch sein Prinzip:
Oberflächlich ist der Hieb.
Nur des Geistes Kraft allein
Schneidet in die Seele ein.

Knopp vermeidet diesen Ort

Und begibt sich weiter fort.

Ländliches Fest

Knopp begibt sich weiter fort
Bis an einen andern Ort.
Da wohnt einer, den er kannte,
Der sich Meister Druff benannte.

Druff hat aber diese Regel:
Prügel machen frisch und kregel
Und erweisen sich probat
Ganz besonders vor der Tat.

Auch zum heut'gen Schützenfeste
Scheint ihm dies für Franz das beste.
Drum hört Knopp von weitem schon

Den bekannten Klageton.

Darnach wandelt man hinaus,
Schön geschmückt, zum Schützenhaus. —

Gleich verschafft sich hier der Franz

Eines Schweines Kringelschwanz,
Denn er hat es längst beachtet,
Daß der Wirt ein Schwein geschlachtet;
Und an Knoppens Fracke hing

Gleich darauf ein krummes Ding. —

Horch, da tönet Horngebläse,
Und man schreitet zur Française.

Keiner hat so hübsch und leicht
Sich wie unser Knopp verbeugt;

Keiner weiß sich so zu wiegen
Und den Tönen anzuschmiegen;

Doch die höchste Eleganz
Zeiget er im Solotanz.
Hoch erfreut ist jedermann,
Daß Herr Knopp so tanzen kann.

Leider ist es schon vorbei.

Und er schreitet stolz und frei
Wiederum zu seinem Tische,

Daß er etwas sich erfrische.

Rums! — Der Franz entfernt die Bank,
So daß Knopp nach hinten sank! —
Zwar er hat sich aufgerafft,

Aber doch nur mangelhaft.
Und er fühlt mit Angst und Beben:
Knopp, hier hat es Luft gegeben! —

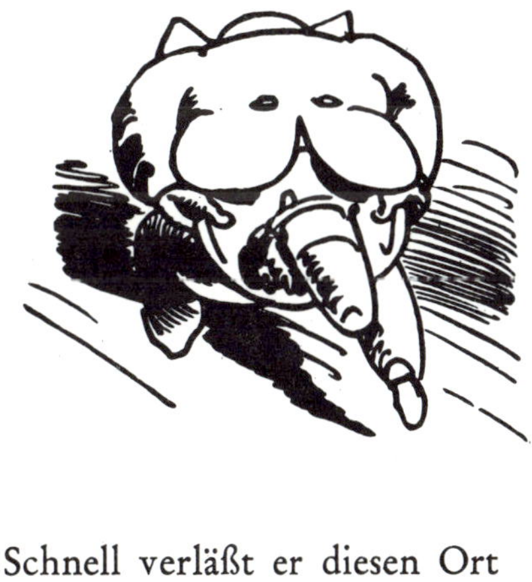

Schnell verläßt er diesen Ort
Und begibt sich weiter fort

Die stille Wiese

Knopp begibt sich weiter fort
Bis an einen stillen Ort.

Hier ist alles Fried und Ruh,
Nur ein Häslein schauet zu.

Hier auf dieser Blumenwiese,
Denn geeignet scheinet diese,
Kann er sich gemütlich setzen,
Um die Scharte auszuwetzen

Sieh, da kommt der Bauer Jochen.
Knopp hat sich nur leicht verkrochen,

Und nach all den Angstgefühlen
Sich ein wenig abzukühlen.

Doch mit Jochen seiner Frau
Nimmt er es schon mehr genau.

Kurz war dieser Aufenthalt.
Und mit Eifer alsobald
Richtet Knopp sein Augenmerk

Auf das angefang'ne Werk. —
Kaum hat er den Zweck erreicht,
Wird er heftig aufgescheucht,
Und es zeigt sich, ach herrje,

Jetzt sind Damen in der Näh .
Plumps! — Man kommt. — Indes von Knopp

Sieht man nur den Kopf, gottlob! —

Wie erschrak die Gouvernante,
Als sie die Gefahr erkannte,

Ängstlich ruft sie: „Oh, mon dieu!
C'est un homme, fermez les yeux!"

Knopp, auf möglichst schnelle Weise,
Schlüpfet in sein Beingehäuse.

Dann verläßt er diesen Ort
Und begibt sich weiter fort.

Babbelmann

Knopp begibt sich weiter fort

Bis an einen andern Ort.

Da wohnt einer, den er kannte,
Der sich Babbelmann benannte,
Der ihm immer so gefallen
Als der Lustigste von allen.

Schau, da tritt er aus der Tür.

„Na“, ruft Knopp, „jetzt bleib' ich hier!“

Worauf Babbelmann entgegnet:

„Werter Freund, sei mir gesegnet!

Erstens in betreff Logis,
Dieses gibt es nicht allhie,
Denn ein Pater, hochgelehrt,
Ist soeben eingekehrt.

Zweitens dann: für Essen, Trinken
Seh' ich keine Hoffnung blinken.
Heute mal wird nur gebetet,
Morgen wird das Fleisch getötet,
Übermorgen beichtet man,
Und dann geht das Pilgern an.

Ferner drittens, teurer Freund, —

Pist! — denn meine Frau erscheint!“

Knopp, dem dieses ungelegen,
Wünscht Vergnügen, Heil und Segen
Und empfiehlt sich alsobald

Äußerst höflich, aber kalt. —

Schnelle flieht er diesen Ort

Und begibt sich weiter fort.

Wohlgemeint wird abgelehnt

Knopp verfügt sich weiter fort
Bis an einen andern Ort.
Da wohnt einer, den er kannte,
Der sich Küster Plünne nannte.

Knopp, der tritt durchs Gartengatter.

Siehe, da ist Hemdgeflatter,
Woraus sich entnehmen läßt:
Plünnens haben Waschefest.

Dieses findet Knopp bekräftigt

Dadurch, wie der Freund beschäftigt.

Herzlich wird er aufgenommen.
Plünne rufet: „Ei, willkommen!

Gleich besorg' ich dir zu essen,

Halte mal das Kind indessen."

Knopp ist dieses etwas peinlich,
Plünne machet alles reinlich.

Knopp, der fühlt sich recht geniert.
Plünne hat derweil serviert.

Jetzt eröffnet er das Bette
Der Familienlagerstätte.

In dem Bette, warm und schön,
Sieht man eine Schale stehn.

Nämlich dieses weiß ein jeder:
Wärmehaltig ist die Feder.

Hat man nun das Mittagessen
Nicht zu knappe zugemessen,
Und, gesetzt den Fall, es wären
Von den Bohnen oder Möhren,
Oder, meinetwegen, Rüben
Ziemlich viel zurückgeblieben,
Dann so ist das allerbeste,
Daß man diese guten Reste
Aufbewahrt in einem Hafen,
Wo die guten Eltern schlafen,
Weil man, wenn der Abend naht,
Dann sogleich was Warmes hat.
Diese praktische Methode
Ist auch Plünnens ihre Mode.

„So" — ruft Plünne, „Freund", nanu,
Setz dich her und lange zu!"

Knopp hat aber, wie man sieht,
Keinen rechten Appetit.

Schnell verläßt er diesen Ort
Und begibt sich weiter fort.

Freund Mücke

Knopp begibt sich weiter fort
Bis an einen andern Ort.
Da wohnt einer, den er kannte,
Welcher Mücke sich benannte.

Wie es scheint, so lebt Herr Mücke
Mit Frau Mücke sehr im Glücke.

Eben hier, bemerken wir,
Küßt er sie und spricht zu ihr:

„Also Schatz, ade derweil!
Ich und Knopp, wir haben Eil'.
Im historischen Verein
Wünscht er eingeführt zu sein."

Bald so öffnet sich vor ihnen
Bei der Kirche der Kathrinen

Im Hotel zum blauen Aal
Ein gemütliches Lokal.

Mücke scheinet da nicht fremd,
Er bestellt, was wohlbekömmt.

Junge Hähnchen, sanft gebraten
Dazu kann man dringend raten,

Und man darf getrost inzwischen
Etwas Rheinwein druntermischen.

„So, jetzt wären wir soweit,
Knopp, du machst wohl Richtigkeit.“

Nötig ist auf alle Fälle,
Daß man dann Mussö bestelle.

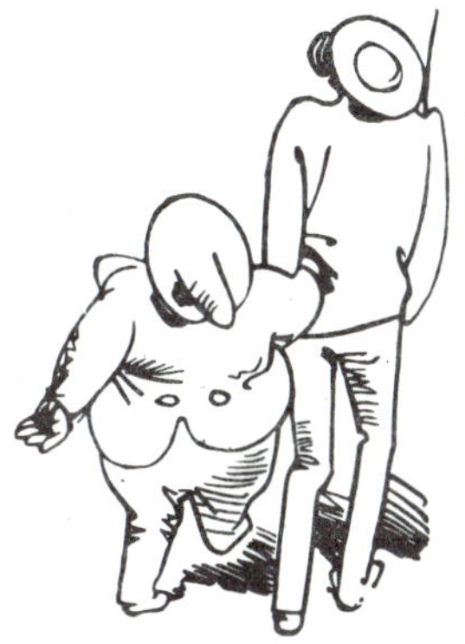

Lustig ist man fortspaziert
Zum Hotel, wo Knopp logiert.

Nun erfreut man sich selbdritt,
Denn Kathinka trinket mit!

Heftig bollert man am Tor,
Der Portier kommt nicht hervor.

„Komm“, — ruft Mücke — „Komm, komm hier,
Du logierst die Nacht bei mir.“

Schwierig aus verschiednen Gründen
Ist das Schlüsselloch zu finden.

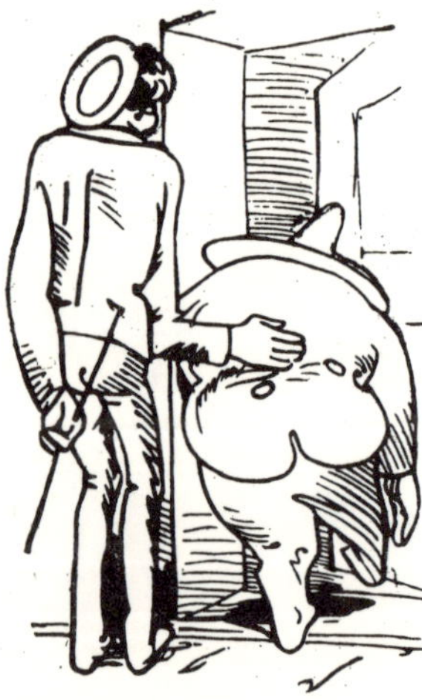

„So so so! Jetzt nur gemach,
Tritt herein ich komme nach.“

Knopp schiebt los. Indessen Mücke
Bleibt mit Listigkeit zurücke.

Schrupp! — Wie Knopp hineingekommen,
Wird er an die Wand geklommen.
„Wart!“ ruft Mückens Ehgemahl —
„Warte, Lump, schon wieder mal!?“

Weil sie ihn für Mücken hält,
Hat sie ihm so nachgestellt.

Hei! Wie fühlt sich Knopp erfrischt,
Als der Besen saust und zischt.

Oh, was macht der Besenstiel
Für ein schmerzliches Gefühl!

Bums! er fällt in einen Kübel,
Angefüllt mit dem, was übel.

Und als regellose Masse
Findet Knopp sich auf der Gasse.

Schnell verläßt er diesen Ort
Und begibt sich weiter fort.

Ein frohes Ereignis

Knopp verfügt sich weiter fort
Bis an einen andern Ort.
Da wohnt einer, den er kannte,
Der sich Sauerbrot benannte.

Hier in diesem Seitenzimmer
Ruhet sie bei Kerzenschimmer.

Sauerbrot, der fröhlich lacht,
Hat sich einen Punsch gemacht.

Heute stört sie uns nicht mehr,
Also, Alter, setz dich her,

„Heißa!!“ — rufet Sauerbrot —
„Heißa! meine Frau ist tot!!

Nimm das Glas und stoße an,
Werde niemals Ehemann,
Denn als solcher, kann man sagen,
Muß man viel Verdruß ertragen.

Kauf Romane und Broschüren,

Zahle Flechten und Tournüren,
Seidenkleider, Samtjacketts,
Zirkus- und Konzertbilletts —
Ewig hast du Nöckerei.
Gott sei Dank, es ist vorbei!!“

Es schwellen die Herzen,
Es blinket der Stern.
Gehabte Schmerzen,
Die hab' ich gern.

Knarr! — da öffnet sich die Tür.

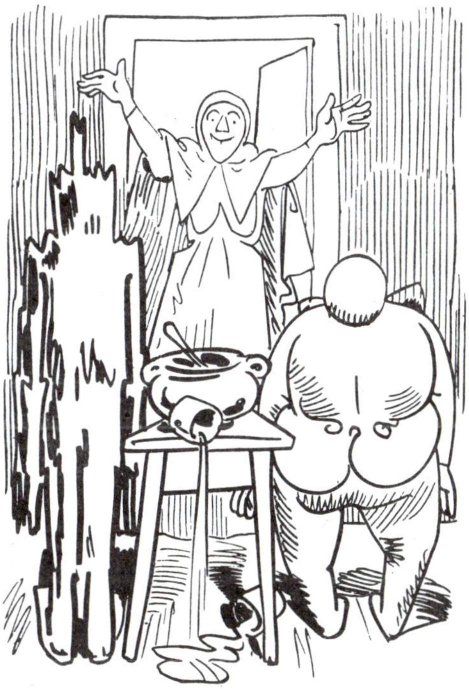

Wehe! Wer tritt da herfür!?

Madam Sauerbrot, die schein-
Tot gewesen, tritt herein.
Starr vor Schreck wird Sauerbrot,

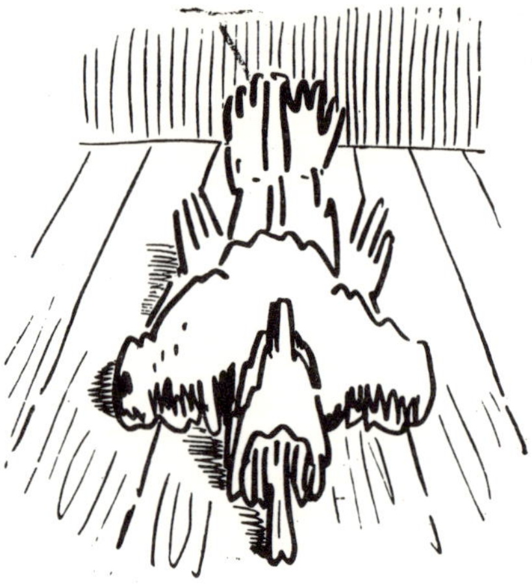

Und nun ist er selber tot. —

Knopp vermeidet diesen Ort
Und begibt sich eilig fort.

O weh!

Knopp verfügt sich weiter fort
Bis an einen andern Ort.
Da wohnt einer, den er kannte,
Welcher Piepo sich benannte.

Aus dem Garten tönt Gelächter,
Piepo ist's und seine Tochter.

„Dies, mein lieber Knopp, ist Hilda,
Dort die Ältre heißt Klotilda.
Hilda hat schon einen Freier,
Morgen ist Verlobungsfeier,
Doch Klotilda, ei, ei, ei,
Die ist noch bis dato frei.“ —

Oh, wie ist der Abend milde!
Knopp, der wandelt mit Klotilde,

Die ihm eine Rose pflückt. —
Und er fühlt es tief beglückt:
Knopp, in diesem Augenblick,
Da erfüllt sich dein Geschick. —

Drauf hat Piepo ihn geleitet,
Wo sein Lager zubereitet.

„Hier“ — so spricht er — „dieser Saal
Ist für morgen Festlokal.

Hier zur Rechten ist die Klause,
Stillberühmt im ganzen Hause;

Und hier links, da schlummerst du.

Wünsche recht vergnügte Ruh!“

Knopp ist durch und durch Gedanke
An Klotilde, jene Schlanke,
Und er drückt in süßem Schmerz
Ihre Rose an sein Herz.

„O Klotilde, du allein
Sollst und mußt die Meine sein.“ —
Darauf ist ihm so gewesen:
Knopp, du mußt noch etwas lesen. —
Gern erfüllt er sein Verlangen;
Still ist er hinausgegangen

Und bei seiner Kerze Strahl
Hingewandelt durch den Saal. —

Oftmals kann man müde sein,
Setzt sich hin und schlummert ein.

Erst des Morgens so um achte,
Als die Sonne freundlich lachte,
Dachte Knopp an sein Erwachen.
Er erwacht durch frohes Lachen. —
Dieses tut die Mädchenschar,
Welche schon beschäftigt war,
Um an dieses Festes Morgen
Für des Saales Schmuck zu sorgen.

„Ewig kannst du hier nicht sein“ —
Denket Knopp voll Seelenpein.
Und so strömt er wohlverdeckt
Da hervor, wo er gesteckt.

Hopsa! — Er entblättert sich. —

Groß ist seines Laufes Schnelle;
Aber, ach, die Kammerschwelle
Ist ihm äußerst hinderlich.

Heimlich flieht er diesen Ort
Und begibt sich weiter fort.

Abschreckendes Beispiel

Knopp begibt sich eilig fort

Bis zum höchsten Bergesort.

Hier in öder Felsenritzen
Sieht er einen Klausner sitzen.

Dieser Klausner, alt und greis,
Tritt aus seinem Steingehäus.

Und aus Knoppen seiner Tasche
Hebt er ernst die Wanderflasche.

„Ich" — so spricht er — „heiße Krökel,
Und die Welt ist mir zum Ekel.
Alles ist mir einerlei.

Mit Verlaub! Ich bin so frei.
O ihr Bürsten, o ihr Kämme,

Taschentücher, Badeschwämme,
Seife und Pomadebüchse,
Strümpfe, Stiefel, Stiefelwichse,
Hemd und Hose, alles gleich,
Krökel, der verachtet euch.

Mir ist alles einerlei.

Mit Verlaub, ich bin so frei.

O ihr Mädchen, o ihr Weiber,
Arme, Beine, Köpfe, Leiber,
Augen mit den Feuerblicken,
Finger, welche zärtlich zwicken,
Und was sonst für dummes Zeug —

Krökel, der verachtet euch.

Mir ist alles einerlei.

Mit Verlaub, ich bin so frei.

Nur die eine, himmlisch Reine,
Mit dem goldnen Heil'genscheine
Ehre, liebe, bet' ich an;
Dich, die keiner kriegen kann,
Dich, du süße, ei ja ja,

Heil'ge Emmerenzia.

Sonst ist alles einerlei.

Mit Verlaub, ich bin so frei."

Hiermit senkt der Eremit
Sich nach hinten. — Knopp entflieht.
Knopp, der denkt sich: Dieser Krökel
Ist ja doch ein rechter Ekel;
Und die Liebe per Distanz,
Kurz gesagt, mißfällt mir ganz.

Schnell verlassend diesen Ort,
Eilet er nach Hause fort.

Heimkehr und Schluß

Knopp, der eilt nach Hause fort,

Und, sieh da, schon ist er dort.

Grade lüftet seine nette,
Gute Dorothee das Bette.

„Mädchen“ — spricht er — „sag mir, ob —“
Und sie lächelt: „Ja, Herr Knopp!“

Bald so wird es laut verkündet:
Knopp hat eh'lich sich verbündet,

Tobias Knopp

Dorothea Lickefett

Erst nur flüchtig und zivil,
Dann mit Andacht und Gefühl. —

Na, nun hat er seine Ruh.
Ratsch! — Man zieht den Vorhang zu.

Herr und Frau Knopp

Ermahnungen und Winke

O wie lieblich, o wie schicklich,
Sozusagen herzerquicklich,
Ist es doch für eine Gegend,
Wenn zwei Leute, die vermögend,
Außerdem mit sich zufrieden,
Aber von Geschlecht verschieden,
Wenn nun diese, sag' ich, ihre
Dazu nötigen Papiere
Sowie auch die Haushaltsachen
Endlich mal in Ordnung machen
Und in Ehren und beizeiten
Hin zum Standesamte schreiten,
Wie es denen, welche lieben,
Vom Gesetze vorgeschrieben;
Dann ruft jeder freudiglich:
„Gott sei Dank! sie haben sich!"

Daß es hierzu aber endlich
Kommen muß, ist selbstverständlich. —
Oder liebt man Pfänderspiele?
So was läßt den Weisen kühle.
Oder schätzt man Tanz und Reigen?
Von Symbolen laßt uns schweigen.

Oder will man unter Rosen
Innig miteinander kosen? —
Dies hat freilich seinen Reiz;
Aber elterlicherseits
Stößt man leicht auf so gewisse
Unbequeme Hindernisse,
Und man hat, um sie zu heben,
Als verlobt sich kundzugeben. —

Das ist allerdings was Schönes;
Dennoch mangelt dies und jenes.
Traulich im Familienkreise
Sitzt man da und flüstert leise,
Drückt die Daumen, küßt und plaudert,
Zehne schlägt's, indes man zaudert,
Mutter strickt und Vater gähnt,
Und, eh man was Böses wähnt,
Heißt es: „Gute Nacht, bis morgen!"

Tief im Paletot verborgen,
Durch die schwarzen, nassen Gassen,
Die fast jeder Mensch verlassen,
Strebt man unmutsvoll nach Hause
In die alte, kalte Klause,
Wühlt ins Bett sich tief und tiefer,
Schnatteratt! so macht der Kiefer,

Und so etwa gegen eine
Kriegt man endlich warme Beine.
Kurz, Verstand sowie Empfindung
Dringt auf eh'liche Verbindung. —
Dann wird's aber auch gemütlich.
Täglich, stündlich und minütlich

Darf man nun vereint zu zween
Arm in Arm spazierengehen!
Ja, was irgend schön und lieblich,
Segensreich und landesüblich
Und ein gutes Herz ergetzt,
Prüft, erfährt und hat man jetzt.

Eheliche Ergötzlichkeiten

Ein schönes Beispiel, daß obiges wahr,
Bieten Herr und Frau Knopp uns dar.

Hier ruht er mit seiner getreuen Dorette
Vereint auf geräumiger Lagerstätte.

Früh schon erhebt man die Augenlider,
Lächelt sich an und erkennt sich wieder,

Um alsobald mit einem süßen
Langwierigen Kusse sich zu begrüßen.

Knopp aber, wie er gewöhnlich pflegt,
Ist gleich sehr neckisch aufgelegt.

Ganz unvermutet macht er: Kieks!
Hierauf erhebt sich ein lautes Gequieks.

Dorette dagegen weiß auch voll List,
Wo Knopp seine lustige Stelle ist.

Nämlich er hat sie unten am Hals.
Kiewieks! Jetzt meckert er ebenfalls.
Nun freilich möchte sich Knopp erheben
Und schnell vom Lager hinwegbegeben,
Wird aber an seines Kleides Falten

Spiralenförmig zurückgehalten.
Husch! er nicht faul, eh man sich's denkt,
Hat sich nach hinten herumgeschwenkt
Und unter die Decke eingebohrt,

Wo man recht fröhlich herumrumort. —

Nach diesen gar schönen Lustbarkeiten
Wird's Zeit zur Toilette zu schreiten.

Gern wendet Frau Doris anitzo den Blick
Auf Knopp sein Beinbekleidungsstück,
Welches ihr immer besonders gefiel
Durch Ausdruck und wechselndes Mienenspiel.

Bald schaut's so drein mit Grimm und Verdruß,.

Bald voller Gram und Bekümmernus.

Bald zeigt dies edle Angesicht

Nur Stolz und kennt keinen Menschen nicht.

Aber bald schwindet der Übermut;

Es zeigt sich von Herzen sanft und gut,
Und endlich nach einer kurzen Zeit

Strahlt es in voller Vergnüglichkeit. —
Dorettens Freude hierüber ist groß.
Knopp aber ist auch nicht freudenlos;

Denn ihm lächelt friedlich und heiter,
Nach unten spitzig, nach oben breiter,
Weißlich blinkend und blendend schön,
Ein hocherfreuliches Phänomen.
Besonders zeigt sich dasselbe beim Sitzen,

In der Mädchensprache nennt man's Blitzen. —
„Madam, es blitzt!" ruft Knopp und lacht.

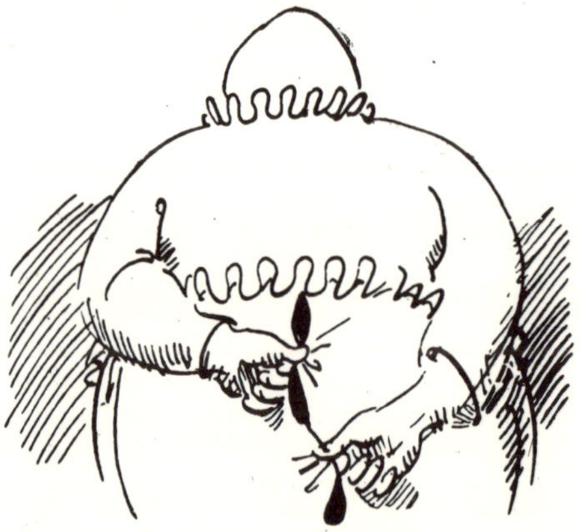

Schlupp! wird die Sache zugemacht.

Der alte Junge hat's gut

Die Frühstückszeit hat Knopp vor allen,
Weil sehr behaglich, sehr gefallen.

Nachdem die Liese aufgetischt,

Frau Doris schenkt ihm eine Mütze,
Die rings mit Perlen und mit Litze
In Form von einem Kranz der Reben
Gar schön umwunden und umgeben.

Hat Doris ihm den Trank gemischt.
Und außerdem genießt er heute
Noch eine ganz besondre Freude.

Sehr freut ihn dieser Kopfbehälter,
Denn nach Micheli wird es kälter
Und weht schon oft ein herber Hauch,
Und außerdem verziert es auch.

Stolz sitzt er da auf seinem Sitze;
Das Haupt verschönt die Morgenmütze.

Die Pfeife ist ihm Hochgenuß,
Und Doris hält den Fidibus.

Schnell flieht der Morgen. — Unterdessen
Bereitet man das Mittagessen. —

Was dies betrifft, so muß man sagen,
Kann Knopp sich wirklich nicht beklagen.
Zum Beispiel könnt er lange suchen
Nach solchem guten Pfannekuchen.
Hierin ist Doris ohne Fehl.
Stets nimmt sie einen Löffel Mehl,
Die nöt'ge Milch, dazu drei Eier,
Ja vier sogar, wenn sie nicht teuer,
Quirlt dies sodann und backt es braun
Mit Sorgfalt und mit Selbstvertraun;

Und jedesmal spricht Knopp vergnüglich:
„Der Pfannekuchen ist vorzüglich!"

O wie behaglich kann er nun
An Doris' treuem Busen ruhn!
Gern hat er hierbei auf der Glatze
Ein loses, leises Kribbelkratze.
So schläft er mit den Worten ein:
„Wie schön ist's, Herr Gemahl zu sein!"

Ein Mißgriff

Der Samstag ist meistens so ein Tag,
Den der Vater nicht leiden mag.
Es wirbelt der Staub, der Besen schwirrt,
Man irrt umher und wird verwirrt.

Hier oben auf der Fensterbank
Steht Liese und macht die Scheiben blank.

Knopp, welcher seine Pfeife vermißt
Und gar nicht weiß, wo sie heute ist,
Schweift sorgenschwer im Haus umher,
Ob sie nicht wo zu finden wär.
Er denkt: Wo mag die Pfeife sein?
Und zwickt die Liese ins Bein hinein.

Obgleich dies nur ganz unten geschehen,
Frau Doris hat es nicht gern gesehen.
Sie ruft: „Das bitt' ich mir aber aus!

Abscheuliches Mädchen, verlasse das Haus!“

So wären denn Knoppens also mal
Ohne weibliches Dienstpersonal,
Und morgens in früher Dämmerung

Hat Knopp eine schöne Beschäftigung. –

Alsbald so steht es im Wochenblatt,
Daß man Bedienung nötig hat.

Infolgedessen mit sanfter Miene

Erscheint eine Jungfrau namens Kathrine,

Welche hochheilig und teuer versprochen,
Stets fleißig zu putzen, beten, backen und kochen.

Hierin ist sie auch einerseits rühmlich,
Anderseits aber recht eigentümlich!
Erglänzt zum Beispiel am Sirupstopfe
Der unvermeidlich zähe Tropfe —

Schluppdiwutsch! — so schafft sie ihn dort
Mit schnellem Schwunge der Zunge fort.

Oder wenn sich beim Backen vielleicht
Irgendwo irgendwie irgendwas zeigt —

Schluppdiwutsch! sie entfernt es gleich
Durch einen doppelten Bogenstreich. —

Obschon dies sehr geschickt geschehen,
Frau Knoppen hat es nicht gern gesehen.
Sie ruft: „Das bitt' ich mir aber aus!
Abscheuliches Mädchen, verlasse das Haus!"

So wären denn Knoppens zum andern Mal
Ohne weibliches Dienstpersonal.
Knopp aber in früher Dämmerung

Hat eine schöne Beschäftigung.

Alsbald so setzt man ins Wochenblatt,
Daß man ein Mädchen nötig hat!

Hierauf erscheint nach kurzer Zeit

Eine Jungfrau mit Namen Adelheid,
Welche hochheilig und teuer versprochen,
Stets fleißig zu putzen, beten, backen und kochen
Auch kann sie dieses; und augenscheinlich
Ist sie in jeder Beziehung sehr reinlich.
Pünktlich pflegt sie und ohne Säumen
Die eheliche Kammer aufzuräumen.

Recht angenehm ist dann der Kamm,
Pomade und Seife von Madam.
Doch für die Zähne verwendet sie gern

den Apparat des gnädigen Herrn. —

Obgleich dies zu guten Zwecken geschehen,
Frau Knoppen hat es nicht gerne gesehen.
Sie ruft: „Das bitt ich mir aber aus!
Abscheuliches Mädchen, verlasse das Haus!"
Knopp aber in früher Dämmerung

Knopp geht mal aus

Bekanntlich möchte in dieser Welt
Jeder gern haben, was ihm gefällt.
Gelingt es dann mal dem wirklich Frommen,
An die gute Gabe dran zu kommen,
Um die er dringend früh und spat
Aus tiefster Seele so inniglich bat,
Gleich steht er da, seufzt, hustet und spricht:
„Ach Herr, nun ist es ja doch so nicht!“
Auch Knopp ist heute etwas ergrimmt
Und über sein eheliches Glück verstimmt.
Grad gibt es den Abend auch Frikadellen,
Die unbeliebt in den meisten Fällen.

Hat eine neue Beschäftigung.

Er lehnt sie ab mit stillem Dank,

Zieht seinen Frack aus dem Kleiderschrank,

Und ohne sich weiter an was zu kehren

Wandelt er trotzig zum goldenen Bären! —

„Potztausend, also auch mal hier!"
So rufen freudig beim Öffnen der Tür
Der kunstreiche Doktor Pelikan
Und Bello, der Förster und Jägersmann.
Knopp aber redet nicht eben viel;

Hat auch nicht Lust zum Solospiel;

Sondern tief in sich selbst gekehrt
Hat er sein Schöppchen Bier geleert.

Punkt zehn Uhr schließt er die Rechnung ab

Und begibt sich zu Haus in gelindem Trab.

Unfreundlicher Empfang

Grollend hat Madam soeben

Sich bereits zur Ruh begeben.

Freundlich naht sich Knopp und bang —

Bäh! — nicht gut ist der Empfang.

Demutsvoll und treu und innig
Spricht er: „Doris, schau, da bin ich!“

Aber heftig stößt dieselbe —
Bubb! — ihn auf sein Leibgewölbe

Dieses hat ihn sehr verdrossen.

Tiefgekränkt, doch fest entschlossen,
Schreitet er mit stolzem Blick

Wieder ins Hotel zurück.
Heißa, jetzt ist Knopp dabei,
Kartenspiel und was es sei.

Elfe, zwölfe schlägt die Glocke;
Man genießt verschiedne Groge,

Dreimal kräht des Hauses Hahn,
Bis der letzte Trunk getan.

Heimkehr

Knopp ist etwas schwach im Schenkel,

drum so führt man ihn am Henkel.

Glücklich hat es sich getroffen,

Daß das Küchenfenster offen.

Man erhebt ihn allgemach,
Und dann schiebt man etwas nach.

Düster ist der Küchenraum;

Platsch! Man fällt und sieht es kaum.

Kracks! Da stößt das Nasenbein
Auf den offnen Küchenschrein.

Peinlich ist ihm das Gefühl;

Ratsam ist es nachzuspähen,
Wo die Schwefelhölzer stehen.

Aber er verfolgt sein Ziel.

Oha! — Wieder geht er irr.
Dieses ist das Milchgeschirr.

Dies dagegen ist die volle,
Sanftgeschmeidge Butterstolle.

Doch hier hinten in der Ecke
Kommt er jetzt zu seinem Zwecke.

Autsch! — Er schreit mit lautem Schalle
Und sitzt in der Mausefalle.

Jetzo kommt ihm der Gedanke,
Nachzuspüren auf dem Schranke.

Ach! Vom Kopfe bis zum Fuß
Rinnt das gute Zwetschenmus.

Doch zugleich mit dieser Schwärze
Kriegt er Feuerzeug und Kerze.

Freilich muß er häufig streichen,
Ohne etwas zu erreichen.

Aber endlich und zuletzt
Hat er's richtig durchgesetzt.

Jetzt zur Ruh sich zu begeben
Ist sein sehnlichstes Bestreben.

Hier ist nun die Kammertür.
Ach, man schob den Riegel für.

Demnach muß er sich bequemen,
Auf der Schwelle Platz zu nehmen.

So ruht Knopp nach alledem
Fest, doch etwas unbequem.

Donner und Blitz

Hier sitzt Knopp am selbigen Morgen

Gräulich brütend im Stuhl der Sorgen;
Tyrann vom Scheitel bis zur Zeh;
Und heftig tut ihm der Daumen weh.

Ei schau! die Liese ist wieder gekommen!
Ist Knopp egal. Man hört ihn brommen.

Reumütig nahet Frau Doris sich.
Knopp zeigt sich als schrecklicher Wüterich.

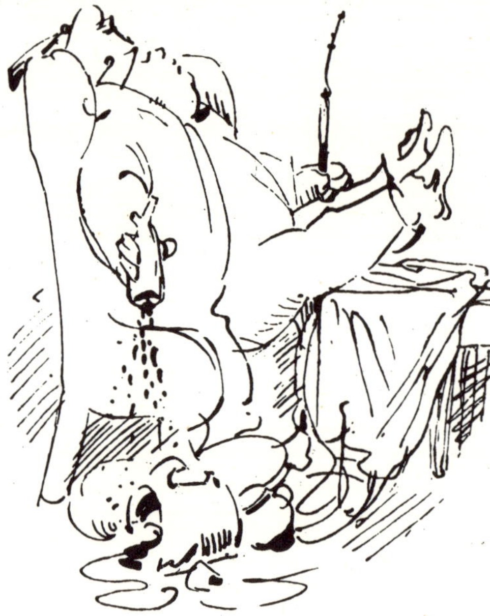

Dann klopft er über den ganzen Graus
Ohne Rücksicht zu nehmen die Pfeife aus.

Mit Tränen tritt Frau Doris hervor
Und sagt ihm ein leises Wörtchen ins Ohr.

Perdatsch! — Mit einem großen Geklirr
Entfernt er das schöne Porzellangeschirr.

Dies Wort fährt ihm wie Donner und Blitz
Durch Kopf, Herz, Leib in den Sorgensitz.

Und tief erschüttert und alsogleich
Zeigt er sich milde, gerührt und weich.

Ängstlicher Übergang und friedlicher Schluß

Mit der Klingel an der Pforte
Ist die Brave, Ehrenwerte,
Ofterprobte, Vielbegehrte,

Wohlbekannt im ganzen Orte,

Welche sich Frau Wehmut schrieb;
Und ein jeder hat sie lieb. —

Mag es regnen oder schneeen,
Mag der Wind auch noch so wehen,
Oder wär sie selbst nicht munter,
Denn das kommt ja mal mitunter —
Kaum ertönt an ihrer Klingel
Das bekannte: Pingelpingel!
Gleich so ist Frau Wehmut wach
Und geht ihrer Nahrung nach.

Heute ist sie still erschienen,
Um bei Knoppens zu bedienen.

Auf dem Antlitz Seelenruhe,
An den Füßen milde Schuhe,
Wärmt sie sorglich ihre Hände,
Denn der Sommer ist zu Ende.

Also tritt sie sanft und rein
Leise in die Kammer ein.

Auch den Doktor Pelikan
Sieht man ernstbedächtig nahn,
Und es sagt sein Angesicht:
Wie es kommt, das weiß man nicht. —

Oh, was hat in diesen Stunden

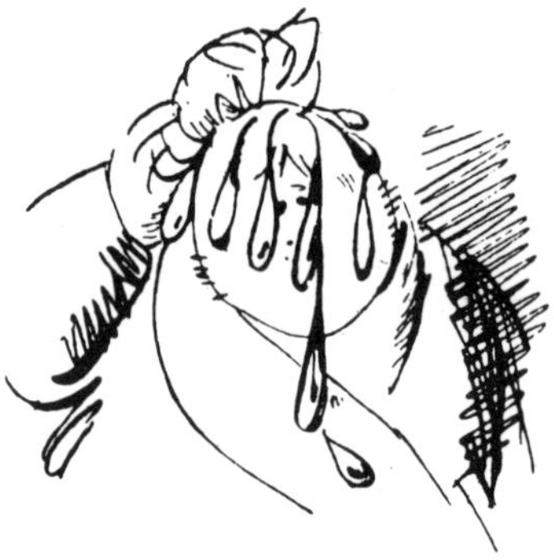

Knopp für Sorgen durchempfunden!

Rauchen ist ihm ganz zuwider.

Seine Pfeife legt er nieder.

Ganz vergebens tief im Pult
Sucht er Tröstung und Geduld.

Oben auf dem hohen Söller,

Unten in dem tiefen Keller —
Wo er sich auch hinverfüge,
Angst verkläret seine Züge.

Ja, er greifet zum Gebet,

Was er sonst nur selten tät. —

Endlich öffnet sich die Türe —
Und es heißt: ich gratuliere!

Friedlich lächelnd, voller Demut,
Wie gewöhnlich, ist Frau Wehmut. —
Stolz ist Doktor Pelikan,
Weil er seine Pflicht getan. —
Aber unser Vater Knopp
Ruft in einem fort: Gottlob!

Na, jetzt hat er seine Ruh. —
Ratsch! Man zieht den Vorhang zu.

Julchen

Vorbemerk

Vater werden ist nicht schwer,
Vater sein dagegen sehr. —

Ersteres wird gern geübt,
Weil es allgemein beliebt.
Selbst der Lasterhafte zeigt,
Daß er gar nicht abgeneigt;
Nur will er mit seinen Sünden
Keinen guten Zweck verbinden,
Sondern, wenn die Kosten kommen,
Fühlet er sich angstbeklommen.
Dieserhalb besonders scheut
Er die fromme Geistlichkeit,
Denn ihm sagt ein stilles Grauen:
Das sind Leute, welche trauen. —
So ein böser Mensch verbleibt
Lieber gänzlich unbeweibt. —
Ohne einen hochgeschätzten
Tugendsamen Vorgesetzten
Irrt er in der Welt umher,
Hat kein reines Hemde mehr,
Wird am Ende krumm und faltig
Grimmig, greulich, ungestaltig,
Bis ihn denn bei Nacht und Tag
Gar kein Mädchen leiden mag.
Onkel heißt er günst'gen Falles,
Aber dieses ist auch alles. —

O wie anders ist der Gute!
Er erlegt mit frischem Mute
Die gesetzlichen Gebühren,
Läßt sich redlich kopulieren,
Tut im Stillen hocherfreut
Das, was seine Schuldigkeit,
Steht dann eines Morgens da
Als ein Vater und Papa
Und ist froh aus Herzensgrund,
Daß er dies so gut gekunnt.

Julchen, das Wickelkind

Also, wie bereits besprochen:
Madame Knoppen ist in Wochen,
Und Frau Wehmut, welche kam
Und das Kind entgegennahm,
Rief und hub es in die Höh:
„Nur ein Mädel, ach herrje!“
(Oh, Frau Wehmut, die ist schlau;
So was weiß sie ganz genau!)
Freilich Knopp, der will sich sträuben,
Das Gesagte gleich zu gläuben;
Doch bald überzeugt er sich,

Lächelt etwas säuerlich
Und mit stillgefaßten Zügen
Spricht er: „Na, denn mit Vergnügen!!“

Dieses Kind hat eine Tante,
Die sich Tante Julchen nannte;
Demnach kommt man überein,
Julchen soll sein Name sein.

Julchen, als ein Wickelkind,
Ist so, wie so Kinder sind.
Manchmal schläft es lang und feste,

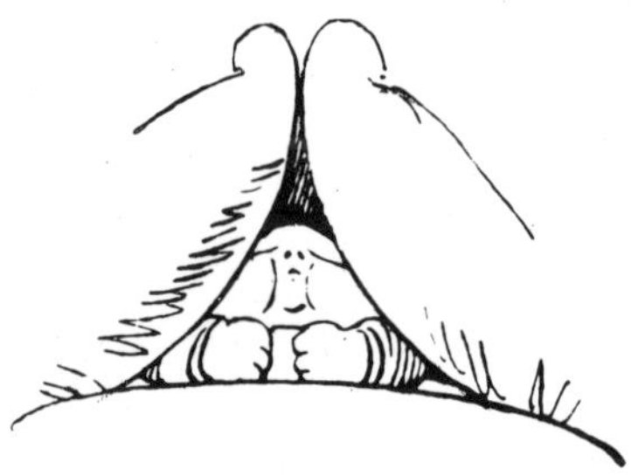

Tief versteckt in seinem Neste.

Manchmal mit vergnügtem Sinn

Duselt es so für sich hin.
Manchmal aber wird es böse,

Macht ein lautes Wehgetöse
Und gibt keine Ruhe nicht,
Bis es was zu lutschen kriegt. —
Sein Prinzip ist überhaupt:
Was beliebt, ist auch erlaubt;
Denn der Mensch als Kreatur
Hat von Rücksicht keine Spur. —

O ihr, die ihr Eltern seid,
Denkt doch an die Reinlichkeit!

Wahrlich, hier gebührt Frau Knopp
Preis und Ehre, Dank und Lob.
Schon in früher Morgenstund
Öffnet sie den Wickelbund,
Gleichsam wie ein Postpaket,

Worauf Knopp beiseite geht.

Mit Intresse aber sieht
Er, was fernerhin geschieht.

Macht man Julchens Nase reinlich,

So erscheint ihm dieses peinlich.

Wie mit Puder man verfährt,
Dünkt ihm höchst bemerkenswert.

Freudevoll sind alle drei,
Wenn die Säuberung vorbei.

Nun mag Knopp sich gern bequemen,
Julchen auch mal hinzunehmen.

Flötend schöne Melodieen,
Schaukelt er es auf den Knieen.

Auf die Backe mit Genuß
Drückt er seinen Vaterkuß.

Eine unruhige Nacht

Einszweidrei, im Sauseschritt
Läuft die Zeit; wir laufen mit. —

Julchen ist hübsch kugelrund

Und schon ohne Wickelbund. —

Es ist Nacht. — Frau Doris ruht,

Während Knopp das Seine tut.

Aber Julchen in der Wiegen

Will partu nicht stille liegen.

Er bedenkt, daß die Kamille
Manchmal manche Schmerzen stille.

Wirkungslos ist dieser Tee.

Julchen macht: rabäh, rabäh!

Lieber Gott, wo mag's denn fehlen?

Oder sollte sonst was quälen?

O wie gern ist Knopp erbötig

Nachzuhelfen, wo es nötig.

Aber weh, es will nicht glücken,

Und nun klopft er sanft den Rücken. —

Oder will's vielleicht ins Bette,
Wo auf warmer Lagerstätte
Beide Eltern in der Näh?

Nein, es macht: rabäh, rabäh!

Schau! Auf einmal wird es heiter. —

Knopp begibt sich eilig weiter
Und bemerkt nur dieses noch:
Ei potztausend! Also doch!!"

Ein festlicher Morgen

Einszweidrei, im Sauseschritt
Läuft die Zeit; wir laufen mit.

Julchen ist schon sehr verständig

Und bewegt sich eigenhändig.

Heut ist Feiertag; und siehe!
Schon streicht Knopp in aller Frühe
Luftiglosen Seifenschaum
Auf des Bartes Stachelflaum.

Heut will er zur Messe gehn,
Denn da singt man denn so schön.

Frau Dorette trägt getreu
Frack und Biberhut herbei.

Julchen gibt indessen acht,
Was der gute Vater macht.

Bald ist seine Backe glatt,
Weil er darin Übung hat.

In die Kammer geht er nun,
Julchen macht sich was zu tun.

Gern ergreifet sie die Feder
An des Vaters Schreibkatheder.

Reizend ist die Kunstfigur
Einer Ticktacktaschenuhr

Ach herrje! Es geht klabum!
Julchen schwebt; der Stuhl fällt um.

Allerdings kriegt Julchen bloß
Einen leichten Hinterstoß,
Doch die Uhr wird sehr versehrt
Und die Tinte ausgeleert. —

Schmiegsam, biegsam, mild und mollig
Ist der Strumpf, denn er ist wollig.

Drum wird man ihn gern benutzen,

Um damit was abzuputzen. —

Wohlbesorgt ist dieses nun.

Julchen kann was andres tun.

Keine Messer schneiden besser,
Wie des Bartes Putzemesser.

Wozu nützen, warum sitzen
An dem Frack die langen Spitzen??
Hier ein Schnitt und da ein Schnitt,
Ritscheratsche, weg damit. —

Wohlbesorgt ist dieses nun.

Julchen kann was andres tun. —

In des Vaters Pfeifenkopf
Setzt sich oft ein fester Pfropf,

Ja, was schlimmer, die bewußte
Alte, harte, schwarze Kruste;
Und der Raucher sieht es gerne,

Daß man sie daraus entferne.

Wohlbesorgt ist dieses nun.
Julchen kann was andres tun. —

Stattlich ist der Biberhut;
Manchmal paßt er nur nicht gut.

Niemals soll man ihn benützen,

Um bequem darauf zu sitzen.

Seht, da kommt der Vater nun,
Um den Frack sich anzutun.

Schmerzlich sieht er, was geschehn,
Und kann nicht zur Messe gehn.

Böse Knaben

Einszweidrei, im Sauseschritt
Läuft die Zeit; wir laufen mit. —

Unsre dicke, nette Jule
Geht bereits schon in die Schule,

Und mit teilnahmsvollem Sinn
Schaut sie gern nach Knaben hin.

Ferdinandchen Mickefett
Scheint ihr nicht besonders nett.

Einer, der ihr nicht gefiel,
Das ist Dietchen Klingebiel.

Peter Sutitt, frech und dick,
Hat natürlich auch kein Glück.

Försters Fritze; blond und kraus,
Ja, der sieht schon besser aus.

Keiner kann wie er so schön

Grade auf dem Kopfe stehn;

Und das Julchen lacht und spricht:

„So wie Fritze könnt ihr's nicht!“

Kränkend ist ein solches Wort.

Julchen eilt geschwinde fort.

Knubbs! Da stoßen die drei Knaben

Julchen in den feuchten Graben.

Und sie fühlen sich entzückt,

Daß der Streich so gut geglückt.

Wartet nur, da kommt der Fritze!

Schwapp, sie liegen in der Pfütze.

Fritz ist brav und sanft und spricht:

„Gutes Julchen, weine nicht!“

Julchens Kleid ist zu beklagen.
Knopp, der muß die Kosten tragen.

Vatersorgen

Einszweidrei, im Sauseschritt
Läuft die Zeit; wir laufen mit. —

Julchen ist nun wirklich groß,

Pfiffig, fett und tadellos,
Und der Vater ruft: „Was seh' ich?
Die Mamsell ist heiratsfähig!"

Dementsprechend wäre ja
Mancher gute Jüngling da.

Da ist Mickefett; doch dieser
Ist Apothekereiproviser.

Da ist Sutitt; aber der
Praktiziert als Vetrinär.

Da ist Klingebiel; was ist er?
Sonntags Kanter, alltags Küster.

Und dann Fritz, der Forstadjunkt,
Das ist auch kein Anhaltspunkt.
Einfach bloß als Mensch genommen
Wäre dieser höchst willkommen;
Nur muß Knopp sich dann entschließen,
Ganz bedeutend zuzuschießen. — —
Kurz gesagt mit wenig Worten,
Ob auch Knopp nach allen Orten
Seine Vaterblicke richte,

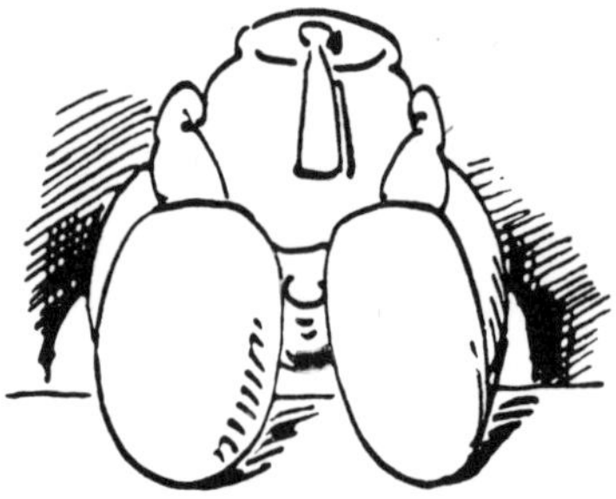

Nirgends paßt ihm die Geschichte. —

Anderseits, wie das so geht,
Mangelt jede Pietät.
Man ist fürchterlich verliebt,
Ohne daß man Achtung gibt
Oder irgendwie bedenkt,
Ob man alte Leute kränkt.
Selten fragt sich so ein Tor:
Was geht in den Eltern vor?? —
Ja, so ist die Jugend heute! —
Schrecklich sind die jungen Leute
Hinter Knoppchens Julchen her,
Und recht sehr gefällt es der. —
Was hat Knopp doch für Verdruß,
Wenn er das bemerken muß! —

Hier zum Beispiel, abends spät,
Wie er still nach Hause geht,

Sieht er nicht mit Stirnefalten,
Wie drei männliche Gestalten

Emsig spähend da soeben
Starr vor Julchens Fenster kleben?

Zornig mit dem Wanderstab
Stochert er sie da herab.
Er verursacht großen Schreck,
Doch den Ärger hat er weg.

Herzverlockende Künste

Wohl mit Recht bewundert man
Einen Herrn, der reiten kann. —
Herzgewinnend zeigt sich hier

Sutitt auf dem Satteltier. —

Doch die Wespen in der Mauer
Liegen heimlich auf der Lauer;
Sie sind voller Mißvertrauen,
Als sie einen Reiter schauen.

Hopps! Der Rappe springt und schnaubt,

Hebt den Schwanz und senkt das Haupt;

Und am Halse hängt der Reiter. —
Er ist ängstlich, Knopp ist heiter. —

Dahingegen Klingebiel
Hofft vermittelst Saitenspiel
Julchens Seele zu entzücken
Und mit Tönen zu umstricken.

Dazu hat er sich gedichtet,
Aufgesetzt und hergerichtet
Ein gar schönes Schlummerlied,

Horch! er singt es voll Gemüt.

Ständchen

Der Abend ist so mild und schön.
Was hört man da für ein Getön??
  Sei ruhig, Liebchen, das bin ich,
  Dein Dieterich,
  Dein Dietrich singt so inniglich!!
Nun kramst du wohl bei Lampenschein
Herum in deinem Kämmerlein;
Nun legst du ab der Locken Fülle,
Das Oberkleid, die Unterhülle;
Nun kleidest du die Glieder wieder
In reines Weiß und legst dich nieder.
Oh, wenn dein Busen sanft sich hebt,
So denk, daß dich mein Geist umschwebt.
Und kommt vielleicht ein kleiner Floh
    Und krabbelt so —
  Sei ruhig, Liebchen, das bin ich,
  Dein Dieterich.
  Dein Dietrich, der umflattert dich!!

Platsch! —Verstummt ist schnell und bang
Nachtgesang und Lautenklang.

Eilig strömt der Sänger weiter;
Er ist traurig, Knopp ist heiter. —

Die Tante auf Besuch

Unvermutet, wie zumeist,

Kommt die Tante zugereist.
Herzlich hat man sie geküßt,
Weil sie sehr vermöglich ist.

Unser Julchen, als es sah,
Daß die gute Tante da,

Weiß vor Freude nicht zu bleiben
Und hat allerlei zu schreiben. —

Sutitt hielt vor großem Kummer
Grade einen kleinen Schlummer.

Froh wird er emporgeschnellt,
Als er dies Billett erhält:

„Weißt du, wo die Rose blüht???
Komm zu mir, wenn's keiner sieht!!"

Stolz und schleunig diese Zeilen
Mickefetten mitzuteilen,
Eilt er zu der Apotheke hin.

Ach, wie wurde dem zu Sinn;
Plump! so fällt ihm wie ein Stein
Neidgefühl ins Herz hinein.
Aber sagen tut er nichts. —
Scheinbar heitern Angesichts

Mischt er mancherlei Essenzen,

Ums dem Freunde zu kredenzen

Unter Glück- und Segenswunsch;

Und dem Freunde schmeckt der Punsch. —
Hoffnungsvoll, beredt und heiter
Schlürft er arglos immer weiter.

Aber plötzlich wird er eigen,

Fängt sehr peinlich an zu schweigen

Und erhebt sich von dem Sitz.
„Ei", ruft Mickefett, „potzblitz!
Bleib doch noch ein wenig hier!"

Schnupp! Er ist schon aus der Tür. —

Mickefett voll List und Tücke
Wartet nicht bis er zurücke,
Sondern schleicht als falscher Freund,

Wo ihm Glück zu winken scheint.—

Seht, da steigt er schon hinein.
Freudig zittert sein Gebein.

Und er küßt die zarte Hand,
Die er da im Dunkeln fand.

Und er hält mit Liebeshast

Eine Nachtgestalt umfaßt. —
Mickefett! Das gibt Malör,
Denn die Tante liebt nicht mehr! —

Ängstlichschnelle, laut und helle

Schwingt sie in der Hand die Schelle.
Schwer bewaffnet kommt man jetzt.

Mickefett ist höchst entsetzt.

Schamverwirrt und voller Schrecken
Will er sich sogleich verstecken.

Aber autsch! Der Säbel ritzt,
Weil er vorne zugespitzt.

Schmerzgefühl bei großer Enge
Wirkt ermüdend auf die Länge.

Man ist sehr verwirrt und feucht.
Mickefett entschwirrt und fleucht.

Bratsch! Mit Rauschen und Geklirr
Leert sich jedes Waschgeschirr.

Schmerzlich an den Stoff der Hose
Heftet sich die Dornenrose.

Das Gartenhaus

Liebe — sagt man schön und richtig —
Ist ein Ding, was äußerst wichtig.
Nicht nur zieht man in Betracht,
Was man selber damit macht,
Nein, man ist in solchen Sachen
Auch gespannt, was andre machen. —

Allgemein von Mund zu Munde
Geht die ahnungsvolle Kunde,
Sozusagen ein Gemunkel,
Daß im Garten, wenn es dunkel,
Julchen Knopp mit Försters Fritze
Heimlich wandle oder sitze. —

Diese Sage hat vor allen
Drei Personen sehr mißfallen,
Die sich leider ganz entzweit
Durch die Eifersüchtigkeit.

Jeder hat sich vorgenommen:
Ei, da muß ich hinterkommen.

Husch! er schlüpft in das Salett,
Denn es naht sich Mickefett.

Husch! Der zögert auch nicht viel,
Denn es naht sich Klingebiel.

Hier schleicht Sutitt schlau heraus
Zu Herrn Knoppens Gartenhaus,
Wo das Gartenbaugerät
Wohlverwahrt und trocken steht.

Husch! Auch der drückt sich hinein,
Denn hier naht im Mondenschein,
Wie wohl zu vermuten war,
Das bewußte Liebespaar.

O wie peinlich muß es sein,
Wenn man so als Feind zu drein
Engbedrückt zusammensitzt
Und vor Zorn im Dunkeln schwitzt! —

Siehste wohl! Da geht es plötzlich
Rumpelpumpel, ganz entsetzlich.

Alles Gartenutensil
Mischt sich in das Kampfgewühl;

Und, rabum! zum Überfluß
Löst sich laut der Flintenschuß.

Husch! Da schlupfen voller Schreck
Fritz und Julchen ins Versteck;

Denn schon zeigt sich in der Ferne
Vater Knopp mit der Laterne.

Knipp, der Hund, kratzt an der Tür.
Knopp, der denkt: Was hat er hier?

Starr und staunend bleibt er stehn
Mit dem Ruf: „Was muß ich sehn??“
Dann mit Fassung in den Zügen
Spricht er: „Na, Ihr könnt euch kriegen!!“

Jetzt kommt Mutter, jetzt kommt Tante,
Beide schon im Nachtgewande.

Oh, das war mal eine schöne
Rührende Familienszene!!! —

Ende

Feierlich, wie sich's gebührt,
Ward die Trauung ausgeführt. —

Hierbei leitet Klingebiel
Festgesang und Orgelspiel
Unter leisem Tränenregen,
Traurig, doch von Amtes wegen;
Während still im Kabinett
Sutitt und Herr Mickefett
Hinter einer Flasche Wein
Ihren Freundschaftsbund erneun.

Knopp, der hat hienieden nun
Eigentlich nichts mehr zu tun. —
Er hat seinen Zweck erfüllt. —

Runzlich wird sein Lebensbild. —
Mütze, Pfeife, Rock und Hose
Schrumpfen ein und werden lose,
So daß man bedenklich spricht:
„Hört mal, Knopp gefällt mir nicht!"

In der Wolke sitzt die schwarze
Parze mit der Nasenwarze,

Und sie zwickt und schneidet, schnapp!!
Knopp sein Lebensbändel ab.

Na, jetzt hat er seine Ruh!
Ratsch! Man zieht den Vorhang zu.

Seelenwanderung

Der dicke Kämmerer im Ägypterland
War weit und breit als Grobian bekannt,
Bekannt als größter Tier- und Menschenschinder;
Er schlug sein Weib und seine kleinen Kinder.
Er schlug mit seinem Rohr die alten braven
Kamele und die schwarzen Mohrensklaven;
Und als er sie geschlagen manchen Tag,
Da traf ihn eines Tages selbst der Schlag. —
Er starb. — Da tönt des Schicksals Donnerwort:
Die Seele wandre durch Kamele fort
Und komme nicht zur Ruh im sel'gen Land,
Bis sie das größte der Kamele fand! —
Im ersten Schrecken fuhr des Kämmerers Seele
In eines seiner eigenen Leibkamele;
Die Kinder ritten ihn, die eignen Fraun,
Er ward von eignen Sklaven oft gehaun,
Und endlich unterlag er seinen Leiden. —
Die arme Seele muß von hinnen scheiden;
Sie fuhr entsetzt davon und fuhr und flog
In ein Kamel, das durch die Wüste zog.
Die Sonne brennt, es weht der heiße Smum,
Vor Hitze kommen fast die Leute um.
Da schneidet dem Kamel man auf den Bauch
Und zieht hervor den großen Wasserschlauch;
Die Karawane trinkt, der Durst war groß,
Und wieder ist die Seele obdachlos.
Und wieder muß die arme Seele wandern
Durch ein Kamel hinaus, hinein zum andern,
Und findet nicht das größte der Kamele.
Vergebens wandert die geplagte Seele
In das Kamel, das den Propheten trug;
Auch dies sogar war noch nicht groß genug. —
Da ist sie einst nach manchen tausend Jahren
Zu Turkestan in ein Kamel gefahren,
Das man als größtes, das man jemals fand,
Herüberbrachte in den Zollverband.
Man zeigt' es in den Buden, in den Gassen,
Es mußte sich geduldig schinden lassen
Und starb zuletzt von allzu vielem Schinden.
Wo soll die Seele noch ein größres finden? —
Ein Hofrat stand dabei. — Als blauer Rauch
Fuhr ihm die arme Seele in den Bauch.
Da griff er schnell zu Feder und Papiere
Und schrieb ein Buch zum Schutz der lieben Tiere. —
Der Hofrat starb. — Ersehnte Ruhe fand
Des Kämmerers Seele aus Ägypterland.

Die Haarbeutel

Einleitung

Der Weise, welcher sitzt und denkt
Und tief sich in sich selbst versenkt,
Um in der Seele Dämmerschein
Sich an der Wahrheit zu erfreun,
Der leert bedenklich seine Flasche,

Hebt seine Dose aus der Tasche,
Nimmt eine Prise, macht habschieh!
Und spricht: „Mein Sohn, die Sach ist die:

Eh man auf diese Welt gekommen
Und noch so still vorliebgenommen,
Da hat man noch bei nichts was bei;
Man schwebt herum, ist schuldenfrei,
Hat keine Uhr und keine Eile
Und äußerst selten Langeweile.

Allein man nimmt sich nicht in acht,
Und schlupp! ist man zur Welt gebracht.

Zuerst hast du es gut, mein Sohn,
Doch paß mal auf, man kommt dir schon!

Bereits dein braves Elternpaar
Erscheint dir häufig sonderbar.
Es saust der Stab, dann geht es schwapp!
Sieh da, mein Sohn, du kriegst was ab!
Und schon erscheint dir unabwendlich
Der Schmerzensruf: Das ist ja schändlich!

Du wächst heran, du suchst das Weite,
Jedoch die Welt ist voller Leute;
Vorherrschend Juden, Weiber, Christen,
Die dich ganz schrecklich überlisten,
Und die, anstatt dir was zu schenken,
Wie Du wohl möchtest, nicht dran denken.
Und wieder scheint dir unabweislich
Der Schmerzensruf: Das ist ja scheußlich!

Doch sieh da, im trauten Kreis
Sitzt Jüngling, Mann und Jubelgreis,
Und jeder hebt an seinen Mund
Ein Hohlgemäß, was meistens rund,
Um draus in ziemlich kurzer Zeit
Die drin enthaltne Flüssigkeit
Mit Lust und freudigem Bemühn
Zu saugen und herauszuziehn.
Weil jeder dies mit Eifer tut,
So sieht man wohl, es tut ihm gut.
Man setzt sich auch zu diesen Herrn,
Man tut es häufig, tut es gern,
Und möglichst lange tut man's auch;
Die Nase schwillt, es wächst der Bauch,
Und bald, mein Sohn, wirst du mit Graun
Im Spiegelglas dein Bildnis schaun,
Und wieder scheint dir unerläßlich
Der Schmerzensruf: Das ist ja gräßlich!!

Mein lieber Sohn, du tust mir leid.
Dir mangelt die Enthaltsamkeit.
Enthaltsamkeit ist das Vergnügen
An Sachen, welche wir nicht kriegen.
Drum lebe mäßig, denke klug.
Wer nichts gebraucht, der hat genug!"

So spricht der Weise, grau von Haar,
Ernst, würdig, sachgemäß und klar,
Wie sich's gebührt in solchen Dingen;
Läßt sich ein Dutzend Austern bringen,
Ißt sie, entleert die zweite Flasche,
Hebt seine Dose aus der Tasche,
Nimmt eine Prise, macht habschüh!
Schmückt sich mit Hut und Paraplü,
Bewegt sich mit Bedacht nach Haus
Und ruht von seinem Denken aus.

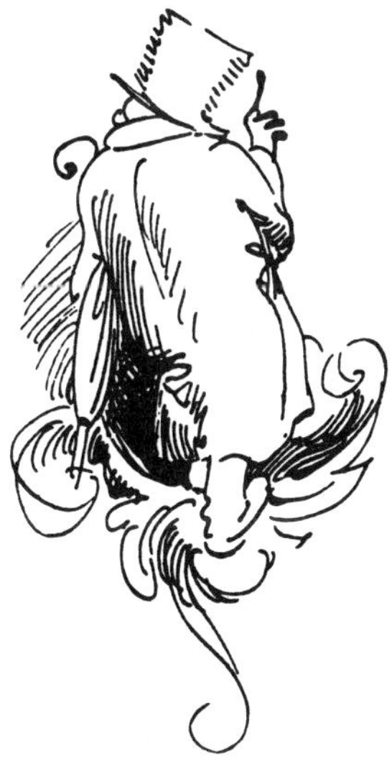

Silen

Siehe, da sitzet Silen bei der wohlgebildeten
Nymphe.

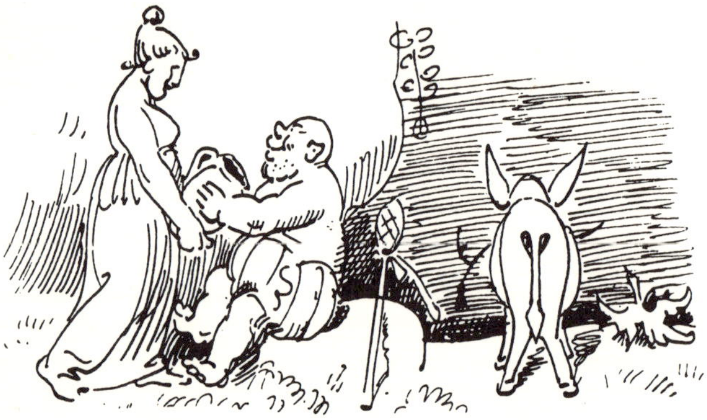

Gern entleert er den Krug, was er schon öfters
getan.
Endlich aber jedoch erklimmt er den nützlichen
Esel,

Wenn auch dieses nicht ganz ohne Beschwerde
geschah.
Fast vergißt er den Thyrsus, woran er sein
Lebtag gewöhnt ist;

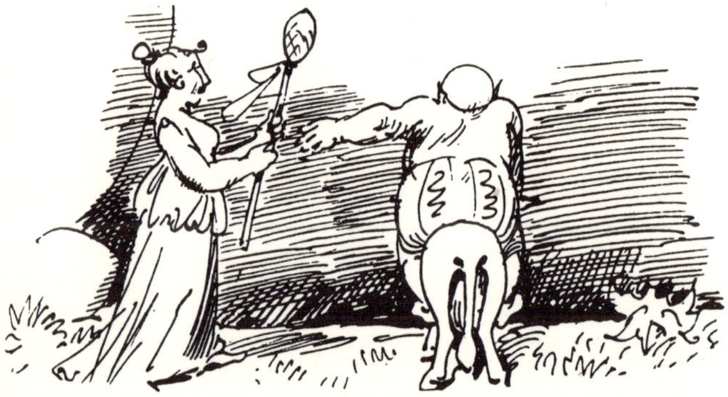

Käme derselbe ihm weg, wär' es ihm schrecklich
fatal. —
Also reitet er fort und erhebt auf Kunst keinen
Anspruch;

Bald mal sitzet er so, bald auch wieder mal so.
Horch, wer flötet denn da? Natürlich, Amor,
der Lausbub!

Aber der Esel erhebt äußerst bedenklich das Ohr.
Schlimmer als Flötengetön ist das lautlos
wirkende Pustrohr;

Pustet man hinten, so fliegt vorne was Spitzes
heraus.

Ungern empfindet den Schmerz das redlich
dienende Lasttier;
Aber der Reiter hat auch manche Geschichten
nicht gern.

Leicht erwischt man den Vogel durch List und
schlaue Beschleichung;

Wenn er es aber bemerkt, flieget er meistens
davon.
Mancher erreichet den Zweck durch täuschend
geübte Verstellung;

Scheinbar schlummert der Leib, aber die Seele
ist wach.
Schnupp! Er hat ihn erwischt. Laut kreischt
der lästige Vogel,

Während der handliche Stab tönend die Backe
berührt.
Übel wird es vermerkt, entrupft man dem Vogel
die Feder,

Erstens scheint sie ihm schön, zweitens gebraucht
er sie auch.

Heimwärts reitet Silen und spielt auf der
lieblichen Flöte,
Freilich verschiedenerlei, aber doch meistens
düdellütt!

Der Undankbare

Einen Menschen namens Meier
Schubst man aus des Hauses Tor,
Und man spricht, betrunken sei er;
Selber kam's ihm nicht so vor.

Grade auf des Weges Mitte,
Frisch mit spitzem Kies belegt,
Hat er sich im Schlürferschritte
Knickebeinig fortbewegt.

Plötzlich will es Meier scheinen,
Als wenn sich die Straße hebt,
So daß er mit seinen Beinen
Demgemäß nach oben strebt.

Aber Täuschung ist es leider.
Meier fällt auf seinen Bauch,
Wirkt zerstörend auf die Kleider
Und auf die Zigarre auch.

Schnell sucht er sich aufzurappeln.
Weh, jetzt wird die Straße krumm,
Und es drehn sich alle Pappeln,
Und auch Meier dreht es um.

Knacks, er fällt auf seine Taschen,
Worin er mit Vorbedacht
Noch zwei wohlgefüllte Flaschen
Klug verwahrt und mitgebracht.

Hilfsbedürftig voller Schmerzen
Sitzt er da in Glas und Kies,
Doch ein Herr mit gutem Herzen
Kam vorbei und merkte dies.

Voller Mitleid und Erbarmen
Sieht er, wie es Meiern geht,
Hebt ihn auf in seinen Armen,
Bis er wieder grade steht.

Puff! Da trifft ein höchst geschwinder
Schlag von Meiern seiner Hand
Auf des Fremden Prachtzylinder,
Daß der Mann im Dunkeln stand.

Ohne Hören, ohne Sehen
Steht der Gute sinnend da;
Und er fragt, wie das geschehen,
Und warum ihm das geschah.

Eine milde Geschichte

Selig schwanket Bauer Bunke
Heim von seinem Abendtrunke.

Zwar es tritt auf seinen Wegen
Ihm ein Hindernis entgegen,

Und nicht ohne viel Beschwerden
Kann es überwunden werden.

Aber siehst Du, es gelingt
Schneller als ihm nötig dünkt.

Pfeife läßt er Pfeife sein,

Drückt sich in sein Haus hinein

Und begibt sich ohne Säumen
Hin zu seinen Zimmerräumen,
Wo Frau Bunke für die Nacht
Einen Teig zurecht gemacht.

Unverzüglich, weil er matt,

Sucht er seine Lagerstatt.

Diese kommt ihm sehr gelegen,
Um darin der Ruh zu pflegen.

Oh, wie wonnig schmiegt das Mus
Sich um Kopf, Leib, Hand und Fuß.

Schnell, mit unterdrückter Klage,
Sucht er eine andre Lage.

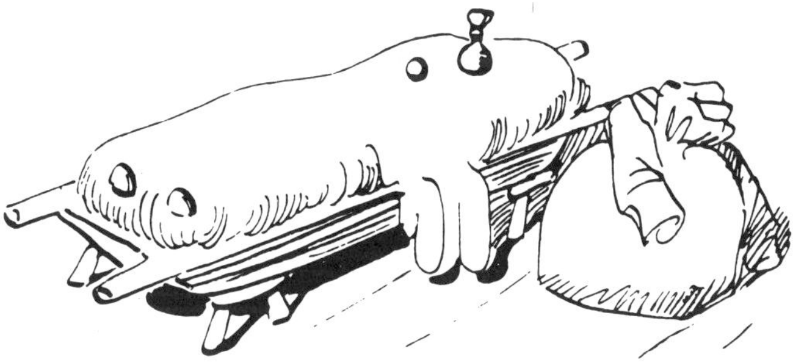

Doch, wie sich der Mund bedeckt,

Auf dem Bauche ruht er milde,
Wie die Kröte mit dem Schilde.

Wird er ängstlich aufgeschreckt.

Lange bleibt er so nicht liegen.
Ihn verlangt es, Luft zu kriegen.

Ach, Frau Bunke steht erschrocken;
Ihre Lebensgeister stocken.
Traurig führet sie den Besen;

Kummer füllt ihr tiefstes Wesen;
Weinen kann ihr Angesicht,
Aber backen kann sie nicht.

Fritze

Fritze war ein Ladenjüngling,
Dazu braver Eltern Sohn,
Und er stand bei Kaufmann Kunze
Schon ein Jahr in Konditschon.

„Fritze“, sagte einstens Kunze,
„Ich muß eben mal wohin;
Mache keine dummen Streiche,
Wenn ich nicht zugegen bin.“

Hiermit geht er aus der Türe.
Fritze hält das für ein Glück.
Er ergreift die Kümmelflasche,
Und dann beugt er sich zurück

Sieh, da naht die alte Grete,
Eine Jungfer, ernst und still;
Sie verlangt nach grüner Seife,
Weil sie morgen waschen will.

Auch erhub sie eine Klage,
Daß sie's so im Leibe hat,
Weshalb sie vor allen Dingen
Erst um einen Kümmel bat.

Weh, was muß man nun erblicken?
Wo ist Fritzens Gleichgewicht?
Was sind dies für Angstgebärden
Hier auf Gretens Angesicht?

Fritze zeigt sich dienstbeflissen
Ihm ist recht konfus und wohl.
Statt der großen Kümmelflasche
Nimmt er die mit Vitriol.

Fritze strampelt mit den Beinen
Doch die Seife wird sein Grab;
Greten nagt die scharfe Säure
Ihre Mädchenseele ab.

Jungfer Grete, voller Freuden,
Greift begierig nach dem Glas;
Fritz, der grünen Seife wegen,
Beugt sich übers Seifenfaß.

Kümmel zieret keinen Jüngling,
Dazu ist er noch zu klein;
Und ein braves altes Mädchen
Muß nicht mehr so happig sein.

Nur leise

Sehr häufig traf Studiosus Döppe
Paulinen auf des Hauses Treppe,
Wenn sie als Witwe tugendsam
Des Morgens aus der Stube kam.

Da sie Besitzerin vom Haus,
So sprach sich Döppe schließlich aus
Und bat mit Liebe und Empfindung
Um eine dauernde Verbindung.

„Herr Döppe", sprach Pauline kühl,
„Ich ehr und achte Ihr Gefühl,
Doch dies Gepolter auf der Treppe
Fast jede Nacht ist bös, Herr Döppe!"

Worauf denn Döppe fest beschwor,
Die Sache käme nicht mehr vor.

Dies Schwören sollte wenig nützen.
Nachts hat er wieder einen sitzen.

Er kommt nach Haus in später Stund
Mit Pfeife, Rausch und Pudelhund.

Behutsam zieht er auf dem Gang
Die Stiefel aus, die schwer und lang,
Um auf den Socken, auf den weichen,

Geräuschlos sich emporzuschleichen.
Fast ist er schon dem Gipfel nah
Und denkt, der letzte Tritt ist da.
Dies denkt er aber ohne Grund.

Die Pfeife bohrt sich in den Schlund;

Die alte Treppe knackt und knirrt,
Die Pfeife löst sich auf und klirrt;

Erschrecklich tönt der Stiefel Krach,
Dumpf rumpelt Döppe hinten nach.

Der Pudel heult und ist verletzt,
Weil Döppe seinen Schwanz besetzt.
Pauline kommt mit Kerzenlicht;

Beschämt verbirgt er sein Gesicht.
Man hört nichts weiter von Paulinen,
Als: Döppe, ich verachte Ihnen!"

Vierhändig

Der Mensch, der hier im Schlummer liegt,

Hat seinen Punsch nicht ausgekriegt.

Dies ist dem Affen äußerst lieb;

Er untersucht, was übrig blieb.

Der Trank erscheint ihm augenblicklich

Beachtenswert und sehr erquicklich.
Drum nimmt er auch die Sache gründlich.

Der Schwanz ist aber recht empfindlich.

Der Hauch ist kühlend insoweit,

Doch besser wirkt die Flüssigkeit.

Begierig wird der Rest getrunken

Und froh auf einem Bein gehunken

Das Trinkgeschirr, sobald es leer,

Macht keine rechte Freude mehr.

Jetzt können wir, da dies geschehn,
Zu etwas anderm übergehn.

Zum Beispiel mit gelehrten Sachen

Kann man sich vielfach nützlich machen.

Hiernach, wenn man es nötig glaubt,

Ist die Zigarre wohl erlaubt.

Man zündet sie behaglich an,

Setzt sich bequem und raucht sodann.

Oft findet man nicht den Genuß,

Den man mit Recht erwarten muß.

So geht es mit Tabak und Rum:
Erst bist du froh, dann fällst du um.

Hier ruhn die Schläfer schön vereint,
Bis daß die Morgensonne scheint.

Im Kopf ertönt ein schmerzlich Summen,
Wir Menschen sagen: Schädelbrummen.

Eine kalte Geschichte

Der Wind, der weht, die Nacht ist kühl.

Nach Hause wandelt Meister Zwiel.
Verständig, wie das seine Art,

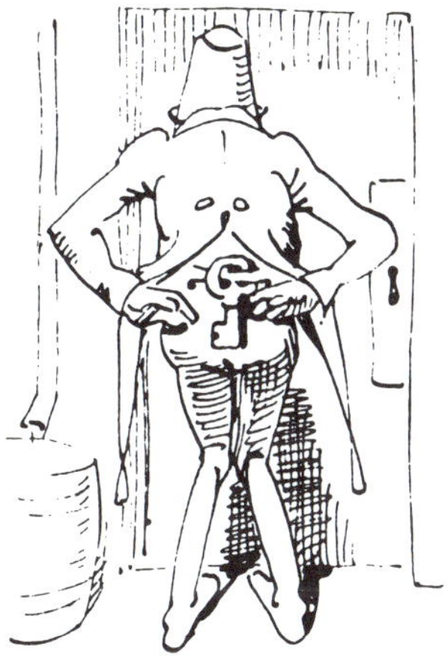

Hat er den Schlüssel aufbewahrt.
Das Schlüsselloch wird leicht vermißt,

Wenn man es sucht, wo es nicht ist.
Allmählich schneit es auch ein bissel;

Der kalten Hand entfällt der Schlüssel.
Beschwerlich ist die Bückerei;

Es lüftet sich der Hut dabei.
Der Hut ist naß und äußerst kalt;

Wenn das so fortgeht, friert es bald.

Noch einmal bückt der Meister sich,

Doch nicht geschickt erweist er sich.

Das Wasser in dem Fasse hier

Hat etwa null Grad Réaumur.

Es bilden sich in diesem Falle

Die sogenannten Eiskristalle.

Der Wächter singt: Bewahrt das Licht!

Der kalte Meister hört es nicht.

Er sitzt gefühllos, starr und stumm;

Der Schnee fällt drauf und drum herum.

Der Morgen kommt so trüb und grau;

Frau Pieter kommt, die Millichfrau;

Auch kommt sogleich mit ihrem Topf

Frau Zwiel heraus und neigt den Kopf.

„Schau, schau!“ ruft sie in Schmerz versunken,

„Mein guter Zwiel hat ausgetrunken!

Von nun an, liebe Madam Pieter,
Bitt ich nur um ein viertel Liter!“

Die ängstliche Nacht

Heut bleibt der Herr mal wieder lang.

Still wartet sein Amöblemang.

Da kommt er endlich angestoppelt.

Die Möbel haben sich verdoppelt.

Was wär denn dieses hier? Ei, ei!

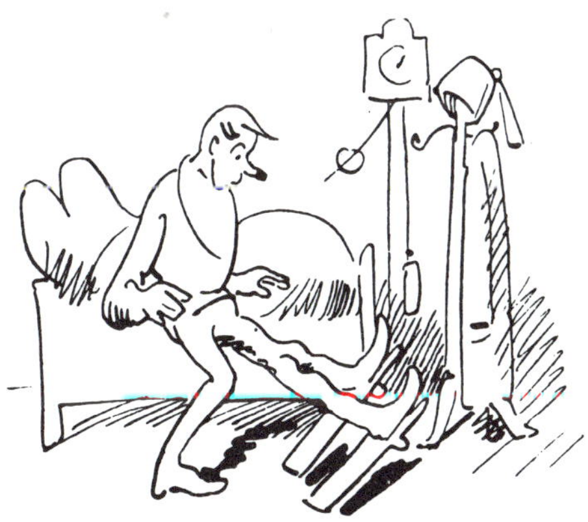

Aus einem Beine werden zwei.

Der Kleiderhalter, sonst so nütze,

Zeigt sich als unbestimmte Stütze.

Oha! Jetzt wird ihm aber schwach.

Die Willenskräfte lassen nach.

Er sucht auf seiner Lagerstatt

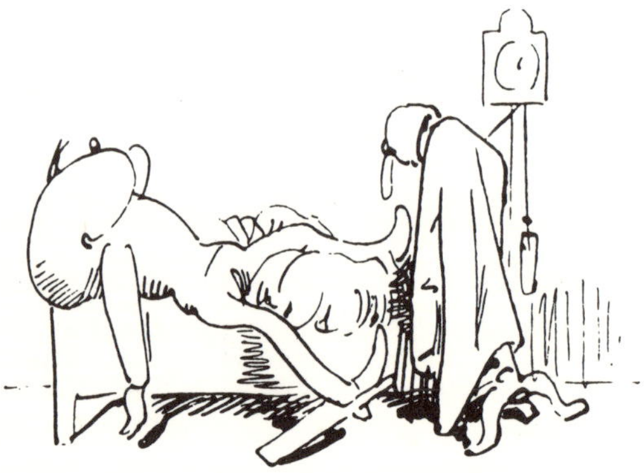

Die Ruhe, die er nötig hat.

Auweh! der Fuß ist sehr bedrückt;

Ein harter Käfer beißt und zwickt.

Der Käfer zwickt, der Käfer kneift;

Mit Mühe wird er abgestreift.

Jedoch die Ruhe währt nicht lange;
Schon wieder zwickt die harte Zange.

Er dreht sich um, so schnell er kann;

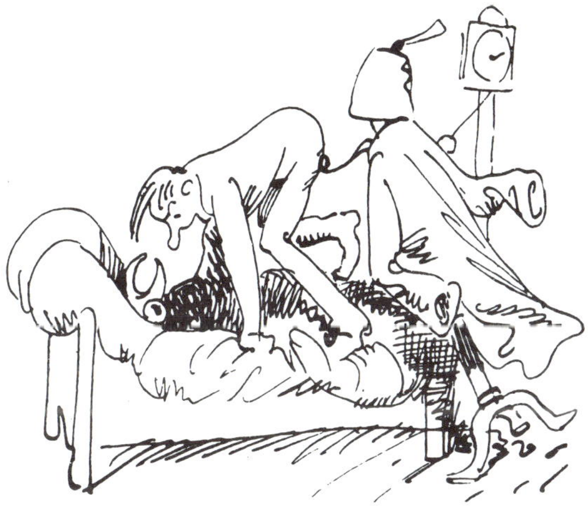

Da stößt ihn wer von hinten an.

Habuh! Da ist er! Steif und kalt;

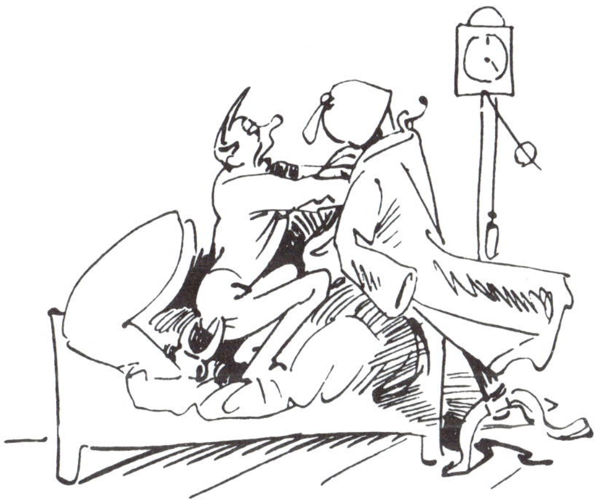

Ein Kerl von scheußlicher Gestalt.

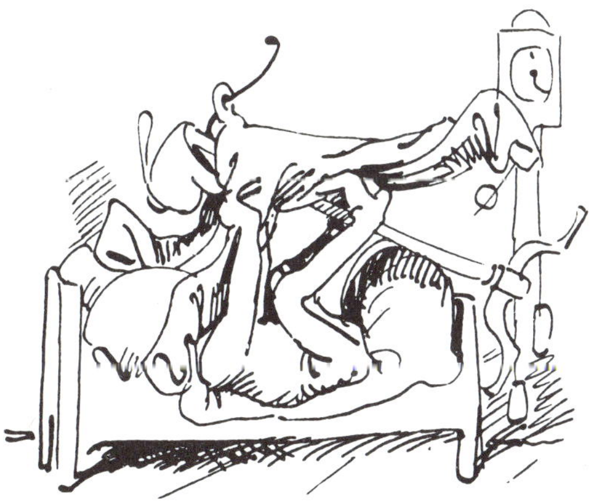

Ha, drauf und dran! Du oder ich!

Jetzt heißt es, Alter, wehre dich!

Heiß tobt der Kampf, hoch saust das Bein;

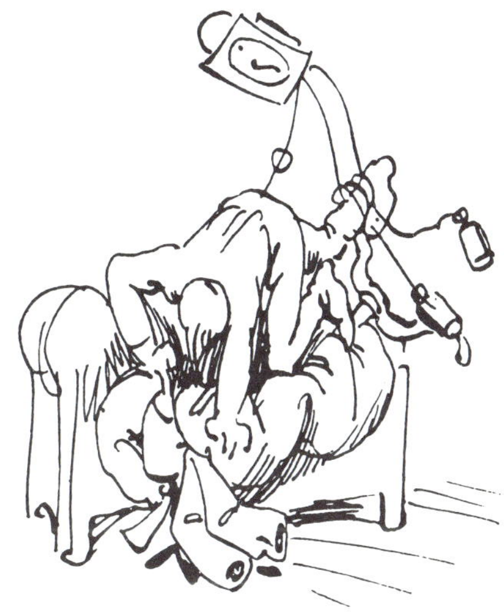

Es mischt sich noch ein Dritter drein.

Doch siehe da, der Feind erliegt.

Der Kampf ist aus, er hat gesiegt.

Gottlob, so kommt er endlich nun

Doch mal dazu sich auszuruhn.

Doch nein, ihm ist so dumpf und bang;

Die Nase wird erstaunlich lang.

Und dick und dicker schwillt der Kopf;

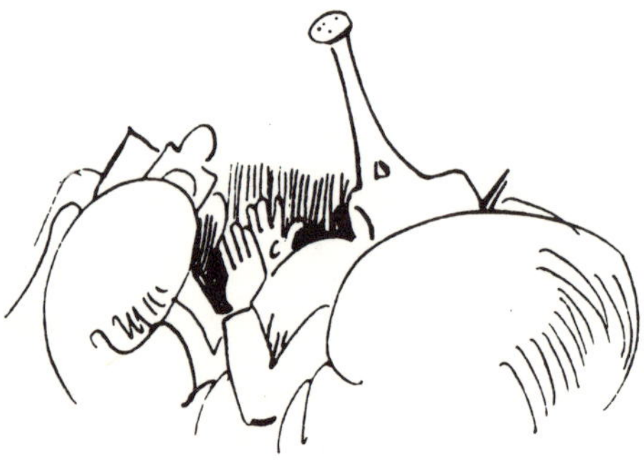

Er ist von Blech, er wird zum Topf;

Wobei ein Teufel voller List

Als Musikus beschäftigt ist.

Wie er erwacht, das sieht man hier:

Ein jedes Haar ein Propfenziehr.

Der kleine Maler mit der großen Mappe

Auszug zu einer Studienreise ins Gebirge.

und bei einem Stromübergange.

Die große Mappe als erstes Schutzmittel gegen Rauch.

Mittagsruhe im Schatten der großen Mappe.

Die große Mappe leistet vortreffliche Dienste bei Regenwetter

Bei der ersten Bergpartie
erweist sich die große Mappe beim Abrutsch

und nachfolgendem Geröll
ungemein praktisch.

Notwendige Restaurationsarbeiten
und Vorbereitungen zu einer neuen Partie.

Ein Zug Ameisen verfolgt den mit Studien
eifrig beschäftigten Künstler

und läßt sich durch die energischsten Maßregeln
nicht beseitigen.

Endlich statuiert der erzürnte Künstler ein
furchtbares Exempel und treibt die Feinde in
die Flucht.

Um allen Unannehmlichkeiten, welche dem Sterblichen in niederen Regionen beschieden. ein für allemal zu entgehen,

nur der großen Mappe verdankt es der Künstler, daß er von einem mitleidigen Baume aufgefangen und durch noch einen mitleidigeren Bauern gerettet wird.

wird die höchste Spitze des Berges erstiegen, allein ein gewaltiger Sturmwind zerstört auch dieses Projekt und

Nachdem noch der mit Farnkraut geschmückte Hut von einem für ihn durchaus nicht passenden Kopfe heruntergeholt wurde, wird, bereichert mit neuen Erfahrungen und Studien, der Heimweg angetreten.

Ein galantes Abenteuer

Der Morgen graut. Ich kam per Bahn — Stolz in der Stadt der Welfen an.

Und wie ich wandle, seh' ich walten — im Morgenscheine fünf Gestalten.

„Seid mir gegrüßt, ihr edlen Frauen — so wunderlieblich anzuschauen!“ —

„Wat het he segt?!“ So tönt's im Chor — fünf Besen heben sich empor.

Ich stolpre in ein Kehrichtfaß; die Besen sind sehr dürr und naß.

Kaum rett' ich mich, schon halb verdroschen — mit 25 Silbergroschen.

Das hemmt der Besengarde Lauf. — Ein Bad nimmt meine Glieder auf.

So geht's! — Bei Damen sollst du fein — Gar niemals nicht ironisch sein.

Die Entführung aus dem Serail

Der Sultan winkt — Zuleima schweigt
Und zeigt sich gänzlich abgeneigt.

„Ha!“ ruft der Sultan zorn’gen Muts,
„Führt sie hinweg!“ — Der Sklave tut’s.

Der Ritter Arthur sucht voll Tücken
Des Hauses Wächter zu berücken.

Schon trinkt die Wache ziemlich viel,
Herr Arthur stimmt sein Lautenspiel.

Jetzt ist die Schildwach’ schon betrunken —
Und schau! Zuleima hat gewunken.

Hier grüßt man sich voll Zärtlichkeit;
Gebt acht! Der Aga ist nicht weit!

Der ruft: „Herr Sultan, kommt in Eil';
Grad steigt da wer in das Serail!“

Die beiden Türken steigen nach
Bis zu Zuleimas Vorgemach.

Kaum sind die beiden Türken oben,
Da wird die Leiter umgeschoben.

Der Aga sticht in großer Hitze
Dem Sultan in die Nasenspitze.

Das Pärchen aber, froh und heiter,
Entflieht per Schiff und segelt weiter.

Dem Sultan aber klopft das Herz
Vor Herzenspein und Nasenschmerz.

Der Floh *oder Die gestörte und wiedergefundene Nachtruhe*

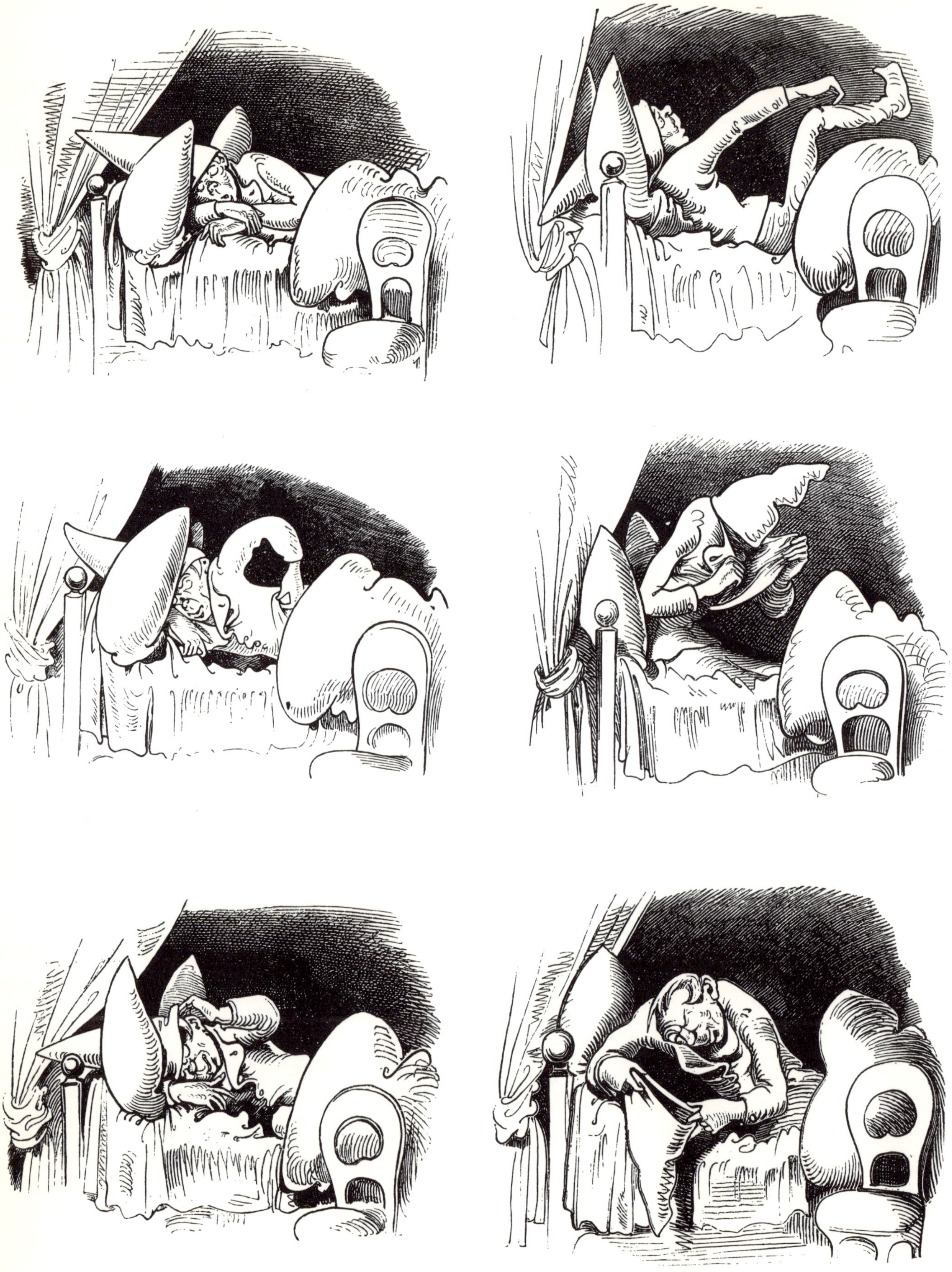

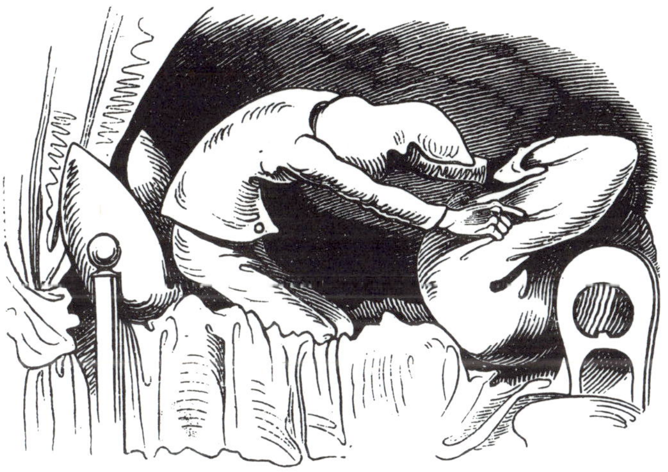

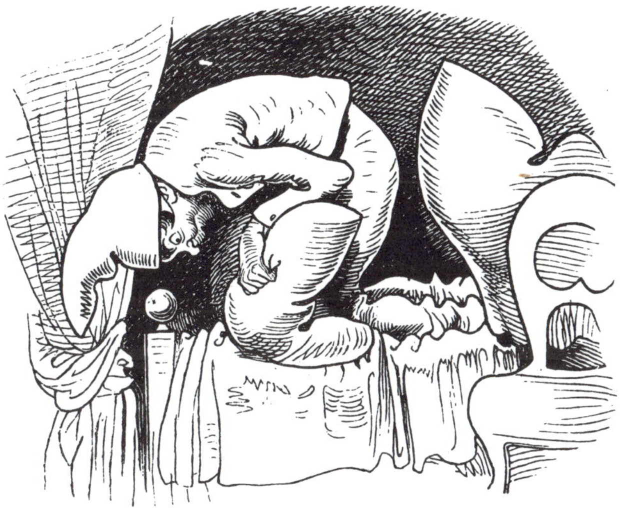

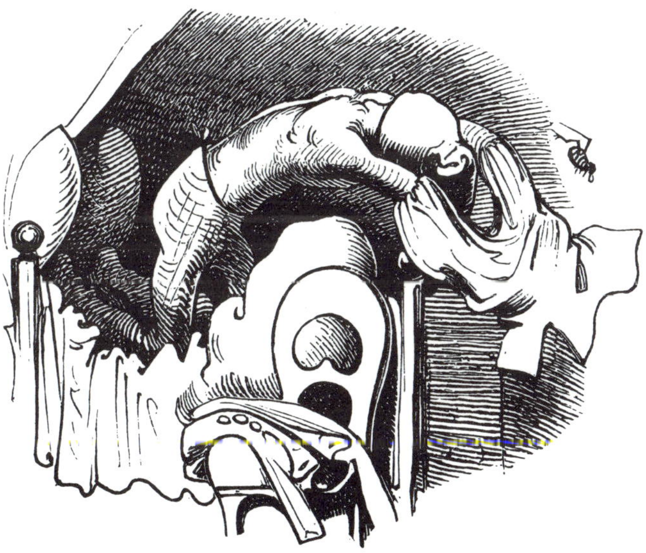

Schnurrdiburr

oder

Die Bienen

O Muse, reiche mir den Stift, den Faber
In Nürnberg fabrizieren muß!
Noch einmal sattle mir den harten Traber,
Den alten Steckenpegasus!

Nu jüh! — So reiten wir zu Imker Drallen
Und zu Christinen, welche schön,
Und zu Herrn Knörrje, dem sie sehr gefallen,
Und dessen Neffen, dem Eugen!

Erstes Kapitel

Sei mir gegrüßt, du lieber Mai,
Mit Laub und Blüten mancherlei!
Seid mir gegrüßt, ihr lieben Bienen,
Vom Morgensonnenstrahl beschienen!
Wie fliegt ihr munter ein und aus
In Imker Dralles Bienenhaus

Und seid zu dieser Morgenzeit
So früh schon voller Tätigkeit!

Für Diebe ist hier nichts zu machen,
Denn vor dem Tore steh'n die Wachen.

Und all die wackern Handwerksleute,
Die hauen, messen stillvergnügt,

Bis daß die Seite sich zur Seite
Schön sechsgeeckt zusammenfügt.

Schau, Bienenlieschen in der Frühe
Bringt Staub und Kehricht vor die Tür;

Ja, Reinlichkeit macht viele Mühe,
Doch später macht sie auch Pläsier.

Wie zärtlich sorgt die Tante Linchen
Fürs liebe kleine Wickelkind:

„Hol Wasser", ruft sie, „liebes Minchen,
Und koch den Brei, und mach geschwind!"

Auch sieht die Zofen man, die guten,
Schon emsig hin und wider geh'n;

Denn Ihre Majestät geruhten
Höchstselbst soeben aufzusteh'n.

Und nur die alten Brummeldrohnen,
Gefräßig, dick und faul und dumm,

Die ganz umsonst im Hause wohnen,
Faulenzen noch im Bett herum.

„Hum!“ brummelt so ein alter Brummer,
„Was Dunner! ist es schon so spät!?

He, Trine! lauf einmal herummer,
Und bring uns Honigbrot und Met!“ —
„Geduld!“ ruft sie, „ihr alten Schlecker!“
Und fliegt zu Krokus, dem Bienenbäcker. —

„Hier diese Kringel, frisch und süße“,
So lispelt Krokus, „nimm sie hin;

Doch höre, sei so gut und grüße
Aurikelchen, die Kellnerin!“

Hier steht Aurikel in der Schenke
Und zapft den Gästen das Getränke.

Als sie den Brief gelesen hat,
Da schrieb sie auf ein Rosenblatt:

Schnell fliegt das Bienchen von Aurikel
Zu Krokus mit dem Herzartikel. —

Jetzt heim! denn schon mit Zorngebrumme
Rumort und knurrt die Drohnenbrut;

„Du dumme Trine! her die Mumme! —
Wenn man nicht alles selber tut!“

Zweites Kapitel

Hans Dralle hat ein Schwein gar nett,

Nur ist's nicht fett.

Es schnuppert keck in allen Ecken
Und schabt sich an den Bienenstöcken.

Die Bienen kommen schnell herfür
Und sausen auf das Borstentier.

U-ik! U-ik! so hat's geschrien. —
Hans Dralle denkt: „Was hat dat Swien?!"

Wie staunt Hans Dralle, als er's da

Schön abgerundet stehen sah! —

Der Schweinekäufer geht vorüber:
„Was wollt Ihr für das Schwein, mein Lieber?"

„So'n twintig Daler, heb ick dacht!"
„Hier sind sie, fertig, abgemacht!"

Hans Dralle denkt sich still und froh:
Wat schert es meck! Hei woll dat jo!

Er stellt sich flugs vor seine Bienen
Und pfeift ein altes Lied von ihnen:

Fliege, liebe Biene, fliege
Über Berg und Tal
Auf die Blumen hin und wiege
Dich im Sonnenstrahl!

Kehre wieder, kehre wieder,
Wenn die Kelche zu;
Leg die süße Bürde nieder
Und geh auch zur Ruh'!

Ei, ei! Was soll denn dieses geben?!
Zwei Bienen schon mit Wanderstäben?!

Hans Dralle schaut ins Immenloch:
„Wat Deuker! Hüte swarmt se noch!"

Die Luft ist klar, die Luft ist warm;
Hans Dralle wartet auf den Schwarm.

Ihm wird so dumm und immer dummer;
Hans Dralle sinkt in sanften Schlummer.

Tüt, tüt! Sim, sim! so tönt es leise

Im Bienenstocke her und hin;
Es sammelt sich das Volk im Kreise,
Denn also spricht die Königin:

„Auf, Kinder, schnürt die Bündel zu!
Er schnarcht, der alte Staatsfilou!
Nennt sich gar noch Bienenvater!
Ein schöner Vater! Sagt, was tat er?
Und wozu taugt er?
Aus seinem Stinkehaken raucht er!
Ist ein Gequalm und ein Geblase,
Ewig hat man den Dampf in der Nase!

Da hält man sich nun im Sommer knapp,
Schleppt und quält und rackert sich ab;
Denkt sich was zurückzulegen,
In alten Tagen den Leib zu pflegen . . .
Jawoll!
Kaum sind Kisten und Kasten voll,
Trägt uns der Schelm den Schwefel ins Haus
Und räuchert und bläst uns das Leben aus.
Kurzum, er ist ein Schwerenöter! —
Ein Honigdieb und Bienentöter!
Drum auf und folgt der Königin!!“

Schnurrdiburr! da geht sie hin!

Drittes Kapitel

Zuweilen brauchet die Familie
Als Suppenkraut die Petersilie.
Und da nun grad Christine Dralle
Heut morgen auch in diesem Falle,
So sieht man sie mit Wohlgefallen

In ihres Vaters Garten wallen. —
Herrn Knörrjes Garten liegt daneben;
Und ach! sie denkt an Knörrje eben.
Zu Anfang schätzt’ sie ihn als Lehrer,
Dann aber immer mehr und mehrer;
Und also schlich die süße Pein
Sich peu à peu ins Herz hinein. —
Die Liebe — meistens schmerzlich heiter —
Vergißt gar leicht die Suppenkräuter;
Sie liebt vielmehr die Blumenkelche,

Und auch Christine pflückt sich welche.

Aurikel — Krokus — diese Guten
Sind so vereint, eh sie's vermuten.

Christine aber läßt sich nieder
Unterm Flieder. —
Herrn Knörrjes Neffe, der Eugen,
Hat dies mit Freuden angeseh'n;
Denn dieser Knab' von vierzehn Jahren,
So jung er ist und unerfahren,
Fühlt doch, obschon noch unbewußt,
Ein süßes Ahnen in der Brust.

Behutsam schleichend, auf der Lauer,
Drückt er sich an die Gartenmauer;

Dann plötzlich macht er einen Satz,
Und — pitsch! — Christine kriegt 'n Schmatz.

Und — schwapp! — da tönt's im tiefen Baß:
„Ha, Ungetüm, was ist denn das?!!"
Herr Knörrje schlägt mit seinem Stabe,
Und tief gekränkt entflieht der Knabe.

Herr Knörrje aber faßt ans Kinn
Christinen, seiner Nachbarin.
Er hebt es leise in die Höh' —
Ach ja! und sie errötete! —

„Hier diese Blumen, darf ich's wagen?"
Christine wagt nicht nein zu sagen.

Jetzt faßt er sanft ihr um das Mieder,
Ach ja! und sie errötet wieder.

Und jetzt, da gibt er gar zum Schluß
Dem guten Mädchen einen Kuß.

„Ade! und also so um zehn
Beim Bienenhaus! Auf Wiederseh'n!"
Eugen, der horcht, bemerkt mit Schmerzen
Das Einverständnis dieser Herzen. —

Nun steht er da und schreit und lärmt:
„He! Nachbar, he! der Imme schwärmt!"

Viertes Kapitel

Hans Dralle, der noch immer schlief,
Als ihn Eugen so heftig rief,
Erwacht aus seinem sanften Traum —

Da hängt der Schwarm im Apfelbaum!

Schnell Kappe her und Korb und Leiter,
Sonst fliegt er noch am Ende weiter!

Gar wohl vermummt, doch ohne Bangen,
Hat er den Schwarm bereits gefangen;

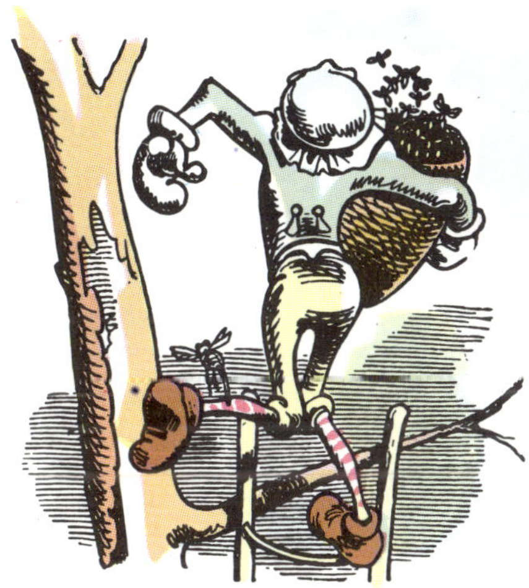

Hoch oben steht er kühn und grade,
Da sticht's ihn in die linke Wade.

Aujau! die erste Sprosse bricht,
Denn viel zu groß ist das Gewicht;

Und — kracks — ist er herabgeschossen
Durch alle sieben Leitersprossen.

Die Bienen aber mit Gebraus
Sausen ums Haus.
Zwei Knaben sitzen an der Pfütze
Und spritzen mit der Wasserspritze.

Die Bienen kümmern sich nicht drum,
Sie sausen weiter mit Gebrumm.

Den Besen schwingt die alte Grete,
Der Kirmesanton bläst Trompete.

Ernst, Fritz und Wilhelm pfeifen, schrei'n —
Der Schwarm läßt sich darauf nicht ein.

Jetzt ist er oben am Kamin,
Der Schornsteinfeger sieht ihn ziehn.

Jetzt geht er übers Kirchendach;
Krach! schießt der Förster hinten nach.

Jetzt hinkt Hans Dralle auch daher;
Und jetzo sieht man gar nichts mehr.

Mi ärgert man, denkt er, datt dat
Min Nawer Knörrje seihen hat.

Fünftes Kapitel

So machet dem Apistikus
Die Schwärmerei gar viel Verdruß;
Und ganz besonders hat sie Drallen
Seit der Geschichte sehr mißfallen. —
Doch solcherlei Verdrüsse pflegen
Die Denkungskräfte anzuregen. —

Platz mot'r sin! so denkt er weise
Und macht zwo große Strohgehäuse. —

„Recht guten Morgen auch, mein Lieber!"
Ruft Knörrje da zu ihm herüber.
„So fleißig?! Nun, wie geht es Ihnen?
Und dann, wie geht's den lieben Bienen?" —
„Jaja, de Minsche mot sick plagen!" —

„Mein Freund, das müssen Sie nicht sagen
Die Immen sind ja ein Vergnügen,
Wie sie so umeinanderfliegen;
Und standen auch in großem Ruhme
Bereits im grauen Heidentume.

So zum Exempel hielt Virgil,
Der ein Poet, von ihnen viel;
Denn als die römischen Legionen,
Die ja bekanntlich nichts verschonen,
Am Ende auch bei ihm erschienen —
Wer half ihm da wie seine Bienen!"

Friedlich lächelt Virgil, umsäuselt von sumsenden Bienen;
Aber die runzlichte Schar bärtiger Krieger entfleucht!

„Wenn man de Schwarmeri nich wör!"
Sagt Dralle: „dat is dat Malör!" —
„Mein lieber Freund, das ist zum Lachen;
Ableger, Nachbar, müßt Ihr machen;

So habt Ihr, ehe man's gedacht,
Aus einem Stocke zwei gemacht;
Ableger, Freund, das heißt Methode!!" —
„Adje! Dat is de nie Mode!!"

Sechstes Kapitel

Eugen, der nach dem Mittagessen
Im schattenkühlen Wald gesessen,

Sieht hier mit herzlichem Vergnügen
Aus einem Baume Bienen fliegen. —
Aha, das müssen wir versuchen,
Da drinnen gibt es Honigkuchen!

Schnell steigt der Eugen auf den Baum,
Von oben in den hohlen Raum.

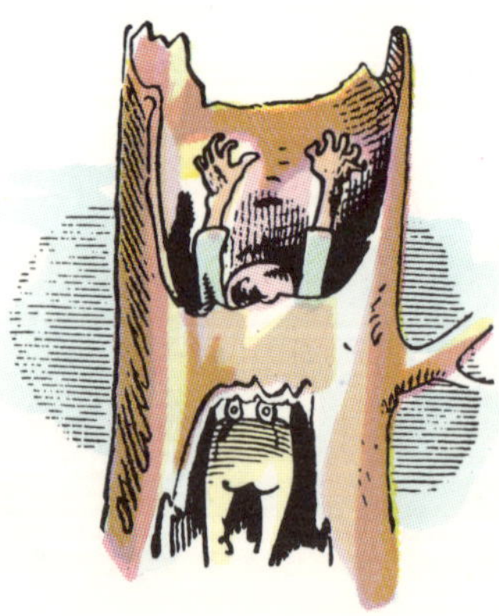

Nur Vorsicht, immer leise! — Schrapp!
Da rutscht er auf den Grund hinab.

Da sitzt er nun im Baume fest,
Die Beine stehn im Immennest;

Und leider haben auch nach oben
Die Hosenschläuche sich verschoben,
So daß auf seine bloßen Waden
Die Bienen ihren Zorn entladen. —

Ein alter, rupp'ger Tanzebär,
Der durchgebrannt, kommt auch daher:

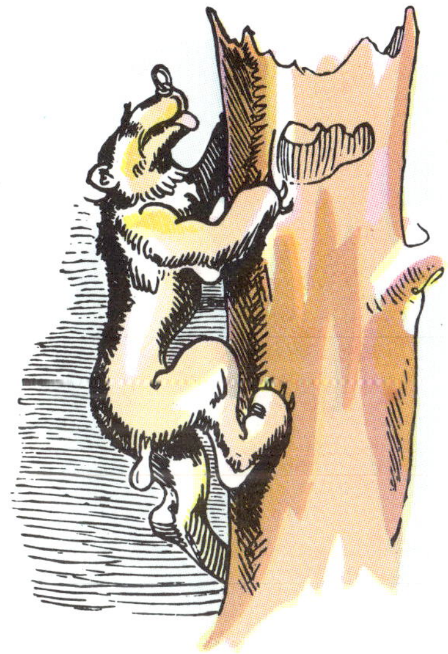

Da mußt ich wohl von oben kommen!
Denkt er — und ist hinaufgeklommen.

Ach! wie erschrak der Jüngling da,
Als er das Tier von hinten sah.

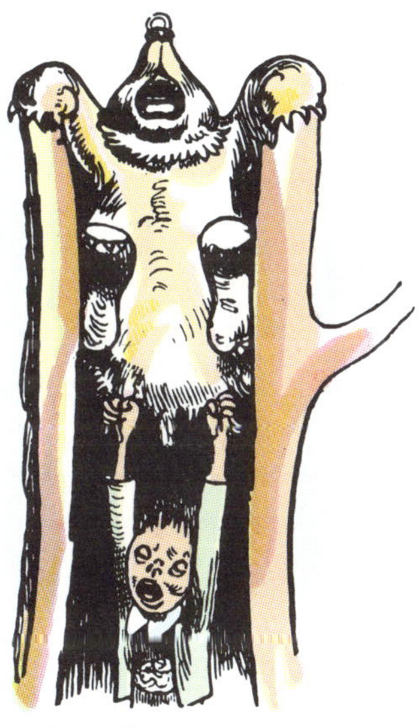

Uhuu! mit schrecklichem Geheul
Faßt er des Bären Hinterteil.

Dem Bären fährt es durch die Glieder,
Der Schreck treibt ihn nach oben wieder.

Er reißt den Knaben aus den Ritzen,
Doch beide Stiefel bleiben sitzen.

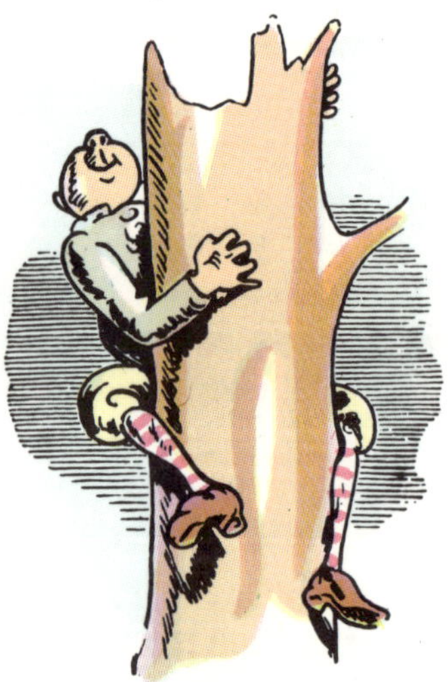

Grad' ist Hans Dralle hergekommen
Und auch auf diesen Baum geklommen.

Habuh! was war das für ein Graus —
Grad' krabbelt da der Bär heraus;

Und alle drei kopfüber purzeln
Hernieder auf des Baumes Wurzeln,

Und grad' kommt der Förster Stakelmann
Und legt die lange Flinte an —

Fürwahr, er hätte ihn getroffen,
Wär nur der Bär nicht fortgeloffen.

Jetzt eins, zwei, drei, geht man dabei
Und sägt den Honigbaum entzwei

Und denkt nicht dran, daß man durchbohre
Des Jünglings beide Stiefelrohre.

Hans Dralle aber trägt Verlangen,
Das Bienenvolk sich einzufangen.
„Nu sühst du woll! nu heb ick deck!"
Schnurr! geht der Schwarm von unten weg.

Siebentes Kapitel

Der Knabe Eugen, der indessen
Aufs Honigessen ganz versessen,

Gedenkt denselben ganz verstohlen
Aus Dralles Körben sich zu holen.

Ojemine! ein ganzes Korps
Von Bienen rückt auf einmal vor,
Und pudelrauh ist der Eugen
Vom Kopf bis zu den Zeh'n

Zum Glück ist Wasser in der Näh —
Perdums! kopfüber in den See!

Sieh da! er taucht schon wieder auf
Und eilt nach Haus in schnellem Lauf.

Dem guten Knaben ist recht übel;
Drum schnell mit ihm zu Doktor Siebel.

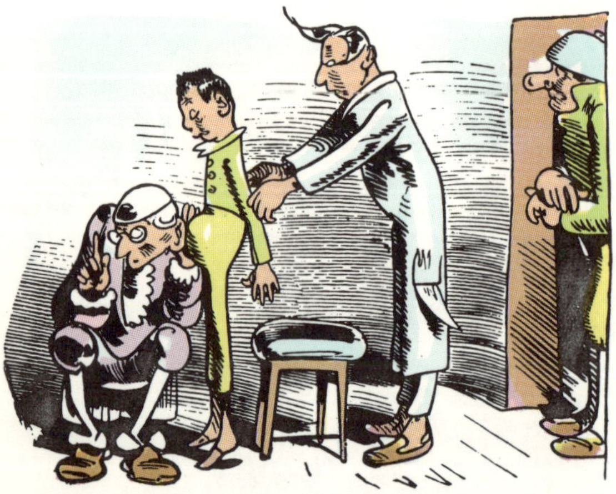

Der Doktor Siebel horcht am Magen:
„Da murkst ja einer, möcht ich sagen!
Und judizier ich, daß der Knabe
Ein Ungediert im Leibe habe;

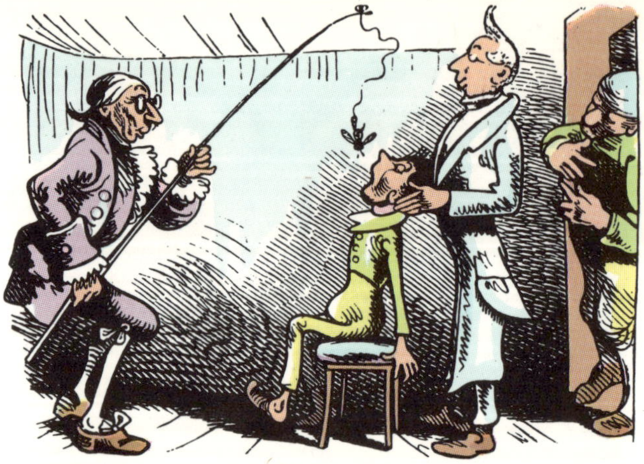

Als welches wir sogleich mit Listen
Gewissermaßen fangen müßten!

Schau, schau! da ist der Bösewicht!

Allez! Der Schönste bist du nicht!“

Schnell huckt der Frosch zum nahen Teich
Und nimmt ein kühles Bad sogleich.
Er rüttelt sich, er schüttelt sich:
„Quarks dreckeckeck! da danke ich!“ –

Achtes Kapitel

Man sollte denken, daß nach allen
Verdrüssen, welche vorgefallen,
Am Ende dieser gute Knabe
Vor Süßigkeiten Abscheu habe!
Ach nein! Schon spekuliert der Tropf
Auf Vater Dralles Honigtopf,
Der, wie er weiß, auf einem Brett
Dicht über dessen Bette steht. –

Da ist's ihm so, als ob was rauscht. –
Hans Dralle spitzt das Ohr und lauscht.

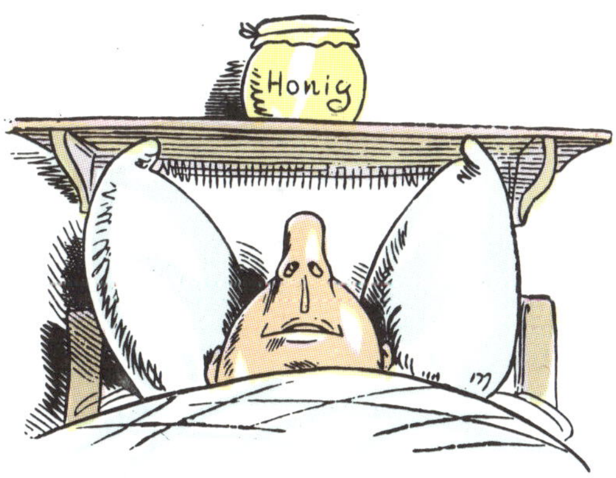

Als heut nun Dralle lag und schlief,
So gegen zehn, recht fest und tief,

Ha! schleicht nicht dort aus jener Tür
Ein greulich Phänomen herfür??!!

In seinen Augen kann man's lesen:
Dies ist fürwahr kein menschlich Wesen!!

Schon kommt's mit fürchterlichen Sprüngen,
Den Bienenvater zu verschlingen.

Ein Quadruped ist hier zu schauen,
Ein Flügeltier mit Schweif und Klauen.

Und dumpf ertönt's wie Geisterstimmen:
„Hans Dralle, kiek na dinen Immen!“

Hans Dralle steht das Haar nach oben,
Die Zipfelhaube wird gehoben.

Es hebt sich auf die Hintertatzen,
Man hört es an den Wänden kratzen.

Gottlob, jetzt kehrt es wieder um!
Hans Dralle ist vor Schrecken stumm.

Ihm hängt der Schweiß an jedem Haar,
Bis das Phantom verschwunden war.

Bald drauf sitzt der Eugen zu Haus.
Und schleckt den Topf voll Honig aus.

Neuntes Kapitel

Die Blumen, die Christine pflückte,
Womit sie Knörrje hochbeglückte,

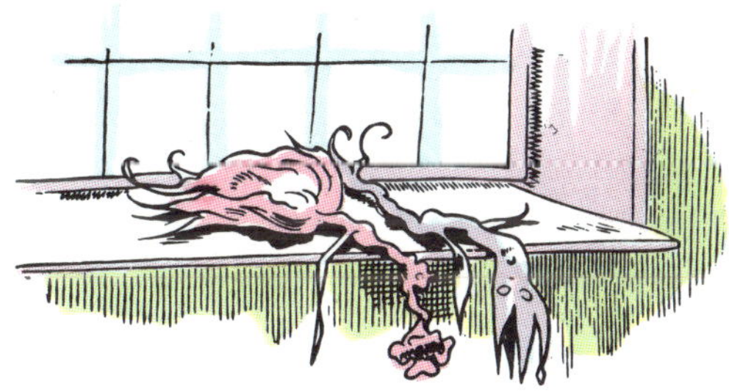

Sie hängen auf dem Fensterbord
Und sind verdorrt.

Herr Knörrje nimmt und legt sie nieder
Und preßt sie in sein Buch der Lieder,

Wo diese treuen Seelen nun
Auf ewig beieinanderruhn.

Vom Kirchenturme tönt es zehn,
Für Knörrje ist es Zeit zum Gehn.

Er eilt aus seiner stillen Klause
Zum Rendezvous beim Bienenhause,

Wo schon Christine harrend weilt
Und ihrem Freund entgegeneilt. —

Doch horch! was hör' ich dort sich regen?!
Es ist ein Dieb auf bösen Wegen;

Der Bienenraub ist sein Gewerbe. —

Nur schnell hier in die großen Körbe!!

„Ja", spricht der Dieb, „da ist's am besten,
Ich nehme gleich den allergrößten!"

Er packt sich richtig Knörrjen auf
Und eilt davon im Dauerlauf.

„Hoho!" schreit Knörrje, „wart, du Tropf!"
Und stülpt den Korb ihm übern Kopf.

Vergebens sucht er sich zu sträuben,
Er muß im Korbe sitzenbleiben. —

Doch ach! was muß Christine schaun?!

Der Zottelbär steigt übern Zaun,

Riecht in den Korb, und mit Geblase

Steckt er durchs Spundloch seine Nase.

Hier diesen Pflock — nur flink, nur flink! —
Quer durch des Bären Nasenring!

Ja, brülle nur!
Die Nase geht nicht mehr retour! —

So wär nun alles wohl gelungen;

Die Liebenden stehn fest umschlungen.

Da naht Hans Dralle. Die Geschichte
Sieht er mit staunendem Gesichte.

„No ja!“ spricht Dralle, „minetwegen!“
Und gibt dem Paare seinen Segen. —

Er steht und staunt und wundert sich:
„Ne, Kinders, düt verstah eck nich!“

Schon stehn umher voll Schreckensfreude
Des Dorfes wackre Biederleute.

Doch Knörrje, der das Wort genommen,
Erzählt, wie alles so gekommen.

Der Förster will den Bären schießen.
Wenn sie ihn nur zufrieden ließen.

Die Wache naht. — Sie trägt sofort
Den Dieb an einen stillen Ort.

Und auch der Bärenführer kommt
Und nimmt den Bären, welcher brommt.

Der Anton stößt in die Trompete
Und „vivat!“ schreit die alte Grete;

Und „vivat!“ schreien sie nun alle,
„Vivat, es lebe unser Dralle!!“ —

Zehntes Kapitel

Die Nacht ist warm, die Menschen träumen
Und leise flüstert's in den Bäumen,
Und leise schleicht der Mondenschein

In Dralles Garten sich herein. —
Von seinem Dämmerlicht beschienen,
In Gras und Blüten summen Bienen.
Die feiern heut bei des Mais Beginn
Das Hochzeitsfest der Königin.

Schon sitzen im hohen Rosensaal
Die Königin und der Prinzgemahl.

Sie winkt — da schießet mit Getos

Der Bombardör den Böller los.

Zing, zing! traromm! und auf der Stelle
Ertönen die Klänge der Hofkapelle.

Die Fliege blus Trompete,
Der Mück Klarinette,
Die Hummel die Trummel,
Der Heuschreck die Geigen;
Das gab fürwahr einen lustigen Reigen —

Schau! Holzbock, der Lange,
Ist eifrig im Gange
Mit Bienenlieschen
Auf zierlichen Füßchen —

Und da der Kleine
Mit Minchen, dem Bienchen,
Rührt auch die Beine. —

Und seht mir nur das nette Trinchen!

Da macht ja wohl Herr Schröter
Den angenehmen Schwerenöter!

Im Apfelbaum sitzt auch der Mond
Und hat dem Feste beigewohnt. —

Nun waren da auch zwei Maienkäfer,
Recht nette Bübchen,
Doch blöde Schäfer;
Die rauchen und trinken im Nebenstübchen,
Bis daß sie im nassen Grase liegen

Und können nicht mehr nach Hause fliegen.
Der Wächter Schuhu findet sie.
Er spricht: „Aha, das sind ja die!! —
Schon wieder mal!!" —

Und bringt sie in sein Wachtlokal.

Der Mond, der auch nicht recht mehr munter,
Hüllt sich in Wolken und geht unter.

Die kleinen Honigdiebe

„Du", sagt der Peterl zum Hansel, „gehn wir 'nüber zu dem Nachbar seinen Bienenstock, der ist bis obenauf voll vom schönsten Honig!"

Und richtig, sie gehen 'nüber und begucken lüstern des Nachbars Bienenstock.

„Den werden wir gleich haben", sagt 's Peterl, packt den Bienenstock und hebt ihn, aber im Nu spürt jeder von den zwei Schleckern einen Stich auf der Nase, der nicht von ungefähr zu kommen scheint.

„Ha ha“, sagt der Nachbar, der auf das Zetergeschrei herbeikommt, „habt ihr's gemerkt, wie es beim Honigstehlen zugeht, jetzt lauft nur heim mit euerm Denkzettel.“

Und einen ordentlichen Denkzettel haben sie davongetragen, so daß keiner mehr den andern gekannt hat.

Und die Mutter hat geschaut, wie s' heimgekommen sind!

Der Vater hat erst gewaltig gezankt, dann hat er aber helfen wollen, allein es war umsonst, und die zwei haben allweil geschrien, als ob sie am Spieße stäken.

Jammernd saßen sie vor ihrem Lieblingsessen, einer Schüssel voll duftender Knödel. Der Vater aber überlegte hin und her, wie man die zwei Stacheln, welche die Bienen zurückgelassen, wieder herausziehen und dadurch helfen möchte.

Da der Schmied im Dorfe der Gescheiteste ist, so führt der Vater den Peterl und das Hanserl zu ihm. Der Schmied aber ist ein resolvierter Mann, packt die Bienenstachel gleich mit der großen Zange und zieht sie auch wirklich glücklich heraus.

Jetzt war allerdings die Hauptsache geschehen, allein die Wunden, welche die Stacheln hinterlassen, mußten erst verheilt werden, und da mußte der Bader Dr. Bauxel kommen und auf jede Nase ein großes Pflaster legen.

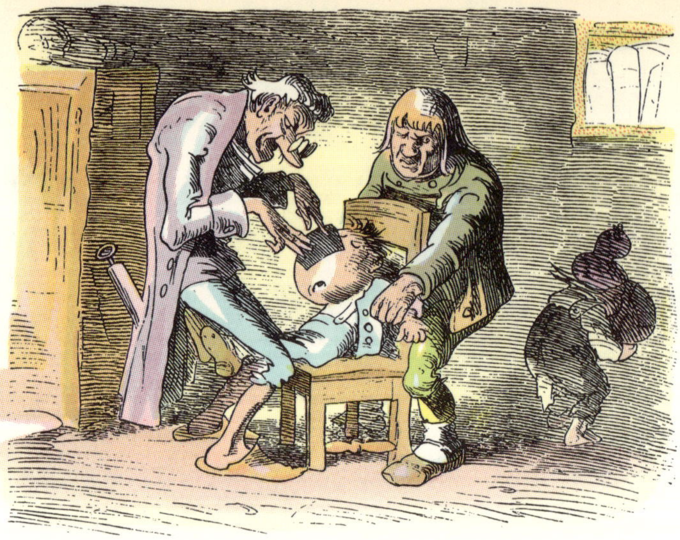

Damit sind die zwei drei Wochen im Bett gelegen, bis die Sache wieder gut war.

Endlich aber sind sie wieder gesund geworden und haben vor einer großen Schüssel voll Knödel feierlich gelobt, nie mehr zu einem Bienenstock zu gehn. Und das sollen sich alle Kinder merken, denn die Bienen stechen noch alle Tage, und nicht immer ist ein so resolvierter Mann wie der Schmied bei der Hand, der von den Folgen des Naschens helfen kann.

Der Hahnenkampf

Eine Fabel

Der Gickerich, ein Gockel fein,
Schaut in den Topf voll Brüh' hinein.

Ein zweiter, Gackerich genannt,
Kommt auch sogleich herzugerannt.

Und jeder langt mit Mühe
Im Topfe nach der Brühe.

Der Gicker- und der Gackerich
Betrachten und fixieren sich.

Zum Kampf gerüstet und ganz nah,
So stehn sie Aug' in Auge da.

Sie fangen mit den Tatzen
Entsetzlich an zu kratzen

Und schlagen sich die Sporen
Um ihre roten Ohren.

Doch Gackerich, der erst entfloh,
Macht's jetzt dem andern ebenso

Und zieht den Gickerich noch obendrein
Beim Schopfe in den Topf hinein.

Jetzt rupft der Gickerich, o Graus,
Dem Gackerich die schönste Feder aus.

Da kämpfen sie noch ganz erhitzt,
Daß rundherum die Brühe spritzt.

Und keiner hält sich für besiegt,
Obschon der Topf am Boden liegt.

Jetzt kommt der Schnauzel hergerennt
Und macht dem ganzen Streit ein End.

Sieh da, die Hähne gehn nach Haus
Und sehen ganz erbärmlich aus.

Der Schnauzel frißt den Rest der Brüh',
Den Schaden hat das Federvieh.

Zwei Diebe

Ganz heimlich flüstern diese zwei,
Natürlich nur von Lumperei.

Da gehen sie in tiefem Schweigen,
Wohin? Das wird sich später zeigen.

Ein Fenster, welches nicht verschlossen,
Erklimmen sie auf Leitersprossen.

Hier schläft ein reicher Privatier
Bei seinem Gelde in der Näh'!

Und als der Privatier erwacht,
Ein Messer ihm entgegenlacht.

Schnell will er die Pistole kriegen,
Der Dieb mißgönnt ihm das Vergnügen.

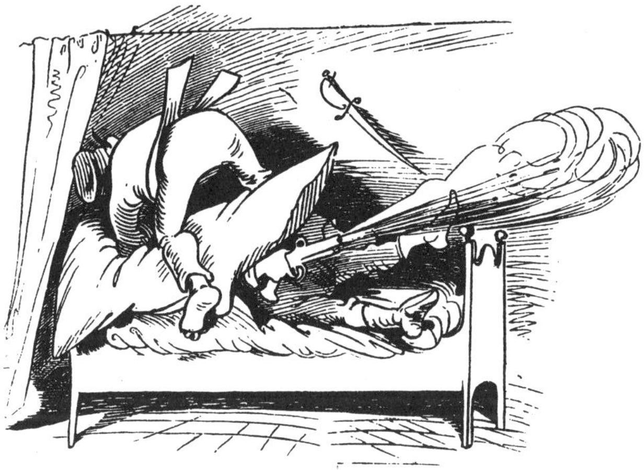

Seht nur! Wie die Pistole kracht,
Dem Lumpen hat es nichts gemacht.

Hier knebeln sie den dicken Mann,
Daß er nicht schrei'n und laufen kann.

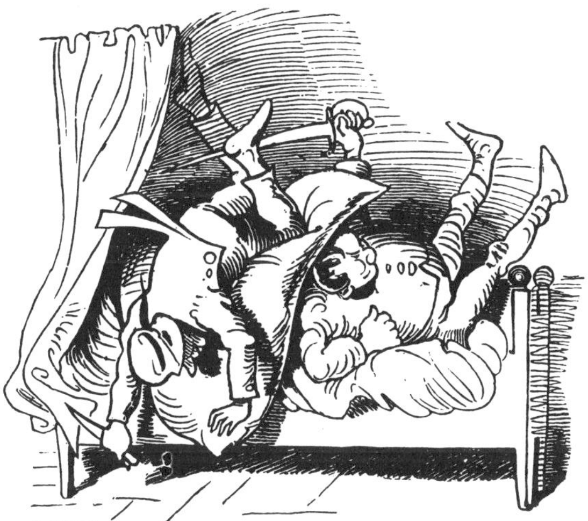

Der Privatier, ganz zornentbrannt,
Haut mit dem Säbel umeinand.

Und hängen ihn, o Sünd' und Schand',
An einen Nagel an die Wand.

Und jeder haut und jeder sticht
Und keiner trifft den andern nicht.

Da kommt, vom lauten Knack erwacht,
Die Köchin, im Gewand der Nacht.

Und ruft mit bangem Wehgeschrei
Durchs Fenster nach der Polizei.

Doch seht! Die brave Polizei
Kommt, wie gewöhnlich, schnell herbei.

Da faßt der Dieb sie bei der Jacke
Und überzieht sie mit dem Sacke.

Die Diebe sind im Schrank versteckt.
Die Polizei hat's gleich entdeckt.

Da liegt sie nun,
Was hilft ihr Schrei'n?
Der Sack hüllt ihre Klagen ein.

Die Diebe sausen ins Gemach
Mit aufgespanntem Regendach.

Auf dem Rücken liegt die Polizei,
Die Diebe stürmen schnell vorbei.

Da sieht man beide lustig fliegen,
Die böse Sache scheint zu siegen,

Doch still: Die Strafe fehlet nie!
Gesegnet sei das Paraplü!

Der neidische Handwerksbursch

Das Hähnerl hier ist für den Dicken.
Der Handwerksbursch fühlt Magenzwicken.

Der Dicke schmaust, es perlt der Wein;
Der Handwerksbursch schaut neidisch drein.

Die Zeitung ist oft intressant.
Ein Hähnerl nimmt man gern zur Hand.

Der Handwerksbursche, unverwandt,
Vertieft sich in den Gegenstand.

Die Politik ist sehr belehrend.
Der Wohlgeruch ist manchmal störend.

Auch das noch! — Es ist unerträglich! —
Er flötet so leger wie möglich.

Der Dicke schlürft mit viel Gefühl —
Dem Handwerksburschen wird es schwül.

Die Sonne brennt, der Staub, der weht;
Der Dicke fährt, der Dünne geht. —

Er zahlt drei Kreuzer sehr verlegen,
Stolz nimmt sie der Herr Wirt entgegen

Der Handwerksbursche, froh und frei,
Ruht sanft im duft'gen Wiesenheu.

Drei Taler zahlt der gnäd'ge Herr,
Da ist der Wirt schon höflicher —

Der Dicke aber — autsch! mein Bein! —
Hat wieder heut das Zipperlein.

Der unfreiwillige Spazierritt

Herr Pumps labt sich im kühlen Bad,
Als hoch zu Roß ein Leutnant naht.

Des Leutnants Roß wird plötzlich scheu,
Herr Pumps eilt gleich zur Hilf' herbei;

Ergreift den Zaum mit starker Hand
Und schwingt sich dann aufs Roß gewandt.

Kaum sitzt er — zu des Leutnants Schreck —,
So rennt das Roß mit ihm vom Fleck;

Und rennt und stürmt vorbei mit Wut
An einem Fräulein-Institut.

Und rennt hinein zur Stadt — o Graus —,
Wo eben ward die Schule aus;

Und rennt, bis es gerannt genug,
Und wirft Herrn Pumps noch ab im Flug.

Die Jugend sieht's und lacht ihn aus,
Schnell eilt Herr Pumps ins nächste Haus.

Und faßt die nächste Tür — o weh —,
Zwei Fräulein sitzen beim Kaffee;

Doch wie er schnell den Rückzug sucht,
Hemmt 's Stubenmädel seine Flucht.

Endlich erreicht er ein Gemach,
Ein Diener bringt ihm Kleider nach,

Schafft eine Droschke dann zur Stell',
Drin fährt Herr Pumps nach Hause schnell.

Der zerstreute Rektor

„Glückliche Reise, lieber Mann! Und vergiß nicht, alle Tage ein frisch gewaschenes Hemd anzulegen!"

„Das war ein tüchtiger Weg! Da lob' ich mir ein frisches Hemd!"

„Ah! — die Wohltat nach dem Regen!"

„Du kommst mir recht bei der Hitze!"

„Da schau her, Frau! Bewegung und frische Luft, die tun halt gut!"

„O du vergeßliches Ungetüm! Ich glaub' gar, du hast alle vier Hemden übereinander gezogen."
„Nun, nun! Man kann halt nicht zugleich an alles denken!" — So brummt der Rektor und zieht richtig vier Hemden aus.

Der Maulwurf

In seinem Garten freudevoll
Geht hier ein Gärtner namens Knoll.

Doch seine Freudigkeit vergeht,
Ein Maulwurf wühlt im Pflanzenbeet.

Schnell eilt er fort und holt die Hacke,
Daß er den schwarzen Wühler packe.

Jetzt ist vor allem an der Zeit
Die listige Verschwiegenheit.

Aha! Schon hebt sich was im Beet,
Und Knoll erhebt sein Jagdgerät.

Schwupp! Da — und Knoll verfehlt das Ziel.
Die Hacke trennt sich von dem Stiel.

Das Instrument ist schnell geheilt;
Ein Nagel wird hineingekeilt.

Und wieder steht er ernst und krumm
Und schaut nach keiner Seite um.

Klabumm! — So krieg die Schwerenot! —
Der Nachbar schießt die Spatzen tot.

Doch immerhin und einerlei!
Ein Flintenschuß ist schnell vorbei.

Schon wieder wühlt das Ungetier.
Wart! denkt sich Knoll. Jetzt kommen wir.

Er schwingt die Hacke voller Hast —
Radatsch! — O schöner Birnenast!

Die Hacke ärgert ihn doch sehr,
Drum holt er jetzt den Spaten her.

Musik wird oft nicht schön gefunden,
Weil sie stets mit Geräusch verbunden.

Nun, Alter, sei gescheit und weise
Und mache leise, leise, leise!

Kaum ist's vorbei mit dem Trara,
So ist der Wühler wieder da.

Schnarräng! — Da tönt ihm in das Ohr
Ein Bettelmusikantenchor.

Schnupp!
dringt die Schaufel wie der Blitz
Dem Maulwurf unter seinen Sitz.

Und mit Hurra in einem Bogen
Wird er herauf ans Licht gezogen.

Schon hat der Maulwurf sich derweil
Ein Loch gescharrt in Angst und Eil.

Aujau! Man setzt sich in den Rechen
Voll spitzer Stacheln, welche stechen.

Doch Knoll, der sich emporgerafft,
Beraubt ihn seiner Lebenskraft.

Und Knoll zieht für den Augenblick
Sich schmerzlich in sich selbst zurück.

Da liegt der schwarze Bösewicht
Und wühlte gern und kann doch nicht:
Denn hinderlich, wie überall,
Ist hier der eigne Todesfall.

Der kleine Pepi mit der neuen Hose

Dem kleinen Pepi, welcher eine neue Hose braucht, wird eine solche von seinem Paten angemessen.

Als die Hose fertig ist, wird sie auf einer Landpartie probiert.

Die Probe fällt schlecht aus, und der kleine Pepi kommt in große Gefahr.

Ganz durchnäßt setzt sich der Pepi zum Trocknen vor den Laden des Schusters Knieriem, fühlt sich aber auf einmal an der neuen Hose festgehalten.

Da der kleine Pepi von seinem Sitze nicht los kann, so müssen freundliche Menschen den Herrn Paten holen, welcher ihn mit großer Sorgfalt frei macht und den Schaden kunstverständig ausbessert.

Der Vater zieht den Pepi übrigens noch zur strengen Verantwortung, denn eine jede neue Hose, selbst wenn der Herr Pate für den Macherlohn nichts berechnet, kostet viel Geld.

Der Pepi ist aber ein Sapperlotskerl und hat das erste Unglück nur zu schnell vergessen, und da er einmal gehört hat, daß der Mensch sich das Leben so süß als möglich machen soll, so geht er über des Nachbars Sirupfaß.

Mit dem Naschen hat aber schon so mancher ein Unglück gehabt. Der Pepi kriegt das Übergewicht und purzelt mit der neuen Hose in das Faß.

Der Nachbar hört, daß an seinem Sirupfasse etwas vorgeht, und zieht ein Wesen aus der Tiefe, von dem er gar nicht weiß, was er daraus machen soll. Doch scheint es ihm ein Mensch, und zwar ein kleiner, zu sein.

Er stellt das sonderbare Geschöpf in den Hof, um zu sehen, was daraus wird. Der Pepi kann aber weder sehen noch hören und spürt nur von allen Seiten ein höchst unangenehmes Stechen, als wenn ihn hundert Schneidergesellen mit Nadeln bearbeiteten. Endlich legt sich das Stechen, und der Pepi fühlt, daß ihn jemand mit großem Eifer abwischt und von seinem Überzuge auf die uneigennützigste Weise befreit. — Als er aber sehen kann, schreit er laut auf, als er entdeckt, daß ihn der große Hofhund in der Arbeit hat.

Den Lärm hört am allerersten
die Frau Mutter und macht
sogleich energische Versuche zur
Wiederherstellung der äußeren
Ansicht ihres einzigen Sohnes.

Allein erst nach Anwendung der kräftigsten
Wasch- und Schönheitsmittel bekommt der Pepi
seine vorige Gestalt wieder.

Der Herr Vater aber läßt es an den
eindringlichsten moralischen Ermahnungen
nicht fehlen, damit der Pepi nicht vergißt,
daß, wenn auch der Herr Pate
auf den Macherlohn verzichtet,
doch jede neue Hose viel Geld kostet.

Der Geburtstag

oder

Die Partikularisten

Erstes Kapitel

Im weißen Pferd

Wer Bildung und Moral besitzt,
Der wird bemerken, daß anitzt
Fast nirgends mehr zu finden sei
Die sogenannte Lieb und Treu. —

Man sieht zuerst mit Angstgefühlen
Herunterfallen von den Stühlen
Die angestammten Landesväter —
Sodann, als kühler Hochverräter,
Zieht man die Tabaksdos' hervor,
Blickt sanft und seelenvoll empor,
Streckt sich auf weichem Kanapee,
Schlürft mit Behagen den Kaffee —
Und ist man so aufs neu erfrischt,
Dann denkt man: Na, die hat's erwischt!

So denkt der böse Mensch. — Jedoch
Es gibt auch gute Menschen noch. —

Zu Milbenau im weißen Pferd
Bei Mutter Köhm, die jeder ehrt,

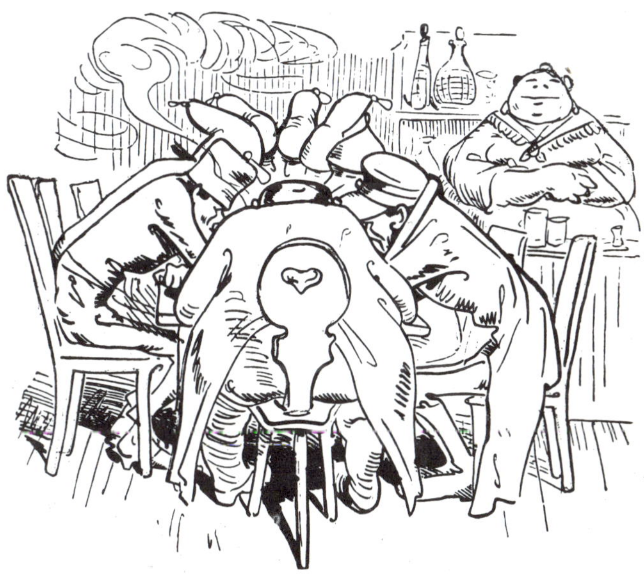

Da sitzen, eng vereint und bieder,
Auch diesen Sonntagabend wieder

Nach altem Brauch im Freundschaftskreise
Die Männer und die Mümmelgreise.

„Et blivt nich so! — Et blivt nich so!!"
So murmelt jeder hoffnungsfroh. —

„Et schall nicht bliben ans et is!
Et schall weer weren anse süß!!

Un dat seg eck! Un dat seg eck!"
So spricht entschieden Schneider Böck. —
Hierauf spricht lächelnd Krischan Stinkel
Und zwinkert mit dem Augenwinkel:

„Eck segge man, vor min Pläsier,
Gottlof! Wat is de Botter dür!!"

Dagegen ruft der lange Korte
Mit Zorneseifer diese Worte:

„Kreuzhimmeltausenddonnerwär,
Uns' olle König mot weer her!!"

Jetzt sieht sich Bürgermeister Mumm
Bedenklich nach der Seite um.

„Pißt!!" — ruft er — „Ruhig, liebe Leut!
Seid untertan der Obrigkeit!!"
„Ja, aber man bis insoweit!
Seggt unse olle Herr Pastor."
„Dat hat he seggt!!!" So tönt's im Chor.

Hierauf, so wird es etwas stille,
Und grad kommt Herr Aptheker Pille.

„Ihr Leute, daß ich's bloß man sage!
Denn morgen ist der Tag der Tage,
Da er geboren, der — — ihr wißt! — —“

„Jaja, so is't! Jaja, so is't!“
„Nun ist euch allen wohlbekannt
Der Busenfreund, den ich erfand,

Der segensreiche Labetrank,
Der, sei man munter oder krank,
Erwärmend dringt bei hoch und nieder
Durch Kopf, Herz, Magen und die Glieder — —
Wie wär es, hochverehrte Freunde,
Wenn man im Namen der Gemeinde
Ein Dutzend Flaschen oder so — —“
„Jaja, man to! Jaja, man to!!“
So tönt es laut im treuen Kreise
Der Männer und der Mümmelgreise.
Und jeder ruft: „He, Mutter Köhmen!
Up düt will wi noch einen nöhmen!!“

Gesagt, getan! — Für Mutter Köhm
Ist dies natürlich angenehm.

Zweites Kapitel

Nächtliche Politik

In seinem Bett um Mitternacht,
Voll Sorgen, die er sich gemacht,
Liegt hier des Dorfes Bürgermeister.

Die aufgestörten Lebensgeister
Befassen sich beim Kerzenlichte
Noch immer mit der Weltgeschichte,
Wie sie getreu vermeldet hat
Das angestammte Wochenblatt;
Daß nämlich, wie die Sachen liegen,

Die Preußen nächstens Schläge kriegen. —

Nur einer macht ihm stilles Graun'n —

Der Bismarck, dem ist nicht zu traun!

So liegt er da und ballt die Rechte
Und täte gerne, was er möchte;

Bis ihn in Schlummer wiegt um eins
Der Genius des Brannteweins. —

Na, na! Das gibt noch ein Malör! —
Die Zipfelkappe neigt sich sehr. —

Es kommen in Berührung fast

Die Flamme und der Mützenquast. —

Schon brennt der Zipfel wie ein Licht.
Die Obrigkeit bemerkt es nicht. —

Bald aber dringt die Glut und Hitze

Zum schlummernden Gedankensitze. —
Potzsapperment: Hier heißt es schnelle!

Die Kopfbedeckung leuchtet helle.

Kreuzdunnerschlag! Ich dacht' es ja!

's ist wieder mal kein Wasser da!!

In Ängsten findet manches statt,
Was sonst nicht stattgefunden hat.

Da liegt die Mütze sehr versehrt.
Das Haar ist meistens weggezehrt. –

Doch kann ein Sacktuch auch zuzeiten
In kühler Nacht das Haupt bekleiden;
Nur hat sodann die Zippelmütze
Vier Spitzen statt der einen Spitze.

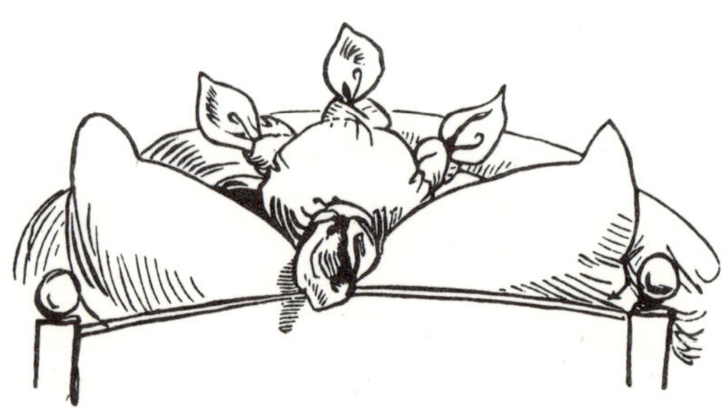

Drittes Kapitel

Der Busenfreund

Es war ein schönes Morgenrot.
Die Hähne krähn, es dampft der Schlot.
Schon hörte man, wie Müseling,
Der Kuhhirt, an zu tuten fing.
Und jeder holet aus dem Stalle
Bei lustigem Trompetenschalle
Die krummgehörnten Buttertiere,
Daß Müseling sie weiter führe.

Wer auch schon munter, das ist Pille.
Er bürstet seine Sonntagshülle.

Und rüstet sich beizeiten schon
Zu seiner hohen Staatsmission.

Allhier im Korbe, eng vereint,
Sind zwanzig Flaschen Busenfreund.

Und hier der Nachbar Fritze Jost
Befördert sie zur nächsten Post.

„Nur ja recht sachte und gemach!"
Ruft Pille — „Gleich, gleich komm ich nach!"

Schon hinter Meiers alter Planke

Kommt Fritze Josten ein Gedanke.

Verlockend ist der äußre Schein.

Der Weise dringet tiefer ein.

Hier trägt er neugestärkt und heiter

Die süße Bürde emsig weiter.

Doch allbereits an Müllers Hecke

Verweilt er zu demselben Zwecke.

Bald treibt ein süßes Hochgefühl

Ihn weiter fort zu seinem Ziel.

Nur an der ernsten Kirchhofsmauer

Nimmt er es noch einmal genauer.

Zum Schlusse sieht er sich genötigt
Hinwegzuschaffen, was erledigt. —

Nun aber zeigt er sich alsbald
Als eine schwankende Gestalt,

Die an der Mauer festbegründet

Bis jetzt noch eine Stütze findet.

Indessen bald so fehlt die Stütze —
Der Busenfreund rinnt in die Pfütze. —

Mit viel Geschrei in einer Reih'
Kommt eine Gänseschar herbei.

Als nun die Schnabelei begann,
Schaut eine Gans die andre an.

Sie tauchen froh nach kurzer Zeit

Sich tiefer in die Süßigkeit,

Derweil die Frösche schnell und grün
Aus tiefem Grund ans Ufer fliehn. —

Grad kommen, denn es ist halb neune,
Der Schweinehirt und seine Schweine.

Nun wird es lustig allerseits,

Die Gänse wackeln schon bereits.

Dem Hirt sein Bock fängt an zu springen,
Die Schweine wälzen sich und singen.

Viel Kurzweil treibt man anderweitig
Sowohl allein wie gegenseitig.

Jetzt eilt die Bauernschaft herbei
Und wundert sich, was dieses sei.

Bald ist auch Pille, reisefertig,
Bei diesem Schauspiel gegenwärtig.

Zuerst erfaßt zu aller Schreck
Der Ziegenbock den Meister Böck.

Auf seinem zackigen Gehörne
Trägt er denselben in die Ferne.

Der Bürgermeister, ängstlich blau,
Bewegt sich fort auf Kanters Sau.

Hiebei verliert er seinen Glanz
Der schöne Sonntagsschwalbenschwanz. –

Jetzt kommen, Pille in der Mitten,
Zwei alte Weiber angeritten.

Als man hierauf verwundersam
In einem Kreis zusammenkam,
Da hieß es: „Kommt na Mutter Köhmen,
Up düt da will wi einen nöhmen!!“

Herr Pille aber wird zuletzt
Vor einer Stalltür abgesetzt.

Gesagt, getan! — Für Mutter Köhm
Ist dies natürlich angenehm.

Viertes Kapitel

Die Eier

Das weiß ein jeder, wer's auch sei,
Gesund und stärkend ist das Ei —
Nicht nur in allerlei Gebäck,
Wo es bescheiden im Versteck;
Nicht nur in Saucen ist's beliebt,
Weil es denselben Rundung gibt;
Nicht eben dieserhalben nur —
Nein, auch in leiblicher Statur,
Gerechtermaßen abgesotten,
Zu Pellkartoffeln, Butterbrotten,
Erregt dasselbe fast bei allen
Ein ungeteiltes Wohlgefallen;
Und jeder rückt den Stuhl herbei
Und spricht: „Ich bitte um ein Ei!" —
Daß dieses wahr, das fühlte klar
Sogar die treue Bauernschar. —

Der Plan mit Pillens Busenfreund,
So wohlbedacht, so gut gemeint —
Man kann wohl sagen — ist mißraten,
Doch Treue sinnt auf neue Taten. —
Denn daß zu diesem hohen Tage
Etwas geschieht, ist keine Frage. —
Der sanfte Johann Heinrich Dreier,
Der sprach: „Wo dünket jük de Eier?"
„Kein besser Ding vor diesen Zweck!"
Rief Schneider Böck — „Und dat seg eck!"
„Ick ok!" — schreit Korte — „Dunnerschlag!
Keen Minsche, de nich Eier mag!"
Und alle riefen laut und froh:
„Jaja, man to! Jaja, man to!"

Bald ist im Dorfe weit und breit
Mann, Weib und Kind in Tätigkeit,
Um zu den obgedachten Zwecken
In Scheunen, Ställen und Verstecken,
In unwirtsamen dunklen Ecken
Des Huhnes Eier zu entdecken. —

Die Hühner machen groß Geschrei;
Denn auch das Huhn verehrt das Ei,
Was es im stillen treu gelegt
Und gerne weiter hegt und pflegt,
Bis nach den vorgeschriebnen Wochen
Ein Pieperich hervorgekrochen. —
Jedoch nicht jedes ist so gut. —
Es gibt auch welche, die die Brut
Treulos verlassen — und so eins
Ist leider Krischan Stinkel seins. —

„Du wutt nich sitten, Lork?“ denkt Stinkel
Und zwinkert mit dem Augenwinkel —
„Na, denn loop hen! Na, denn man to!
Ok recht! Ick weit wohl, wat ich do!!“

Nachdem er so in seiner Mütze
Die Eier, daß er sie benütze,

Mit etwas Häckerling vermengt,
Behutsam leise eingezwängt,
Trägt er dieselben zu dem Orte,
Wo dieses Mal der lange Korte,
Der ehedem und hierzuvor
Gestanden bei dem Gardekorps,
Die Gaben gern entgegennimmt.
Ja, dieser Korte ist bestimmt,
Als Ehrengreis und Biedermann,
Der so etwas am besten kann,
Begleitet von zwei Ehrendamen,
Natürlich in Gemeinde Namen,
Das Festgeschenk noch diesen Morgen
An hoher Stelle zu besorgen.

Hier steht die Kutsche vom Pastor,

Und Kortens Ochse steht davor.

Daneben stehet Kortens Sohn. —
Zwei Stunden ist's zur Bahnstation. —

Mit Vorsicht wird zuerst placiert
Der Eierkorb, wie sich's gebührt.

Sogleich nach diesem, wie sich's schickt,

Die Ehrenjungfern, reich geschmückt.

Mit Ruh' und Würde und zuletzt
Hat Korte sich hineingesetzt.

„Nu, Kunrad, jüh! Wi wünschet Glücke!!" —
Nicht weit davon ist eine Brücke.

Es rutscht das Rad. — Herrje! Schrumbum!
Da fällt die alte Kutsche um. —

Bestürzt ist jedes Angesicht.
Wie's drinnen ist, das weiß man nicht.

Nun hebt nach oben, ohne Worte,
Sich Korte aus der Kutschenpforte.

Nun kommt ein Ehrenjungfernbild,
In Eigelb merklich eingehüllt.

O weh! Es fehlt noch immer eine! —

Gottlob! Hier sieht man ihre Beine! —

Die Jungfern und der Ehrengreis
Sind alle drei ganz gelb und weiß.

Man ist bemüht, sie abzuwischen. —
„Puh!“ — hieß es — „Hier sind fule twischen!!“

Hier schlich beiseite Krischan Stinkel
Und zwinkert mit dem Augenwinkel

Und spricht zu seiner Frau Christine:
„De fulen, Stine, dat sind mine!!“

Als man darauf verwundersam
In einem Kreis zusammenkam,
Da hieß es: „Kommt na Mutter Köhmen!
Up düt, da möt wi einen nöhmen!!“

Gesagt, getan! — Für Mutter Köhm
Ist dies natürlich angenehm. —

Fünftes Kapitel

Die Butterhenne

Das wäre also auch mißraten.
Doch ist's noch Zeit zu neuen Taten. –

Hierauf bezüglich mit Gefühl,
Sprach Herr Adjunktus Klingebühl:
„Geliebte! So wie ich erachte,
Indem ich diesen Fall betrachte,
Bedenke, prüfe, überlege
Und mit Bedachtsamkeit erwäge —
So ist gewiß für treue Liebe
Und sonsten eingepflanzte Triebe
Das schönste Beispiel, so ich kenne,
Das Mutterhuhn, genannt die Henne. —
Ich weiß nicht, ob Ihr dieses wißt — —"
„Jaja!" — rief jeder — „Ja, so is't!!"
„— — — — Nun wohl!
So lasse man, als ein Symbol,
Durch unsern Bäcker und Konditer —
Ich meine hier Herrn Knickebieter —
Aus Butter und dergleichen Sachen
Ein Ehrenbild der Henne machen."
„Jaja!" — rief jeder laut und froh —
„Jaja! man to! Jaja! man to!!"

Bald ist im Dorfe weit und breit
Manch treues Weib in Tätigkeit,
Die Butter durch ein rastlos Wälzen

Und kneten innig zu verschmelzen.
Und alle diese schöne Butter
Legt freudig Tochter oder Mutter

Als eine tiefempfund'ne Spende
In Knickebieters Künstlerhände.

Mit Freuden tut er sie begucken
Und denkt: „Das ist ein schöner Hucken!

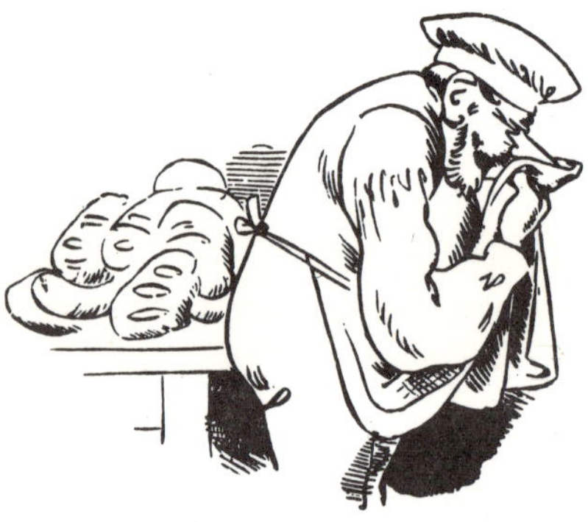

Sogleich, nachdem er sich geschneuzt,

Wird er zum Schaffen angereizt.

„Sieh, sieh! Da ist ja eine bei,
Die innen voll Kartoffelbrei.
Oh!“ — sprach er — „O du alter Schlinkel,
Die ist gewiß von Krischan Stinkel!!“

Zuerst mit großem Vorbedacht
Wird Kopf und Leib und Schwanz gemacht.

Die Augen macht man mit dem Daumen
Vermittelst zwo gedörrter Pflaumen.

Als Schnabel wird die rote Rüben
Zweckmäßig in den Kopf getrieben.

Nun wirft man mit geheimer Wonne
Den Überrest in seine Tonne.

Nicht übel! Nur erscheint mir bloß
Das ganze Bildnis etwas groß.

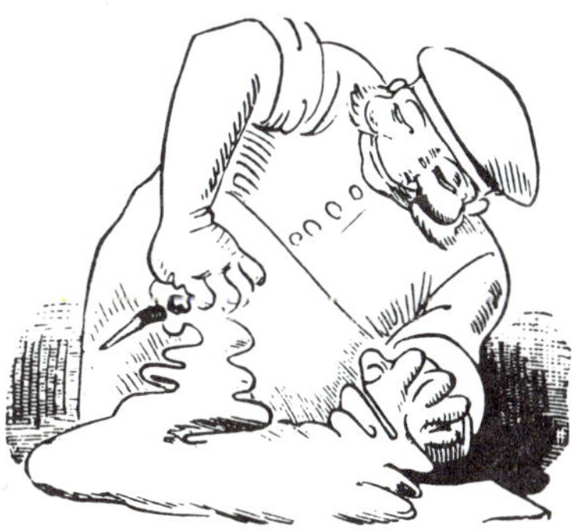

Noch mal gemacht! — Und zwei Rosinen
Die können auch als Augen dienen.

Und, da das Ganze ein Symbol,
So kann's nicht schaden, wenn es hohl.

Und wieder mit geheimer Wonne
Wirft er, was übrig, in die Tonne.

Er steht und sieht sein Werk von ferne
Und spricht: „Na, so hab' ich dich gerne!"

Er schafft die Tonne fort verstohlen.
Man kommt, die Glucke abzuholen.

„Willkommen! Eure Meinung, bitt' ich!"
„Gott ja! Man bloß 'n beten lüttich!"

Der Wagen steht und wartet schon. —
Der Bürgermeister in Person
Wird dieses Mal (und zwar allein)
Der Fest- und Ehrenbote sein.

Bei jedem ist die Freude groß,
Denn gleich geht die Geschichte los.
Und jeder ruft: „Wi wünschet Glücke!" —

Den Gaul umschwirrt die Stachelmücke.

„Oha!" schrie alles voller Not —
„Herrgott! He sit de Glucken dot!"

Er sitzt am Boden sehr erschreckt.
Das Festgeschenk ist fast verdeckt.

Sechstes Kapitel

Finale

Du liebe Zeit! Welch ein Malör!
Man kennt das schöne Bild nicht mehr.

Die Zeit ist um, der Tag vergeht.
Für dieses Jahr ist es zu spät.
Und stumm und in sich selbst gekehrt

Begibt man sich ins „Weiße Pferd". —
„Jaja! De Botter de is dür!"
Sprach Krischan Stinkel, als man hier. —
„Nun is't to late!" — meinte Böck —
„Ich schäme mich vor diesen Zweck!"
„Dat hat Aptheker Pille schuld!"
Schrie Korte voller Ungeduld.
„Da muß ich bitten! Liebster Bester!"
„Ne — Korte!" — „Ne — de Burgemester!"

So schrie man laut und fürchterlich.

Der Tisch fällt um. Man prügelt sich. —

Als man hierauf verwundersam
In einem Kreis zusammenkam,

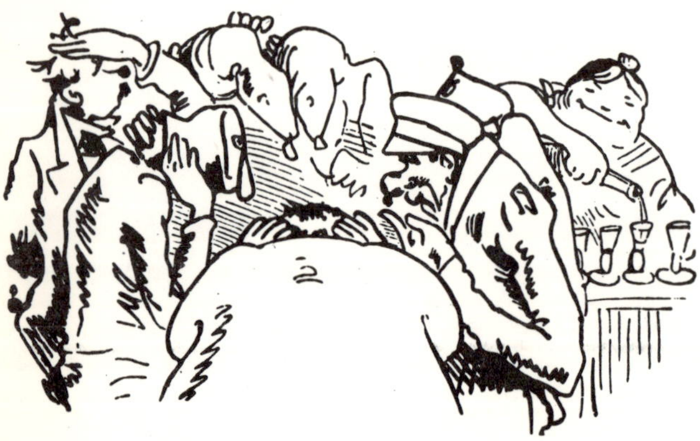

Da hieß es: „Heda, Mutter Köhmen!
Up düt da will wi einen nöhmen!!“

Gesagt, getan. —

Für Mutter Köhm
War alles dieses angenehm.

Der Gratulant.

Zu spät, mein Lieber!
Der Namenstag ist längst vorüber

Der Gratulant Zu spät, mein Lieber!
Der Namenstag ist längst vorüber.

Pater Filucius

Allegorisches Zeitbild

Höchst erfreulich und belehrend
Ist es doch für jedermann,
Wenn er allerlei Geschichten
Lesen oder hören kann.

So zum Beispiel die Geschichte
Von dem Gottlieb Michael,

Der bis dato sich beholfen
So la la als Junggesell.

Zwo bejahrte fromme Tanten
Lenken seinen Hausbestand;

Und Petrine und Pauline
Werden diese zwo benannt.

Außerdem, muß ich bemerken,
Ist noch eine Base da,
Hübsch gestaltet, kluggelehrig,
Nämlich die Angelika.

Wo viel zarte Hände walten —
Na, das ist so, wie es ist!

Kellerschlüssel, Bodenschlüssel
Führen leicht zu Zank und Zwist.

Ebenso in Kochgeschichten
Einigt man sich öfters schwer.
Gottlieb könnte lange warten,

Wenn Angelika nicht wär.

Sie besorgt die Abendsuppe
Still und sorgsam und geschwind;

Gottlieb zwickt sie in die Backe:
„Danke sehr, mein gutes Kind!"

Grimmig schauen itzt die Tanten
Dieses liebe Mädchen an:
„Ei, was muß man da bemerken?
Das tut ja wie Frau und Mann!"

Dennoch und trotz allediesem
Geht die Wirtschaft doch so so. —
Aber aber, aber aber

Jetzt kommt der Filuzio.

Nämlich dieser Jesuiter
Merkt schon längst mit Geldbegier
Auf den Gottlieb sein Vermögen,
Denkend: „Ach, wo krieg ich dir?"

Allererst pirscht er sich leise
Hinter die Angelika,

Die er, Äpfelmus bereitend,
An dem Herde stehen sah.

Und er spricht mit Vaterstimme:
„Meine Tochter, Gott zum Gruß!“

Schlapp! da hat er im Gesichte
Einen Schleef von Apfelmus.

Dieses plötzliche Ereignis
Tut ihm in der Seele leid. —

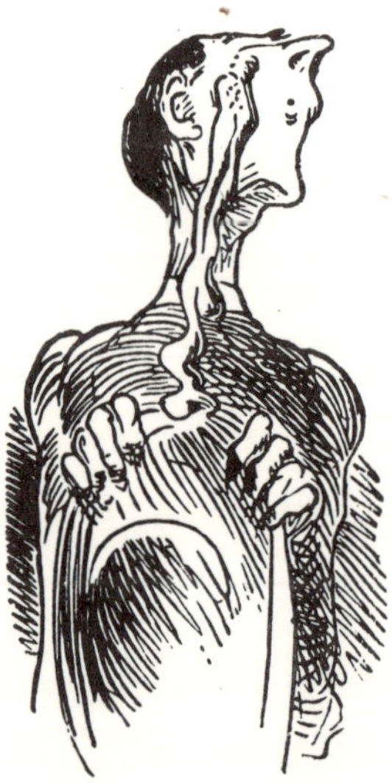

Ach, man will auch hier schon wieder
Nicht so wie die Geistlichkeit!! —

Doch die gute Tante Trine
Sehnt sich ja so lange schon
Nach dem Troste einer frommen
Klerikalen Mannsperson. —

Da ist eher was zu machen. —

Luzi macht sich lieb und wert,
Weil er ihr als Angebinde

Schrupp, den kleinen Hund, beschert.

Schrupp ist wirklich auch possierlich,
Er gehorchet auf das Wort,

Holt herbei, was ihm befohlen,

Wenn es heißet: „Schrupp, apport!"

Heißt es: „Liebes Schrupperl, singe!"

Fängt er schön zu singen an;

Spielt man etwas auf der Flöte,
Hupft er, was er hupfen kann.

Wenn es heißet: „Wo ist's Ketzerl?"
Wird er wie ein Borstentier;

Und vor seinem Knurren eilet
Tante Line aus der Tür.

Spricht man aber diese Worte:
„Schrupp, was tun die schönen Herrn?"

Gleich küßt er die Tante Trine,
Und sie lacht und hat es gern.

Eines nur erzeugt Bedenken.
Schrupp entwickelt letzter Zeit

Mit dem Hinterfuße eine
Merkliche Geschäftigkeit.

Mancher hat in diesen Dingen
Eine glückliche Natur.
Tante Trine, zum Exempel,
Fühlt von allem keine Spur,

Wohingegen Tante Line

Keine rechte Ruh genießt,

Wenn sie abends, wie gewöhnlich,

In der Hauspostille liest.

Und auch Gottlieb muß verspüren,
Ganz besonders in der Nacht,

Daß es hier

und da

und dorten

Immer kribbelkrabbel macht.

Prickeln ist zwar auch zuwider,
Doch zumeist die Jagerei;
Und mit Recht soll man bedenken,
Wie dies zu verhindern sei.

Mancher liebt das Exmittieren;

Und die Sache geht ja auch.
Aber sicher und am besten —

Knacks! — ist doch der alte Brauch.

Freilich ist hier gar kein Ende.
Man gelanget nicht zum Ziel.
Jeder ruft: „Wie ist es möglich?"
Bis man auf den Schrupp verfiel.

Zwar die Tante und Filuzi
Rufen beide tief gekränkt:

„Engelrein ist sein Gefieder!" —
Aber Schrupp wird eingezwängt.

In ein Faß voll Tobakslauge

Tunkt man ihn mit Haut und Haar,

Ob er gleich sich heftig sträubte

Und durchaus dagegen war.

Drauf so wird in einem Stalle
Er mit Vorsicht interniert,

Bis, was man zu tadeln findet,
So allmählich sich verliert.

Anderseits bemerkt man dieses
Unter großem Herzeleid.

Ach, man will auch hier schon wieder
Nicht so wie die Geistlichkeit!!

Jetzt wär alles gut gewesen,
Wäre Schrupp kein Bösewicht. —
Er gewöhnt sich an das Kauen,
Und das läßt und läßt er nicht.

Hat er Gottlieb seine Stiefel

Nicht zur Hälfte aufgezehrt?
Tante Linens Hauspostille,

Hat er die nicht auch zerstört?

Zwar die Tante und Filuzi
Blicken mitleidsvoll empor:

„Armes, gutes Schruppuppupperl!
Immer haben sie was vor!!“

Ja, es ließe sich ertragen,
Täte Schrupp nur dieses bloß;

Würde Schrupp nicht augenscheinlich
Scham- und ruch- und rücksichtslos.

Und so muß er denn empfinden,
Daß zuletzt die böse Tat

Für den Übeltäter selber
Unbequeme Folgen hat.

Anderseits bemerkt man dieses
Nur mit tiefem Herzeleid.
Ach, man will auch hier schon wieder
Nicht so wie die Geistlichkeit!

Leichter schmiegt sich Seel' an Seele
In der schmerzensreichen Stund',

Und man schwört in der Bergère
Sich den ew'gen Freundschaftsbund.

Aber wie sie da so sitzen,
Öffnet plötzlich sich die Tür.

Gottlieb ruft mit rauher Stimme:
„Ei, ei, ei! was macht man hier?"

Freilich hüllen sich die beiden
Schnell in fromme Lieder ein;

Doch nur kurze Zeit erschallen
Diese schönen Melodein.
Ach, die weltlichen Gewalten! —
Durch des Armes Muskelkraft

Wird der fromme Pater Luzi
Wirbelartig fortgeschafft.

Dieses plötzliche Ereignis
Tut ihm in der Seele leid.

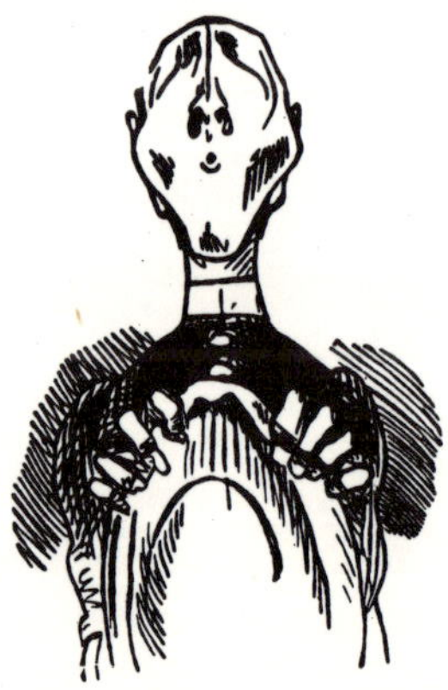

Ach, man will auch hier schon wieder
Nicht so wie die Geistlichkeit!!

Schlimm ist's Schrupp dabei ergangen,
Weil er sich hineingemengt;

Mit dem Fuße unvermutet
Fühlt er sich zurückgedrängt.

Pater Luzi aber schleichet
Heimlich lauschend um das Haus.

Ein pechschwarzes Ei der Rache
Brütet seine Seele aus.

Gottlieb seine Abendsuppe
Stehet am gewohnten Ort. –

Husch! da steigt wer durch das Fenster;
Husch! jetzt ist er wieder fort.

Gottlieb, der im Nebenzimmer
eben seine Hände wusch,
Sieht's zum Glück und daß der Täter

Lauschend sitzt im Fliederbusch.

Jetzt hebt Gottfried, friedlich lächelnd,

Von dem Tisch den Suppentopf.

Bratsch! — die Brühe samt der Schale

Kommt Filuzi auf den Kopf.

Diese eklige Geschichte
Tut ihm in der Seele leid.

Ach, man will auch hier schon wieder
Nicht so wie die Geistlichkeit!

Schrupp, der nur ein wenig leckte,
Zieht es alle Glieder krumm;

Denn ein namenloser Jammer
Wühlt in seinem Leib herum.

Pater Luzi, finster blickend,
Heimlich schleichend um das Haus,

Wählt zu neuem Rachezwecke
Zwo verwogne Lumpen aus. —

Einer heißt der Inter-Nazi
Und der zweite Jean Lecaq,

Alle beide wohl zu brauchen,
Denn es mangelt Geld im Sack.

Eben wandelt in der stillen
Abendkühle der Natur
Base Gelika im Garten —

Horch! da tönt der Racheschwur!

Tieferschrocken, angstbeflügelt,
Eilet sie ins Haus geschwind.
Gottlieb küßt sie auf die Backe:
„Danke sehr, mein gutes Kind!"

Schleunig sucht er seine Freunde,
Glücklich trifft er sie zu Haus.
Wächter Hiebel ist der erste,

Freudig ruft er: „Sabel raus!"

Meister Fibel, als der zweite,
Vielerprobt im Amt der Lehr,
Greift in die bekannte Ecke

Mit den Worten: „Knüppel her!"

Bullerstiebel ist der dritte. —
Kaum vernimmt er so und so,
Faßt er auch schon nach der Gabel
Mit dem Rufe: „Nu man to!“

Nun hat Schrupp, dieweil er leidend,
Sich in Gottliebs Bett gelegt,

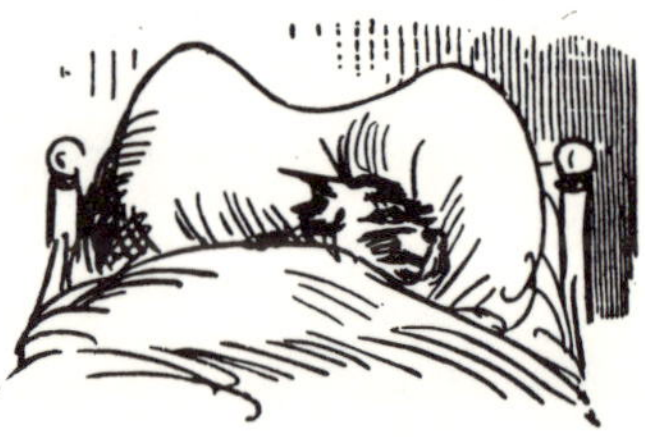

Wie er, wenn man nicht zugegen,
Auch wohl sonst zu tuen pflegt.

Zwölfe dröhnt es auf dem Turme. —
Leise macht man: „Pistpistpist!“

Drei Gestalten huschen näher
An das Bett voll Hinterlist.
Weh, jetzt trifft der Dolch, der spitze,
Und der Knüppel, dick und rauh,

Und die Taschenmitraljöse —
Aber Schrupp macht: „Auwauwau!“
In demselbigen Momente
Donnert es von hinten: „Drauf!!“

Und ein blasser Todesschrecken
Hindert jeden Weiterlauf.

Pater Luzi ganz besonders
Macht sich ahnungsvoll bereit.

Ach, man will auch hier schon wieder
Nicht so wie die Geistlichkeit!!

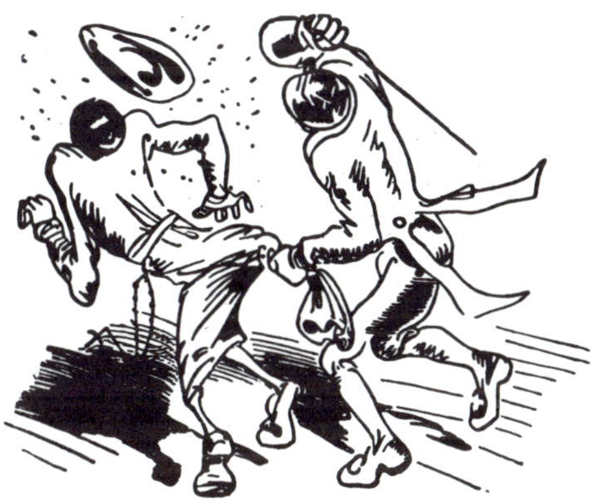

Hei! wie Fibels Waffe sauset!

Heißa! wie der Sabel blitzt! —

Zwiefach ist der Stich der Gabel,

Weil sie zwiefach zugespitzt. —

Motten fliegen, Haare sausen;

Das gibt Leben in das Haus.

Hulterpulter! Durch das Fenster
Springt man in die Nacht hinaus.

Klacks! da stecken sie im Drecke.
Ängstlich zappelt noch der Fuß —
Eine Stimme hört man klagen:
„Oh, Filu — Filucius!!“ —

„Kinder, das hat gut gegangen!“
Rufet Gottlieb hocherfreut;
„Wein herbei! Denn zu vermelden
Hab' ich eine Neuigkeit.

Länger will ich nicht mehr hausen
Wie seither als Junggesell.

Hier Angelika, die gute,
Werde Madam Michael.“

Darauf ergreift das Wort Herr Fibel,
Und er spricht: „Eiei! Sieh da!
Ich erlaube mir zu singen:

Vivat Hoch! Halleluja!“

Man versteht diese allegorische Darstellung der kirchlichen Bewegung, welche sich im Anfang der siebziger Jahre abspielte, wenn man für Gottlieb Michael den deutschen Michel, für Tante Petrine die römische, für Pauline die evangelische Kirche setzt; die Base Angelika ist dann die freie Staatskirche der Zukunft. Der Jesuit Filucius führt den Hund Schrupp, die demokratische Presse, ein und sucht mit seinen Helfershelfern, den Internationalen und den Franzosen, den Haushalt zu stören; dagegen ruft Michel Hiebel den Wehr-, Fibel den Lehr- und Bullerstiebel den Nährstand zu Hilfe, mit deren Unterstützung er auch die ganze unsaubere Wirtschaft zum Fenster hinauswirft.

Gut und Böse

Tugend will, man soll sie holen,
Ungern ist sie gegenwärtig;
Laster ist auch unbefohlen
Dienstbereit und fix und fertig.

„Gute Tiere", spricht der Weise,
„Mußt du züchten, mußt du kaufen,
Doch die Ratten und die Mäuse
Kommen ganz von selbst gelaufen."

Der heilige Antonius von Padua

Vorwort

Ach jaja! so seufz ich immer;
Denn die Zeit wird schlimm und schlimmer.
Oder kann in unsern Tagen
Einer wagen, nein zu sagen,
Der mit kindlichem Gemüt
Morgens in die Zeitung sieht?

Hier Romane, dort Gedichte,
Malzextrakt und Kursberichte,
Näh- und Mäh- und Waschmaschinen,
Klauenseuche und Trichinen — —
Dieses druckt man groß und breit —

Aber wo ist Frömmigkeit???
Hält denn nicht, o Sünd und Schand,
Weltlicher Arm die geistlich Hand,
Daß man also frech und frei
Greife den Beutel der Klerisei?!

Wehe! selbst im guten Öster-

Reiche tadelt man die Klöster — —

Und so weiter und so weiter — —

Doch das Ende ist nicht heiter!!!
Ja, es ist abscheulich, greulich!!!
Aber siehe, wie erfreulich
Ist's dagegen, wenn wir lesen,
Wie man sonsten fromm gewesen,-
Wie z. B. Sankt Anton,
Unsrer Kirche großer Sohn,
Litt und stritt und triumphierte,
Kurz, ein christlich Leben führte —
Dieses laßt uns mit Bemühen
Heute in Erwägung ziehen.

Erstens

Frühe Talente

Wennschon der Mensch, eh er was wird,
Zuweilen strauchelt oder irrt,
Wennschon die Heiligen vor allen
Mitunter in Versuchung fallen —
So gilt doch dies Gesetz auf Erden:
Wer mal so ist, muß auch so werden!
Auch unser Toni zeigte früh
Zum Heilgen mancherlei Genie. —

Man rechnet meistens zu den Lasten
Das kirchliche Gebot der Fasten;
Man fastet, weil man meint: man muß.
Für Toni aber war's Genuß!
Bouillon und Fleisch und Leberkloß,
Das war ihm alles tutmämschos.
Dagegen jene milden Sachen,
Die wir aus Mehl und Zucker machen,
Wozu man auch wohl Milch und Zimt
Und gute, sanfte Butter nimmt — —
Ich will mal sagen: Mandeltorten,
Dampfnudeln, Krapfen aller Sorten,
Auch Waffel-, Honig-, Pfannenkuchen —
Dies pflegt' er häufig aufzusuchen. —

Den Freitag war er gern allein,
Um sich besonders zu kastein.
Der Tag war ihm besonders heilig.
Früh stund er auf und schlich sich eilig
Zur Scheune auf die kühle Tenne,
Denn Picola, die kluge Henne,
Legt' hier, versteckt in frisches Heu,
Behutsam schon ihr Morgenei.

Er trank es aus. — Hier sehen wir,
Daß selbst das unvernünftge Tier
Mit sonst gedankenlosen Werken
Den Frommen fördern muß und stärken.

Ein Gärtner wohnt ganz nahebei,
Der, im Besitz der Fischerei,
Doch, immer nur auf Fleisch bedacht,
Sich aus dem Freitag wenig macht
Und als ein pflichtvergeßner Greis
Den christlichen Familienkreis
An diesem Tag beharrlich flieht,
In dunkle Ketzerkneipen zieht
Und da, als wär's am Kirchweihfest,
Sich Wurst und Braten geben läßt.

O pfui! — — Doch sieh, der Toni kam,
Sobald der Fischer Abschied nahm.
Im traulich stillen Gartenraume
Pflückt er die Kirsche und die Pflaume,
Geht dann hinab am Murmelbach
Und sieht des Fischers Angel nach,
So daß er manchen Fisch sodann
Der guten Mutter bringen kann.

Gesegnet sind die Frommen: ihnen
Muß jedes Ding zum Besten dienen! —

Doch nicht allein die Fastenzeit
Fand ihn stets willig und bereit.
Nein! auch die vielen Feiertage
Trug er geduldig ohne Klage.
So wie die braven, guten Alten
Pflegt' er die Kirchweih streng zu halten.

In allen Kirchen, nah und fern,
Ging er zur Beichte oft und gern,
Und gab der Beichte Zettel willig
An andere Knaben — aber billig.

Wenn Messe war, stets war er da;
Wo Julchen kniete, stand er nah;
Denn dieses Mädchen, ob es gleich
Schon älter war und etwas bleich,
Zog doch durch andachtsvollen Sinn
Den frommen Knaben zu sich hin.
Ihr guten Mädchen, ach, wie schön
Ist dieses Beispiel anzusehn! —

Zuweilen auch, bei kühler Zeit,
Trieb ihn der Geist zur Einsamkeit,
So daß er morgens auf dem Pfühle,

Entfernt von Schul- und Weltgewühle,
Bis in den hellen Wintertag,
Ein stiller Klausner, sinnend lag. —

Kurzum, man sah an diesem Knaben
Schon früh die Keime jener Gaben,
Die er in gnadenvoller Zeit
Gepflegt zum Ruhm der Christenheit.

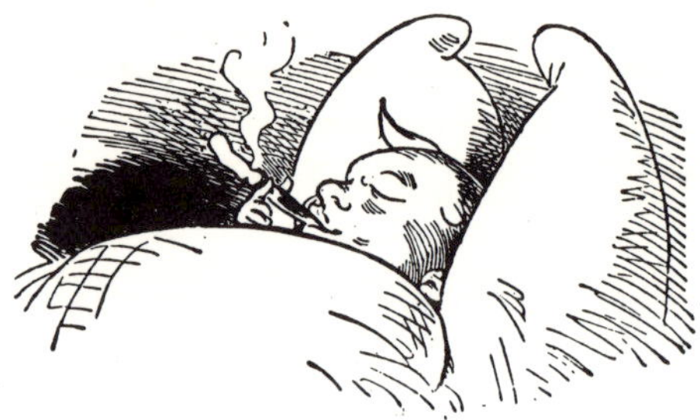

Zweitens

Liebe und Bekehrung

Ein Irrtum, welcher sehr verbreitet
Und manchen Jüngling irreleitet,
Ist der, daß Liebe eine Sache,
Die immer viel Vergnügen mache.
Antonio meinte dieses, als
Er größer wurde, ebenfalls. —
Denn ach! noch immer liebt' er ja
Die schon erwähnte Julia,
Selbst dann noch, als die Auserwählte
Sich einem Manne anvermählte. —
An einem Abend, kalt und bitter,
Als er, wie öfters schon, die Zither
Vor ihrem Fenster klagend schlägt,
Ob er vielleicht ihr Herz bewegt —
Pst, pst, ertönt es da hernieder,
Daß durch die halberstarrten Glieder
Ein wonnevoller Schrecken dringt —
Pst, pst! Sieh da! sie winkt, sie winkt! —
Von Hoffnungsflügeln sanft gehoben,
Schwebt er treppauf und fliegt nach oben.

Wer möchte nicht, wenn er durchfroren,
Die halbverglasten, steifen Ohren
An einen warmen Busen drücken
Und so allmählich sich erquicken!

Antonio hoffte dieses, als
Er hergekommen, ebenfalls.

Doch ach! kaum hat er Platz genommen,
Da hört man draußen schon was kommen.
Mit Husten und mit Sporenklang
Klirrt der Gemahl den Gang entlang.

„Schnell unters Faß!“ so ruft das Weib
Und stülpt's Antonio auf den Leib,
Und auch die Katze wird erschreckt,
Wird in der Hast mit zugedeckt.

Der Hausherr fängt als Biedermann
Mit seiner Frau zu kosen an.

Antonio aber, sehr beengt,
Hat seine Finger eingezwängt.

Derweil verspüret hinterwärts
Am Schwanz die Katze großen Schmerz.

Sie meint: Antonio hat's getan!
Die Kralle kratzt, es beißt der Zahn.

Das Faß fällt um, der Lärm wird groß,
Die Katze läßt so leicht nicht los.

Mit seinem Degen stößt der Mann,
Antonio drückt sich, wie er kann,

Und kommt gekrochen und gefroren
Zu eines Klosters ernsten Toren.

O Welt, mit uns ist's nun vorbei!
Ihr Weiber, fahrt mir aus dem Sinn!
Du Königin des Himmels, sei
Auch meines Herzens Königin!
Salve Regina!

Unserer Frauen Bildnis

Ein hoffnungsvoller junger Mann
Gewöhnt sich leicht das Malen an! —

Auch Bruder Antonio, welcher nun,
Von seinen Sünden auszuruhn,
Zu Padua im Kloster lebt
Und geistlicher Bildung sich bestrebt,
Hat es gar bald herausgebracht,
Wie man die schönen Bilder macht,
Und malt auf Gold schön rot und blau
Das Bildnis Unsrer Lieben Frau.
Umflattert von der Englein Chor,
Tritt sie hervor aus des Himmels Tor.

Den blauen Mantel faßt die Linke;
Die Rechte sieht man sanft erhoben,
Halb drohend, halb zum Gnadenwinke,
So kommt die Königin von oben.

Doch ihr zu Füßen windet sich
Der Teufel schwarz und fürchterlich.
Dem Teufel war's nicht einerlei,
Daß er so gar abscheulich sei.
Er fängt alsbald das Grübeln an,
Wie er den Bruder kränken kann.

Ein Kloster lag nicht weit von hinnen,
Besetzt mit Karmeliterinnen,
Und war als Kustodin allda
Die fromme Jungfrau Laurentia. —
Bescheiden, still und glaubensfroh,
Hat sie der gute Antonio,
Den alles Gute stets ergötzt,
Schon längst von Herzen hochgeschätzt.
Natürlich im allgemeinen und überhaupt,
Wie's unsre heilige Kirche erlaubt.

Einst, als er so in stiller Nacht,
Von Träumen umgaukelt, halb schläft, halb wacht,
Tritt bei des Mondes Dämmerhelle
Schwester Laurentia in seine Zelle

Und beugt sich nieder und seufzt und spricht:
„Antonio, Lieber, kennst du mich nicht?
Ich bin entflohn aus des Klosters Zwang,
Konnt' nicht widerstehn meines Herzens Drang,
Bin aus Liebe zu dir und großem Verlangen
Mit dem Silbergerät davongegangen.
Auf, auf, Antonio, tue desgleichen
Und laß uns in fremde Lande entweichen!"

Dem Bruder tät die Sache scheinen,
Nimmt die heiligen Gefäße aus den Schreinen,
Packt s' in die Kutten emsiglich
Und läßt das Kloster hinter sich.

Aber da draußen im freien Feld
Ward ihm die Lieb und Lust vergällt.
Statt der guten Jungfrau Laurentia
War plötzlich der leidige Satan da.
„Heihei!" lacht der Teufel, „so ist's der Brauch,
Du maltest den Teufel, nun zahlt er auch!"

Flugs flog er auf, dem Kloster zu,
Und rüttelt' die Patres aus ihrer Ruh.
Bruder Antonio wär' schier verzagt,
Ringt seine Hände, weint und klagt,

Vermeinend, daß aus dieser Beschwer
Nirgends ein Ausgang zu finden wär'!

Doch sieh, aus dunklem Wolkenflor
Tritt Unsre Liebe Frau hervor!
„Sei getrost, Antonio, ich bin voller Gnaden,
Der böse Feind soll dir nicht schaden.
Mein Bildnis in des Klosters Hallen
Sah ich mit gnädigem Wohlgefallen!"
Sprach's und winkte mit der Hand,
Schwebte nach oben und verschwand.
Alsbald, so kommt der ganze Haufen
Der Klosterbrüder zugelaufen
Und führen mit vielem He und Ho
Zum Kerker den guten Antonio.

Doch in der Früh, als das Glöcklein läutet
Und jeder hinab zur Metten schreitet —
O Wunder! —, da sitzt schon emsig und frei
Bruder Antonio vor seiner Staffelei!
Im Gefängnis aber, in einer Ecken,

Hockt der Teufel mit Knurren und
Zähneblecken:

Der Prior tunkt ein den langen Wedel
Und besprengt ihm den harten Teufelsschädel,

Und plärrend und mit Ach und Krach
Fährt er ab mitsamt dem Fensterfach.
Recht nützlich ist die Malerei,
Wenn etwas Heiligkeit dabei.

Viertens

Zwei Stimmen von oben

In Sachen des Klosters ausgesandt,
Kam Bruder Antonio einst über Land.

Und ihm zur Seite, mit leichtem Fuß,
Schritt Doktor Alopecius.
(Ach, das war auch so einer von denen!)
Rechts und links begrüßt er
die ländlichen Schönen,

Faßt sie beim Kinn, anmutig-milde,
Schenkt ihnen gar schöne Heiligenbilde
Und macht auch wohl so hin und wieder
Dominus vobiscum! über das Mieder.

Wie man denn meistens auf der Reis'
Die Schönheit der Natur erst recht
zu würdigen weiß.

Bruder Antonio aber dagegen,
Dem nichts an irdischer Liebe gelegen,
Trug einzig allein im Herz und Sinn
Die süße Himmelskönigin.

Er wandelt abseit und schaut sich nicht um,
Er spricht das **Salve** und **Sub tuum praesidium.**
So zogen sie weiter. Der Tag verstrich.
Der Abend wird schwül. Es türmet sich
Ein grau Gewölk am Horizonte,
Worin's schon ferne zu donnern begonnte.

Doktor Alopecius, in diesen Sachen
Ein arger Spötter, spricht mit Lachen:
„Na, was hat denn wieder der alte Brummer?
Rumort ja schrecklich in den Wolken 'rummer!"

Und näher wälzt sich der Wolkenballen.
Gewaltig braust der Sturm. Die Donner schallen.
Bruder Antonio schaut sich nicht um,
Er spricht das **Salve** und **Sub tuum praesidium.**

Der Doktor aber nimmt sein Paraplü,
Spannt's auf und spricht:
„Jetzt kommt die Brüh!!"

Horch! Plötzlich wie des Gerichts Trompete
Donnert von oben eine Stimme: „Töte! Töte!!"

„Schon recht!!!“ ertönt voll Grimme
Eine zweite Stimme.

Huit! knatteradoms! — ein Donnerkeil —

Und Alopecius hat sein Teil!
Bruder Antonio schaut sich nicht um,

Er betet das **Salve** und **Sub tuum praesidium.**
So wandelt er weiter im stillen Gebete. —

Und wieder donnert die erste Stimme: „Töte! Töte!!“

„Ja, töte, töte!! Sie leidt's halt nit!!!"
So ruft voll Grimme
Die zweite Stimme.

Und grollend zog das Wetter hinunter. —
Antonio aber, getrost und munter,
Zieht seines Weges fürderhin

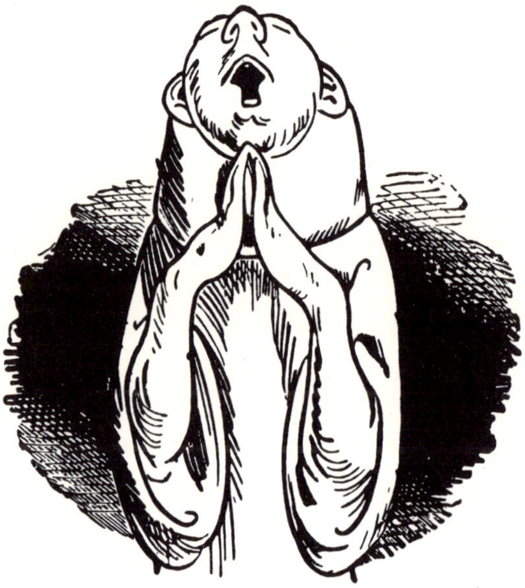

(Dank dir, o Himmelskönigin!),
Bis Padua, die werte Stadt,
Ihn wieder aufgenommen hat.

Fünftens

Kirchweih

Gen Padua, wenn Kirchweih ist,
Wallfahrten die Bruderschaften;
Denn da erlangt der fromme Christ
Einen Ablaß von großen Kraften.

Die Bruderschaft und den Jungfernverband,
Die tut es gewaltig dürsten;
Drum ist ein Wirtshaus allda zur Hand
Mit Bier und schweinernen Würsten.

Und als man nachts zu Bette ging,
Nahm man sich nicht in achte:
Das Wirtshaus, welches Feuer fing,
Brannt' hell, als man erwachte.

Das Kloster mit seiner Kellerei
Liegt nahe in großen Nöten;
Die Mönche erhuben ein groß Geschrei,
Antonio hub an zu beten:

„Ave Maria, mundi spes!
Erhalte uns armen Mönchen —
Du weißt es ja, wir brauchen es —
Den Wein in unseren Tönnchen!" —

Und sieh, erloschen ist die Glut
Der gier'gen Feuerzungen;
Die frommen Brüder fassen Mut,
Sie waren so fröhlich und sungen:

„Der Saft, der aus der Traube quoll,
Kann heut ja wohl nicht schaden!
Juchhe! wir sind ja wieder voll,
Ja wieder voller Gnaden." —

Sechstens

Bischof Rusticus

Zu Padua war groß Gedränge
Der andachtsvollen Christenmenge.
Man eilt zu Kanzeln und Altären,
Den frommen Antonio zu hören,
Der sich alldorten seiner Predigt
Mit wunderbarer Kraft entledigt.
Auch tät er oft, vom Geist getrieben,
Herrliche Zeichen und Wunder verüben.
Jedoch die Kinder dieser Welt,
Denen so etwas selten gefällt,
Murren und munkeln so allerlei
Von Teufelskünsten und Zauberei
Und verklagen den frommen Antonius
Beim guten Bischof Rusticus.

Der Bischof läßt den Bruder kommen:
„Ich hab von deiner Kunst vernommen!
Allein, mein Freund, wie steht der Glaube?“

Flugs nimmt Antonio seine Haube
Und hängt sie, wie an einen Pfahl,

An einen warmen Sonnenstrahl.
Der Bischof sprach: „Bravo! — Allein,
Dies kann auch Teufelsblendwerk sein!“

Nun spielte da im Sand herum
Ein Findelknabe, taub und stumm,
Und keiner hatte je erfahren,
Wer Vater oder Mutter waren. —

Antonius sprach: „Sag an, mein Kind,
Wer deine lieben Eltern sind!“
O Wunder! Der bis diese Stund
Nicht sprechen konnte, sprach jetzund:

„Der Bischof Rusticus, der ist ...“

„Ps—s—s—s—s—st!!!“
Sprach der Bischof: „es ist schon recht!
Antonius, du bist ein Gottesknecht!!!“
Seit dieser Zeit sah groß und klein

Antonius mit dem Heiligenschein.

Die Beichte

Es wohnte zu Padua ein Weib,
Bös von Seele, gut von Leib,
Genannt die schöne Monika. —
Als die den frommen Pater sah,
Verspürt sie ein groß Verlangen,
Auch ihn in ihre Netze zu fangen.
„Geht, rufet mir den heil'gen Mann,"
So sprach sie, „daß ich beichten kann!
Er kam und trat ins Schlafgemach.
Sie war so krank, sie war so schwach.

„Sei mir gegrüßt, o heil'ger Mann,
Und höre meine Beichte an!"

Antonius sprach mit ernstem Ton:
„Fahre fort, meine Tochter, ich höre schon!"
„Am Freitag war es, vor acht Tagen —
Ach Gott, ich wag es kaum zu sagen! —

Es war schon spät, ich lag allein —
Da trat ein Freund zu mir herein.
Gewiß, ich konnte nichts dafür!
Er setzte sich ans Bett zu mir, —
Ach, frommer Pater Antonio,
Wie ihr da sitzt! Geradeso!"

Antonius sprach mit ernstem Ton:
„Fahre fort, meine Tochter, ich höre schon!"
„So saß er da und sprach kein Wort
Und sah mich an in einem fort
Und sah so fromm und freundlich drein —
Ich konnte ihm nicht böse sein!
Die Finger waren schlank und zart.
Blau war sein Auge, blond sein Bart —

Ach, guter Vater Antonio,
Gerade wie Eurer! Geradeso!“

Antonius sprach mit ernstem Ton:
„Fahre fort, meine Tochter, ich höre schon!“

„Und leise tändelnd mit der Rechten,
Berührt er meine losen Flechten,
Zieht meine Hand an seine Lippen,
Gar lieb und kosend dran zu nippen ...
Ach, bester Vater Antonio,
So nippte er! Geradeso!!!“

Antonius sprach mit ernstem Ton:
„Fahre fort, meine Tochter, ich höre schon!“

„So nippte er — und nippt' nicht lange —
Er preßt' den Mund an meine Wange.
„Geliebte,“ sprach er, „liebst du mich??“

„Ja,“ sprach ich, „rasend lieb ich dich!!

Ja, liebster, bester Antonio,

Ich liebe dich rasend, geradeso!!!“

Da sprach Antonius mit barschem Ton:

„Verruchtes Weib! jetzt merk ich's schon!"

Kehrt würdevoll sich um und — klapp!

Die Türe zu — geht es treppab.

Da sprach die schöne Monika,
Die dieses mit Erstaunen sah:
„Ich kenne doch so manchen Frommen,
So was ist mir nicht vorgekommen!!"

Achtens

Wallfahrt

Ein Christ verspüret großen Drang,
Das Heil'ge Grab zu sehn,
Drum will Antonius schon lang
Dahin wallfahrten gehn.

Es schickt sich, daß ein frommer Mann
Die Sache überlegt;
Er schafft sich einen Esel an,
Der ihm den Ranzen trägt.

So zogen sie hinaus zum Tor
Und fürder allgemach;

Der Heilige, der ging hervor,

Der Esel hintennach.

Da kam aus seinem Hinterhalt
Ein Bär im schnellen Lauf

Und greift den Esel alsobald
Und zehrt ihn mählich auf.

Antonius als ein guter Christ
Schaut's an mit Seelenruh:
„He, Alter! Wenn du fertig bist,
Wohlan, so trage du!“
Der heilige Antonius macht
Sich bald das Ding bequem,

Er setzt sich auf und reitet sacht
Bis nach Jerusalem.

Wo Salomonis Tempel stand,
Liegt mancher dicke Stein,

Den allerdicksten, den er fand,
Packt St. Antonius ein.

Er sprach: „Den Stein, den nehm ich mit!“
Der Bär, der macht: Brumm, brumm!

Das hilft ihm aber alles nit,
Wir kümmern uns nit drum.

Der Bär, obschon ganz krumm und matt,
Setzt sich in kurzen Trab

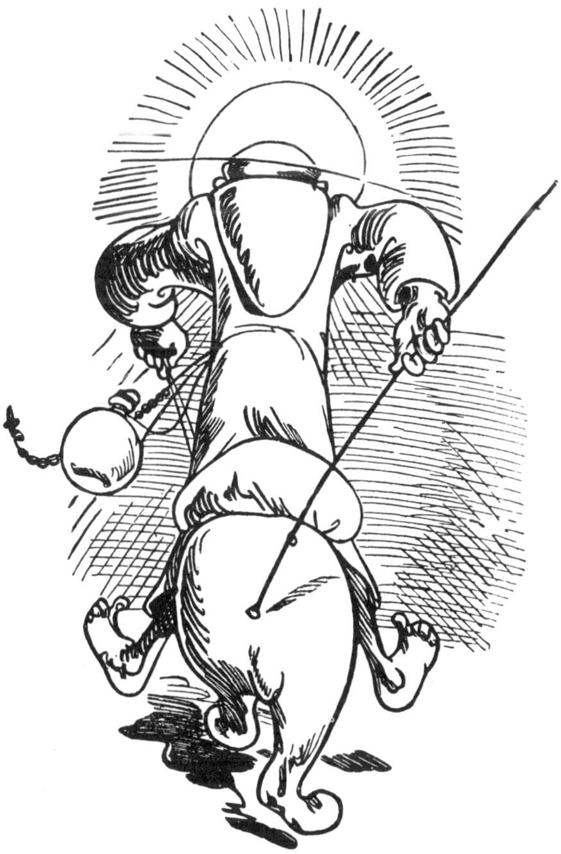

Bis hin nach Padua der Stadt;
Da stieg Antonius ab.

Und milde sprach der heil'ge Mann:

„Mein Freund, du kannst nun gehn!
Und wie es einem gehen kann,
Das hast du nun gesehn!“
Der Bär, als er zum Walde schlich,
Der brummet vor sich her:

„Mein Leben lang bekümmr ich mich
Um keinen Esel mehr!“

Neuntens

Letzte Versuchung

Der heilige Antonius von Padua
Saß oftmals ganz alleinig da

Und las bei seinem Heiligenschein
Meistens bis tief in die Nacht hinein. —

Einst, als er wieder so sitzt und liest —
Auf einmal, so räuspert sich was und nießt;

Und wie er sich umschaut, der fromme Mann,
Schaut ihn ein hübsches Mädchen an — —

Der heilige Antonius von Padua
War aber ganz ruhig, als dies geschah.
Er sprach: „Schau du nur immer zu,
Du störst mich nicht
in meiner christlichen Ruh!“

Als er nun wieder so ruhig saß
Und weiter in seinem Buche las —

Er sprach: „So krabble du nur zu,
Du störst mich nicht
in meiner christlichen Ruh!“

„Na! — — Na!“ —

Husch, husch! so spürt er auf der Glatzen,
Und hinterm Ohr ein Kribbelkratzen,
Daß ihm dabei ganz sonderbar,
Bald warm, bald kalt zumute war. —

Der heilige Antonius von Padua
War aber ganz ruhig, als dies geschah.

„Na, na! — sag ich!!!“

„Hm! hm! — — hm!!!“

Auf einmal — er wußte selber nicht wie —
Setzt sich das Mädel ihm gar aufs Knie

Und gibt dem heiligen Antonius
Links und rechts einen herzhaften Kuß.

Der heilige Antonius von Padua
War aber nicht ruhig, als dies geschah.

Er sprang empor, von Zorn entbrannt;
Er nahm das Kreuz in seine Hand:

„Laß ab von mir, unsaubrer Geist!
Sei, wie du bist, wer du auch seist!!“

Puh! da sauste mit großem Rumor
Der Satanas durchs Ofenrohr.

Der heilige Antonius, ruhig und heiter,
Las aber in seinem Buche weiter! —

O heiliger Antonius von Padua,
Du kennst uns ja!
So laß uns denn auf dieser Erden
Auch solche fromme Heilge werden!

Zehntens

Klausnerleben und Himmelfahrt

Der heilige Antonius, so wird berichtet,

Hat endlich ganz auf die Welt verzichtet,
Ist tief, tief hinten im Wald gesessen,
Hat Tau getrunken und Moos gegessen
Und sitzt und sitzt an diesem Ort
Und betet, bis er schier verdorrt
Und ihm zuletzt das wilde Kraut
Aus Nase und aus Ohren schaut.
Er sprach: „Von hier will ich nicht weichen,
Es käm mir denn ein glaubhaft Zeichen!“

Und siehe da, aus Waldes Mitten

Ein Wildschwein kommt dahergeschritten,

Das wühlet emsig an der Stelle
Ein Brünnlein auf, gar rein und helle,

Und wühlt mit Schnauben und mit Schnüffeln
Dazu hervor ein Häuflein Trüffeln. —

Der heilige Antonius voll Preis und Dank,
Setzte sich nieder, aß und trank
Und sprach gerührt: „Du gutes Schwein,
Du sollst nun ewig bei mir sein!“

So lebten die zwei in Einigkeit
Hienieden auf Erden noch lange Zeit

Und starben endlich und starben zugleich,

Und fuhren zusammen vors Himmelreich. —
„Auweih geschrien! ein Schwein, ein Schwein!"
So huben die Juden an zu schrein;
Und auch die Türken kamen in Scharen
Und wollten sich gegen das Schwein
verwahren. —
Doch siehe! — aus des Himmels Tor

Tritt Unsre Liebe Frau hervor.

Den blauen Mantel hält die Linke,
Die Rechte sieht man sanft erhoben
Zum freundlich-ernsten Gnadenwinke;
So steht sie da, von Glanz umwoben:

„Willkommen! Gehet ein in Frieden!
Hier wird kein Freund vom Freund geschieden.
Es kommt so manches Schaf herein,
Warum nicht auch ein braves Schwein!"

Da grunzte das Schwein, die Englein sangen;
So sind sie beide hineingegangen.

Der Schnuller

Personen

Die Großmutter
's Kind
Erster Hund
Zweiter Hund
Die Wespe
Der Spritzkrug
Der Stallbesen
Der Schnuller

Der Willi spielt mit seiner Zehe,
Die Wespe lauert in der Nähe.

Hier hast du ihn! Nun sei hübsch still,
Weil ich die Wäsche trocknen will.

Schon krabbelt Schnupp, der eine Hund,
Ganz nah an Willi seinem Mund.

Dem Willi schmeckt der Schnuller süß.
Zwei junge Hunde sehen dies.

Er faßt mit Hast die süße Beute
Und eilt von dannen voller Freude.

Nun kommt auch Schnapp, der zweite Hund,
Und leckt an Willi seinem Mund.

Der Willi aber weinet sehr,
Denn er hat keinen Schnuller mehr.

Hier krabbelt er mit Händ' und Füßen
Zur Kanne hin, die zum Begießen;

Und sucht mit Mühe sich soeben
An dieser Kanne zu erheben.

Allein vergeblich ist sein Mühn;
Der kalte Guß kommt über ihn.

Hier läuft der Schnupp in großer Hast
Und hält den Schnuller fest gefaßt.

Schön schmeckt des Schnullers Süßigkeit
Die andern zwei sind voller Neid.

Der Wespenstich macht keine Freude,
Die Hunde fliehen alle beide.

Ein jeder möchte, sich zu laben,
Den Schnuller gern alleine haben.

Die Wespe mit vergnügtem Sinn
Betrachtet sich als Siegerin.

Großmutter aber kommt allhier
Und kehrt hinweg das Stacheltier.

Sie trägt zu einem warmen Ort
Den Willi und den Schnuller fort.

Hier liegt und schwelgt er zum Beschluß
In ungestörtem Hochgenuß.

Der gewandte, kunstreiche Barbier und sein kluger Hund

Die beiden Enten und der Frosch

Sieh da, zwei Enten jung und schön,
Die wollen an den Teich hingehn.

Sie denkt allein ihn zu verschlingen,
Das soll ihr aber nicht gelingen.

Zum Teiche gehn sie munter
Und tauchen die Köpfe unter.

Die Ente und der Enterich,
Die ziehn den Frosch ganz fürchterlich.

Die eine in der Goschen
Trägt einen grünen Froschen.

Sie ziehn ihn in die Quere,
Das tut ihm weh gar sehre.

Der Frosch kämpft tapfer wie ein Mann.
Ob das ihm wohl was helfen kann?

Die Enten haben sich besunnen
Und suchen den Frosch im Brunnen.

Schon hat die eine ihn beim Kopf,
Die andre hält ihr zu den Kropf.

Sie suchen ihn im Wasserrohr,
Der Frosch springt aber schnell hervor.

Die beiden Enten raufen,
Da hat der Frosch gut laufen.

Die Enten mit Geschnatter
Stecken die Köpfe durchs Gatter.

Der Frosch ist fort — die Enten,
Wenn die nur auch fort könnten!

Da kommt der Koch herbei sogleich,
Und lacht: „Hehe, jetzt hab' ich euch!"

Drei Wochen war der Frosch so krank!
Jetzt raucht er wieder, Gott sei Dank!

Die Rache des Elefanten

Den Elefanten sieht man da
Spazierengehn in Afrika.

Da dreht der Elefant sich um
Und folgt dem Neger mit Gebrumm.

Gemütlich geht er zur Oase
Und trinkt vermittelst seiner Nase.

Vergebens rennt der böse Mohr,
Der Elefant faßt ihn beim Ohr.

Ein Mohr, aus Bosheit und Pläsier,
Schießt auf das Elefantentier.

Er zieht ihn unter Weh und Ach
Zu einem nahen Wasserbach.

Da taucht er ihn ganz munter
Mit seinem Rüssel unter.

Er hebt ihn bei den Hosen auf
Und trägt ihn fort in schnellem Lauf.

Den Mohren hätte unterdessen
Beinah das Krokodil gefressen.

Und wirft ihn in ein Kaktuskraut;
Der Kaktus sticht, der Mohr schreit laut.

Nun aber sprizt den Negersmann
Der Elefant mit Wasser an.

Der Elefant geht still nach Haus,
Der Mohr sieht wie ein Kaktus aus.

Sechs Geschichten für Neffen und Nichten

Stippstörchen

Das Häschen
Das brave Lenchen
Der Sack und die Mäuse
Die beiden Schwestern
Hänschen Däumeling
Der weise Schuhu

Das Häschen

Das Häschen saß im Kohl
Und fraß und war ihm wohl.
Nicht weit auf einem Rasen
Geht ganz gemütlich grasen
Ein Lämmlein weiß und schön.

Da ist der böse Wolf gekommen
Und hat das Lämmlein mitgenommen;
Das Häslein hat's gesehn.

Das Häschen sprang und lief
Zum Bauer hin und rief:
„O weh, o weh!
He, Bauer, he!

Grad ist der böse Wolf gekommen
Und hat dein Lämmlein mitgenommen!"

Da nahm der Bauer Rüppel
Den dicken harten Knüppel,
Sprach: „Danke, lieber Hase!“ —

Und schlug ihn auf die Nase.

Dann spricht er mit Gekicher:
„Mein Kohl ist sicher!“

Und wer noch fragt,
Was dies besagt,
Ist offenbar
So klug, als wie das Häschen war.

Das brave Lenchen

Auf einem Schlosse fern im Holz
Wohnt eine Frau gar reich und stolz.

In einem Hüttchen arm und klein
Wohnt Lenchen und ihr Mütterlein.
Das Mütterlein ist schwach und krank
Und ohne Geld und Speis und Trank.

Da denkt das Lenchen: Ach, ich lauf'
Um Hilfe nach dem Schloß hinauf!

Es nimmt sich nichts wie einen Schnitt
Vom allerletzten Brote mit.

Und wie es kommt bis an den Steg,
Sitzt da ein armer Hund am Weg.
„Ach!" ruft der Hund. „Mein Herr ist tot;
Hätt' ich doch nur ein Stückchen Brot!"

„Hier", spricht das Lenchen, „hast du was!" —
Zieht 's Brot hervor und gibt ihm das.

Und wie es weiter fort gerannt,
Liegt da ein Fisch auf trocknem Sand.

„Ach!“ ruft der Fisch und zappelt sehr.
„Wenn ich doch nur im Wasser wär'!“

Gleich bückt das Lenchen sich danach
Und trägt ihn wieder in den Bach.

Dann ist es weiter fort gerannt,
Bis es die Frau im Schlosse fand. —

„Ach, liebe Frau, erbarmt euch mein,
Ich hab' ein krankes Mütterlein!“

„Fort!“ schreit die Frau. „Nichts gibt es hier!“ —
Und jagt das Lenchen vor die Tür.

Das Lenchen sieht vor Tränen kaum
Und setzt sich stumm an einen Baum.

Und horch, im hohlen Baum erklingt
Ein feines Stimmlein, welches singt:
„Mach auf, mach auf, ich bitt' gar schön,
Möcht' gern die liebe Sonne sehn!“

Im Baum, da ist ein Löchlein rund,
Ist zugesteckt mit einem Spund.

Den zieht das Lenchen aus und spricht:
„So komm ans Licht, du armer Wicht!“

Sieh da, und eine Schlange schmiegt
Sich aus dem Baum hervor und kriecht
Und schlingt und schlängelt mit Gezisch
Sich in das dichte Waldgebüsch
Und raschelt da herum und kam
Und bracht' ein Blümlein wundersam.

O Krankentrost, du Blümlein rot,
Herztulipan, hilf aus der Not!

Das Lenchen nimmt das Blümlein an
Und eilt nach Haus, so schnell es kann.

Und wie es kommt bis übern Steg,
Tritt ihm ein Räuber in den Weg.

Dem armen Lenchen stockt das Blut,
Läßt 's Blümlein fallen in die Flut.

Da kommt der Hund und jagt zum Glück
Den Räuber in den Wald zurück.

Und unser Fisch ist auch nicht faul;
Er trägt die Blume in dem Maul.

Jetzt läuft das Lenchen schnell hinein
Zum lieben kranken Mütterlein,
Legt 's Blümlein ihr auf Herz und Mund,
macht 's Mütterlein sogleich gesund;

Heilt auch noch sonst viel kranke Leut
Und ist aus aller Not befreit.

Der Räuber aber hat bei Nacht
Die Frau im Schlosse totgemacht.

Der Sack und die Mäuse

Ein dicker Sack voll Weizen stand
Auf einem Speicher an der Wand. —
Da kam das schlaue Volk der Mäuse
Und pfiff ihn an in dieser Weise:

„Oh, du da in der Ecke,
Großmächtigster der Säcke!
Du bist ja der Gescheitste,
Der Dickste und der Breitste!
Respekt und Reverenz
Vor Eurer Exzellenz!“

Mit innigem Behagen hört
Der Sack, daß man ihn so verehrt.

Ein Mäuslein hat ihm unterdessen
Ganz unbemerkt ein Loch gefressen.

Es rinnt das Korn in leisem Lauf.
Die Mäuse knuspern's emsig auf.

Schon wird er faltig, krumm und matt.
Die Mäuse werden fett und glatt.

Zuletzt, man kennt ihn kaum noch mehr,
Ist er kaputt und hohl und leer.

Jetzt ziehn sie ihn von seinem Thron;
Ein jedes Mäuslein spricht ihm hohn;

Und jedes, wie es geht, so spricht's:
„Empfehle mich, Herr Habenichts!"

Die beiden Schwestern

Es waren mal zwei Schwestern,
Ich weiß es noch wie gestern.
Die eine namens Adelheid
War faul und voller Eitelkeit.
Die andre, die hieß Kätchen
Und war ein gutes Mädchen,
Sie quält sich ab von früh bis spät,
Wenn Adelheid spazierengeht.
Die Adelheid trank roten Wein,
Dem Kätchen schenkt sie Wasser ein.

Einst war dem Kätchen anbefohlen,
Im Walde dürres Holz zu holen.

Da saß an einem Wasser
Ein Frosch, ein grüner, nasser;
Der quakte ganz unsäglich
Gottsjämmerlich und kläglich:
„Erbarme dich, erbarme dich,
Ach, küsse und umarme mich!“

Das Kätchen denkt: Ich will's nur tun,
Sonst kann der arme Frosch nicht ruhn!

Der erste Kuß schmeckt recht abscheulich,
Der gräsiggrüne Frosch wird bläulich.

Der zweite schmeckt schon etwas besser;
Der Frosch wird bunt und immer größer.

Beim dritten gibt es ein Getöse,
Als ob man die Kanonen löse.

Ein hohes Schloß steigt aus dem Moor,
Ein schöner Prinz steht vor dem Tor.
Er spricht: „Lieb Kätchen, du allein
Sollst meine Herzprinzessin sein!"
Nun ist das Kätchen hochbeglückt,
Kriegt Kleider schön mit Gold gestickt
Und trinkt mit ihrem Prinzgemahl
Aus einem goldenen Pokal.

Indessen ist die Adelheid
In ihrem neusten Sonntagskleid
Herumspaziert an einem Weiher,
Da saß ein Knabe mit der Leier.
Die Leier klang, der Knabe sang:
„Ich liebe dich, bin treu gesinnt,
Komm, küsse mich, du hübsches Kind!"

Kaum küßt sie ihn,
So wird er grün,
So wird er struppig,
Eiskalt und schuppig.

Und ist — o Schreck! —
Der alte kalte Wasserneck.

„Ha!“ lacht er. „Diese hätten wir!“
Und fährt bis auf den Grund mit ihr.

Da sitzt sie nun bei Wasserratzen,
Muß Wassernickels Glatze kratzen,
Trägt einen Rock von rauhen Binsen,
Kriegt jeden Mittag Wasserlinsen;
Und wenn sie etwa trinken muß,
Ist Wasser da im Überfluß.

Hänschen Däumeling

Es lebt' ein Schneider leicht und dünn
Mit seiner Frau gemütlich hin.
Sie hatten auch ein Söhnlein schon,
Sehr klein und zierlich von Person.
Er war nicht dicker wie die Pflaumen
Und grad so lang als wie mein Daumen.
Drum, weil er so ein kleines Ding,
Nennt man ihn Hänschen Däumeling.
Sein Mut jedoch ist ohne Tadel,
Sein Degen spitz wie eine Nadel;
Damit hat er an einer Wand
Drei Fliegen durch und durch gerannt.

Drauf legt er sich im grünen Grase,
Um auszuruhn, auf Bauch und Nase.

Ein Rabe, der spazierengeht,
Hat ihn mit einem Aug' erspäht.
Er denkt: Was ist das für ein Käfer?

Und rupft und zupft den kleinen Schläfer.

Der dreht sich um und will den Frechen
In scinc dürren Waden stechen.
„Kraha!" lacht dieser. „Wär' nit übel!
Gottlob! Ich habe dicke Stiebel!"

Grapps! — packt er ihn, fliegt in die Höh'
Und weit, weit über einen See.

Die Eltern aber fragen bange:
Wo bleibt denn Hänschen nur so lange?
Sie suchen ihn in allen Taschen
In Stiefeln, Hauben, Büchsen, Flaschen.
Sie rufen: „Herzchen"! — rufen: „Liebchen"! —
Allein es kommt und kommt kein Bübchen.

Der Rabe mit dem Hänschen flog
Auf einen Baum, erschrecklich hoch.
Hier wünscht er ihm recht guten Morgen
Und läßt ihn für sich selber sorgen.

Uhu! Im Astloch mit Geheule
Hockt eine alte Schleiereule.

Und über ihm die dicke Spinne
Hat auch nichts Guts mit ihm im Sinne.

Schon sträubt die Eule sich und droht,
Das Hänschen sticht die Spinne tot.

Schnell läßt er sich an ihrem Faden
Vom Baum herunter ohne Schaden.

Juchhe! Hier unten in dem Moos
Geht's lustig her und ist was los.

Drei muntre Käfer trinken Met
Von allerbester Qualität.

Da heißt es: „Prost!“ und: „Was wir lieben!“
Das Hänschen trinkt so viel wie sieben.
Der Kopf wird schwer, die Beine knicken,

Bums! liegt das Hänschen auf dem Rücken.

Das gibt 'n Spaß! Die Käfer laufen
Mit ihm zu einem Ameishaufen.

So was macht munter. O wie schnelle
Verläßt er diese Wimmelstelle.

Er läuft und schlupft mit großer Freude
In ein sehr enges Wohngebäude.

Nun ja! denkt sich der Jägersmann.
Jetzt zieh' ich meine Handschuh an!

Auweh! Was war das für ein Stich?!
Der Jägersmann schreit jämmerlich.

Dem Hänschen wird's bedenklich doch;
Er möchte in ein Mäuseloch.
„Ein Dieb, ein Dieb!“ — So schreit die Maus
Und zieht ihn hinterwärts heraus.

Und plötzlich geht's: „Kraha! Kraha!“
Der böse Rab' ist wieder da.
Er faßt die Maus bei ihrem Schwänzchen
Und flattert weg mit Maus und Hänschen.

„Die" — ruft der Jäger — „muß ich haben!"
Bautz! Richtig trifft er Maus und Raben.

Und Rabe, Maus und Hänselein
Plumbumsen in den See hinein.

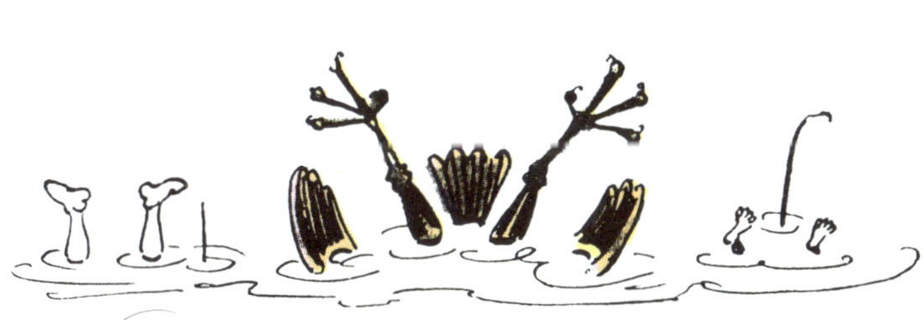

Sofort erscheint die kleine Sylphe
Zephire, Königin im Schilfe,
Reicht ihm die Hand und lispelt fein:

„Sprich, Prinz,
Willst du mein Liebster sein?“

„Schön’ Dank!“ spricht er. „O Königin!
Ich muß zu meinen Eltern hin!“

„So geh’ ich mit dir!“ haucht Zephire.
„Mein Schifflein wartet vor der Türe!“

Und wie sie so dahingefahren
Und mitten auf dem Wasser waren,
Da kommt ein dicker Hecht und schwapp! —
Schluckt er sie in den Bauch hinab.

Ein Fischer, welcher grade fischt,
Hat aber gleich den Hecht erwischt.

Er überbringt ihn Hänschens Mutter,
Die denkt: Den braten wir in Butter!

Ratsch, wird der Bauch ihm aufgeschnitten,
Und sieh, wer kommt herausgeschritten?

Ei! Unser Hänschen, und galant
Führt er Zephiren an der Hand.

Das wurde mal ein hübsches Paar!
Sie lebten fröhlich manches Jahr.
Und Hänschen ward ein Damenschneider
Und machte wunderschöne Kleider;
Und was er machte, saß.
Er stieg auf eine Leiter
Und nahm genau das Maß.

Der weise Schuhu

Der Schuhu hörte stets mit Ruh,
Wenn zwei sich disputierten, zu. —
Mal stritten sich der Storch und Rabe,
Was Gott, der Herr, zuerst erschaffen habe,
Ob erst den Vogel oder erst das Ei.
„Den Vogel!“ schrie der Storch.
„Das ist so klar wie Brei!“
Der Rabe krächzt: „Das Ei, wobei ich bleibe;
Wer's nicht begreift, hat kein Gehirn im Leibe!“

Da fingen an zu quaken
Zwei Frösch' in grünen Jacken.
Der eine quakt: „Der Storch hat recht!“
Der zweite quakt: „Der Rab' hat recht!“

„Was?“ schrien die beiden Disputaxe.
„Was ist das da für ein Gequakse?“ —
Der Streit erlosch. —
Ein jeder nimmt sich seinen Frosch,
Der schmeckt ihm gar nicht schlecht.

Ja, denkt der Schuhu, so bin ich!
Der Weise schweigt und räuspert sich!

Schmied und Teufel

Ein kleiner Teufel, bös und frech,
Kommt aus der Hölle, schwarz wie Pech.

Der Schmied sitzt bei der Schraube,
Der Teufel zupft die Haube.

Der Schmied tut sich entsatzen,
Der Teufel will ihn kratzen.

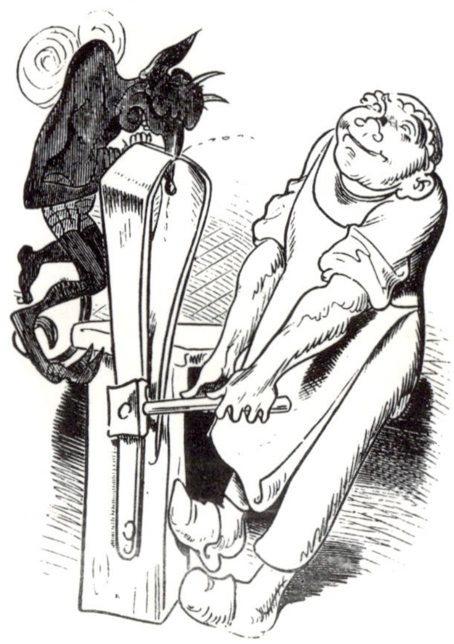

Der Teufel nähert der Klammer sich:
Ja, siehst du wohl! Da hat er dich!

Durch eine hohle Tonnen
Ist ihm der Schmied entronnen.

Er faßt ihn mit der Zange,
Dem Teufel wird es bange.

Er legt ihn über den Amboß quer,
Au, au! Da schreit der Teufel sehr.

Der Schwanz wird abgekniffen.
Der Teufel hat gepfiffen.

Er heult und fährt zur Hölle nieder:
„Das sag' ich meiner Großmutter wieder!!"

Der Verdächtige

Trau' keinem Filou
Und hätt' er auch beide Augen zu.

Der Bauer und das Kalb

Ein Bauer, der kein Geld mehr hat,
Der brächte gern sein Kalb zur Stadt.

Doch schau: wie dieses Tier sich sträubt
Und widerspenstig stehenbleibt.

Der liebenswürdige Bauersmann
Bietet umsonst ihm Kräuter an.

Jetzt schau! wie er's mit Disteln sticht:
Das Kalb schreit: „Bäh!“ — doch geht es nicht.

Vergebens druckt er es und schiebt,
Das Kalb bleibt stehn, wie's ihm beliebt.

Und ganz vergeblich ebenfalls
Sucht er es fortzuziehn am Hals.

Er nimmt das Kalb bei Schweif und Ohr,
Doch bleibt es störrig wie zuvor.

Da denkt er, es mit Schlägen
Zum Gehen zu bewegen.

Mit Drohen und Lehren
Sucht er es zu bekehren.

Allein trotz allem Schlagen
Muß er das Kalb noch tragen.

Doch schon im nächsten Augenblick
Möcht' es durchaus zum Stall zurück.

Weil das ihm aber lästig ist,
Besinnt er sich auf eine List.

Er hängt die Glocke um, schreit: „Muh!“
Da glaubt das Kalb, er sei die Kuh.

Die Fliege

Dem Herrn Inspektor tut's so gut,
Wenn er nach Tisch ein wenig ruht.

Und, aufgeschreckt aus halbem Schlummer,
Schaut er verdrießlich auf den Brummer.

Da kommt die Fliege mit Gebrumm
Und surrt ihm vor dem Ohr herum.

Die böse Fliege! Seht, nun hat se
Sich festgesetzt auf seiner Glatze.

„Wart nur, du unverschämtes Tier!
Anitzo aber komm' ich dir!"

Behutsam schleicht er nach der Tasse,
Daß er die Fliege da erfasse.

Perdauz! — Darin ist er gewandt —
Er hat sie wirklich in der Hand.

Hier schaut er nun mit großer List,
Wo sie denn eigentlich wohl ist.

Surr! — Da! — Sie ist schon wieder frei.
Ein Bein, das ist ihr einerlei.

Jetzt aber kommt er mit der Klappe,
Daß er sie so vielleicht ertappe,

Und um sie sicher zu bekommen,
Hat er den Sorgenstuhl erklommen.

Da holt er aus mit voller Kraft;
Die Fliege wird dahingerafft.

Rumbums! Da liegt der Stuhl und er;
Die Fliege flattert froh umher.

Und fröhlich sieht er das Insekt
Am Boden leblos ausgestreckt.

Erquicklich ist die Mittagsruh,
Nur kommt man oftmals nicht dazu.

Der Zylinder

Josephitag ist, wie du weißt,
Ein Fest für den, der Joseph heißt.

Drum bürstet, weil er fromm und gut,
Auch dieser Joseph seinen Hut
Und macht sich überhaupt recht schön,
Wie alle, die zur Metten gehn.

Hier geht er aus der Türe schon
Und denkt an seinen Schutzpatron. —

Heraußen weht nicht sehr gelind
Von Osten her ein kühler Wind,
So daß die beiden langen Spitzen,
Die hinten an dem Fracke sitzen,
Mit leichtem Schwunge sich erheben
Und brüderlich nach Westen streben.

Jetzt kommt die Ecke.
Immer schlimmer
Weht hier der Wind. — Ein Frauenzimmer,
Obschon von Wuchse schön und kräftig,
Ist sehr bewegt und flattert heftig,
So daß man wohl bemerken kann —

O Joseph, was geht dich das an?

Ja, siehst du wohl, das war nicht gut!
Jetzt nimmt der Wind dir deinen Hut!

Schnell legt der Joseph sein Brevier
Auf einen Stein vor einer Tür,
Um so erleichtert ohne Weilen
Dem schönen Flüchtling nachzueilen. –

O weh, da trifft und faßt ihn grad,
Doch nur am Rand, ein Droschkenrad.

Jetzt eilt er wieder schnell und heiter
In schönen Kreisen emsig weiter.
Und Joseph eilet hinterdrein

Hopsa!
Da liegt ja wohl ein Stein.

Wutschi — Der Joseph liegt im Saft.
Der Hut entfernt sich wirbelhaft.

Dies sieht aus frohem Hintergrund
Ein alter Herr mit seinem Hund,
Und grade kommen auch daher
Die andern frommen Josepher
Und denken sich mit frohem Graus:
Wie schauderhaft sieht Joseph aus!

Und Josephs Hut, wo wäre der,
Wenn der Soldat allhier nicht wär'

Und nicht mit seinem Bajonett
Ihn mutig aufgehalten hätt'. —

Nun hat ihn doch der Joseph wieder. —
Stolz geht der Krieger auf und nieder. —

Der Bauer und der Windmüller

Die Luft ist kühl, es weht der Wind;
Der Bauer zieht zur Mühl' geschwind.

Der böse Müller hat's gesehn
Und läßt sogleich die Mühle gehn.

Ei, denkt der brave Bauersmann,
Da bind' ich meinen Esel an.

Den Esel zieht es fort, o Graus!
Der Müller guckt zum Loch heraus.

Am Schwanz hängt sich der Bauer an,
Was ihm jedoch nichts helfen kann.

Der Müller aber mit Vergnügen
Sieht in der Luft den Esel fliegen.

Denn sieh, die Haare halten nicht —
Bums! liegt er da, der arme Wicht.

Indessen haut dem Bäuerlein
Ein Flügel an das rechte Bein.

Jetzt endlich bleibt die Mühle stehn,
Doch um den Esel ist's geschehn.

Und als der Bauer kam nach Haus,
Fuhr seine Frau zur Tür heraus.

Hier siehst du nun auf einem Karrn
Den Abgeschiednen heimwärts fahrn.

Mit einem Besen, groß und lang,
Macht sie dem Bauer angst und bang.

Der Bauer nimmt die Säge
Und wehrt sich ab die Schläge.

Die Nase blutet fürchterlich,
Der Bauer denkt: Was kümmert's mich!

Ein Sägezahn trifft ganz genau
Ins Nasenloch der Bauersfrau,

Zur Mühle geht der Bauersmann
Und fängt sogleich zu sägen an.

Racksknacks!
Da bricht die Mühle schon —
Das war des bösen Müllers Lohn.

Der böse Müller aber kroch
Schnell aus dem offnen Mühlenloch.

Der Affe und der Schusterjunge

Der Affe sitzt in sanfter Ruh —
Der Schusterbube schleicht herzu.

Der tupft ihn voller Übermut
Mit der Zigarre, die in Glut.

Schnell springt der Affe in die Höh';
Denn die Geschichte tut ihm weh.

Er springt herab und faßt und rupft
Den Buben, welcher ihn getupft,

Eilt dann zurück mit raschem Schritt
Und nimmt auch noch die Flasche mit.

Der Affe steht auf einem Bein
Und trinkt den guten Branntewein.

Der Schusterbub will's ihm verwehren;
Der Affe läßt sich ungern stören,

Kaum, daß der Herr sich dreingemischt,
So hat der Aff' den Hut erwischt.

Und auf dem Buben mit Geklirr
Zertrümmert er das Trinkgeschirr.

Dem Herrn sein Hut ist noch ganz neu,
Dem Affen ist das einerlei.

Des Schusterbuben Wehgeschrei
Lockt einen dicken Herrn herbei.

Der Herr schlägt mit dem span'schen Rohr,
Der Affe hält den Hut davor.

Und eh' er sich versieht, der Dicke,
Nimmt ihm der Affe die Perücke.

Fort schleicht der Bube und der Dicke,
Der Aff' zerstückelt die Perücke.

Jetzt hat er auch den Stock gepackt
Und biegt ihn, bis er abgeknackt.

Der Affe schlummert ruhig ein,
Voll Seelenruh' und Branntewein.

Die Rutschpartie

Da kommt der Hans auf seinem Schlitten
Vergnügt den Berg herabgeritten.

Grad geht der Küster da vorbei
Und friert und denkt sich allerlei.

Schwupp! hat der Schlitten ihn gefaßt.
Warum hat er nicht aufgepaßt?!

Jedoch der Schlitten faßt ihn schon,
Die Tabakspfeife fliegt davon.

Ein Jäger raucht und geht nach Haus;
Der Schlitten kommt in vollem Saus.

Nun kommt trotz Ach- und Wehgeschrei
Die Botenfrau auch an die Reih'.

Schau, schau!
Den Hund, den hat's bereits,
Der Jäger spränge gern abseits.

So saust man unaufhörlich fort
Bis zu dem steilen Abhang dort.

Ein jeder fliegt von seinem Sitze;
Der Schuß geht los
Und durch die Mütze.

Hier steckt ein jeder tief im Schnee
Und reckt die Beine in die Höh'.

Doch gleich hat man sich aufgerafft
Und prügelt sich mit aller Kraft.

Zum Schluß geht man voll Schmerz beiseit;
Das macht die Unvorsichtigkeit.

Der Wurstdieb

Hier hängt die Wurst — dort an der Mauer
Steht Louis heimlich auf der Lauer.

Und schon bemerkt man sein Bestreben,
Sich eine Wurst herauszuheben.

Jetzt hat er sie und schleicht davon;
Doch Graps, der Hund, erblickt ihn schon.

Eh' Louis denkt, daß er ihn packe,
Hat Graps ihn hinten bei der Jacke.

Die zwei, die schaun sich ins Gesicht,
Der eine froh, der andre nicht.

Graps aber trägt mit sanftem Schritte
Die Wurst zu seiner stillen Hütte.

Indessen Graps sich so ergötzt,
Hat Louis aufrecht sich gesetzt

Und will ganz heimlich sich soeben
Aus dieser Gegend fortbegeben;

Doch Graps, der wachsam, zieht ihn wieder
Mit kühnem Griff nach hinten nieder.

Er legt sich glücklich auf die Spitze
Von Louis seiner Zipfelmütze.

Der treue Graps, der denkt sich: Nun
Kann ich getrost ein wenig ruhn!

Doch Louis zog ganz in der Stille
Den Kopf aus seiner spitzen Hülle

Und wäre glücklich fast entkommen,
Hätt' ihn der Graps nicht festgenommen.

Der gute Nachbar sah ihn stehn
Und will mit ihm zum Ofen gehn.

Er steht und darf sich nicht bewegen;
Von oben strömt ein kühler Regen.

Bauz! Klirr! Er stolpert an der Schwelle;
Der Louis ist ein Eisgerölle.

Der Regen wird zu kaltem Reif;
Der Louis friert ganz starr und steif.

Da nimmt der gute Nachbar schnell den Besen
Und fegt hinaus, was Louis einst gewesen.

Die feindlichen Nachbarn *oder Die Folgen der Musik*

Ein Maler und ein Musikus,
So Wand an Wand, das gibt Verdruß.

Besonders wird das Saitenspiel
Dem Nebenmenschen oft zuviel.

Schon hat der Maler, sehr verdrossen,
Sich seine Ohren zugeschlossen.

Doch so ein rechtes Flageolett
Dringt durch. — Der Maler kriecht ins Bett. —

— Jetzt kommt vermittelst einer Pfeife
Des Malers Racheplan zur Reife.

Das Wasser rinnt ins Instrument;
Der Musikus schreit: „Zapperment!“

Er kommt, von Rachedurst durchdrungen,
Ins Atelier hereingesprungen;

Und packt — ritsch, ratsch! — mit kühner Hand
Den Maler durch die Leinewand.

Nun geht es los! — Der Pudel naht
Und mischt sich in das Attentat.

Der Musikus kämpft unverdrossen
Und wird mit Sikkativ begossen. –

Am Ende läßt man ab vom Streite;
Der Pudel freut sich seiner Beute.

Verruiniert stehn beide da. –
Das tatest du, Frau Musika!

Bilderpossen

Der Eispeter

Als Anno 12 das Holz so rar
Und als der kalte Winter war,
Da blieb ein jeder gern zu Haus;
Nur Peter muß aufs Eis hinaus.

Da draußen, ja, man glaubt es kaum,
Fiel manche Krähe tot vom Baum.

Der Onkel Förster warnt und spricht:
„Mein Peter, heute geht es nicht!“

Auch ist ein Hase bei den Ohren
Ganz dicht am Wege festgefroren.

Doch Peter denkt: Tralitrala!
Und sitzt auf einem Steine da.

Nun möchte Peter sich erheben;
Die Hose bleibt am Steine kleben.

Der Stoff ist alt, die Lust ist groß;
Der Peter reißt sich wieder los.

Na, richtig! Ja, ich dacht' es doch!
Da fällt er schon ins tiefe Loch.

Mit Hinterlassung seiner Mütze
Steigt Peter wieder aus der Pfütze.

Bald schießt hervor, obschon noch klein,
Ein Zacken Eis am Nasenbein.

Der Zacken wird noch immer besser
Und scharf als wie ein Schlachtermesser.

Der Zacken werden immer mehr,
Der Nasenzacken wird ein Speer.

Und jeder fragt: Wer mag das sein?
Das ist ja ein gefrornes Stachelschwein!

Die Eltern sehen nach der Uhr:
„Ach, ach! Wo bleibt denn Peter nur?“

Da ruft der Onkel in das Haus:
„Der Schlingel ist aufs Eis hinaus!“

Mit einer Axt und stillem Weh
Sucht man den Peter hier im Schnee.

Schon sieht man mit betrübtem Blick
ein Teil von Peters Kleidungsstück.

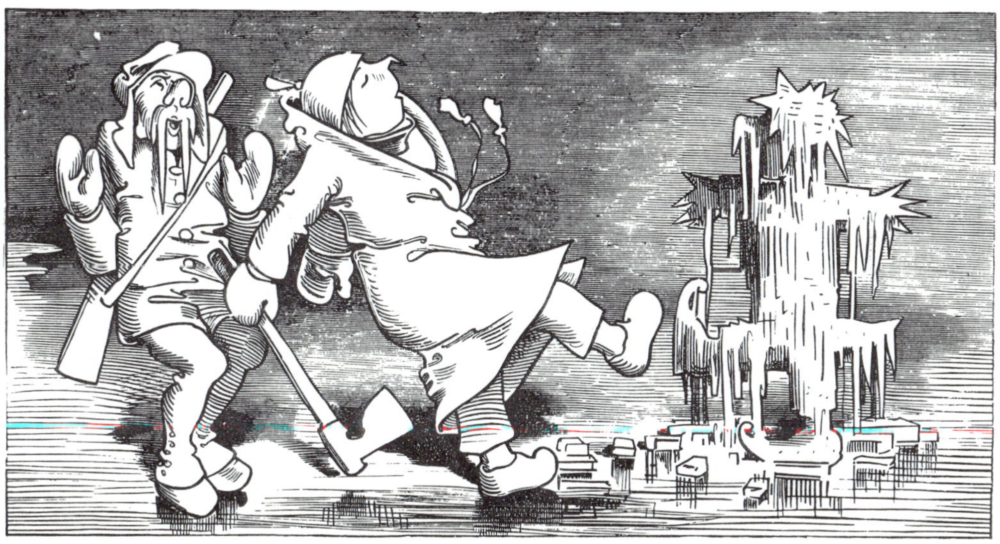

Doch größer war die Trauer da,
Als man den Peter selber sah.

Hier wird der Peter transportiert,
Der Vater weint, die Träne friert.

Behutsam läßt man Peters Glieder
Zu Haus am warmen Ofen nieder.

Juchhe! Die Freudigkeit ist groß;
Das Wasser rinnt, das Eis geht los.

Ach, aber ach! Nun ist's vorbei!
Der ganze Kerl zerrinnt zu Brei.

Hier wird in einen Topf gefüllt
Des Peters traurig Ebenbild.

Jaja! In diesem Topf von Stein,
Da machte man den Peter ein,

Der, nachdem er anfangs hart,
Später weich wie Butter ward.

Katze und Maus

Ort der Handlung: Die Küche.

Links ein Mauseloch, rechts ein Loch im Stiefel.
Eine Pumpe.
Ein Kleiderstock, woran eine Hose hängt.
Eine Stallaterne und ein Topf mit Wichse.

Die Maus spaziert in die Laterne,
Der böse Kater sieht's von ferne.

Schnapp springt er zu: das Glas zerbricht;
Die Maus, die kriegt er aber nicht.

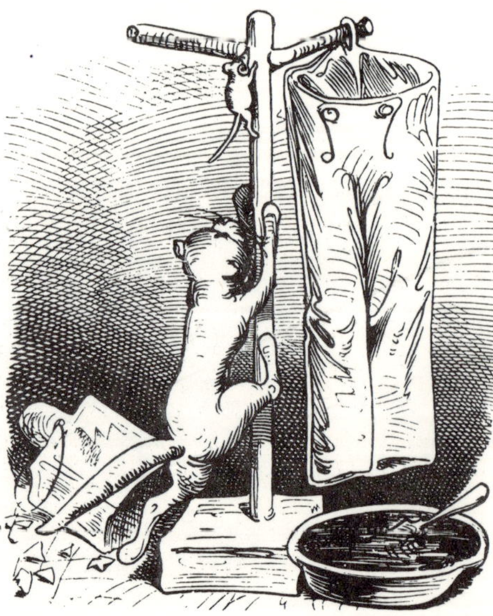

Den Kleiderstock erklimmt die Maus,
Der Kater nach in einem Saus.

Hier sausen sie durchs Hosenbein,
Die Maus heraus, die Katz' hinein.

Klatsch! fällt der Kater mit dem Kopf
In einen schwarzen Wichsetopf.

Der Kater ist ein halber Mohr,
Die Maus springt in das Stiefelrohr.

Der Kater denkt: Dich krieg' ich noch!
Der Stiefel aber hat ein Loch.

Hier springt denn auch die gute Maus
Bereits zum Stiefelloch heraus.

Die Maus läuft schnell ins Mäusenest;
Der Kater sitzt im Stiefel fest.

Ja, stelle dich nur auf den Kopf!
Der Stiefel bleibt dir doch am Schopf.

Die Köchin und der Hausknecht sehn
Mit Staunen an, was hier geschehn.

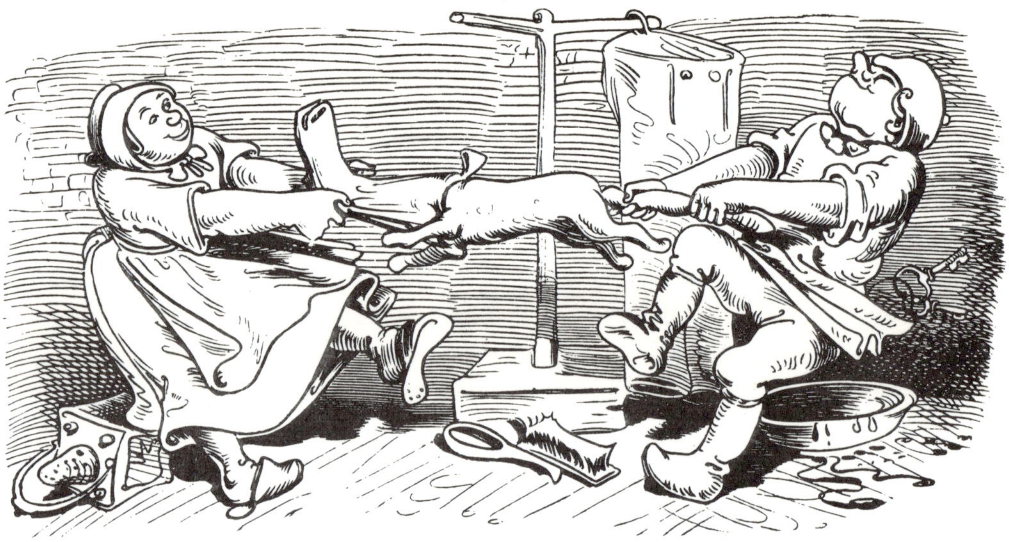

Und beide sieht man mit Bemühn
An Katzenschwanz und Stiefel ziehn.

Pardauz! Da haben wir es ja!
Sie liegen alle beide da.

Der Kater, der's verdient gehabt,
Wird eingeklemmt und abgeklappt.

Und wenn sich einer schwarz gemacht,
Mit Wasser wird's herausgebracht.

Die Mäuse aber springen
Im Kreis herum und singen:

„Der brave Stiefel hat ein Loch!
Der Stiefel lebe! Vivat hoch!"

Krischan mit der Piepe

De Vader segt: Ick mot nu gahn!
Krischan! Lat de Piepen stahn!

Kum awer geiht he ut der Doer,
Krigt Krischan all de Piepen her.

Min Krischan steckt ok gar nich fuul
De Smoekepiepen in dat Muul.

He smoekt! — Wat, Deuker, is denn dat?!
Mi dücht, dar achter rögt sick wat.

De Stock is mit den Schirm in Gange,
De Aben danzet mit der Tange.

De Slaprock danzt mit den Stohl, juhe!
Un de Disch mit den olen Kanapee.

Up eenmal — puff! — do werd et dunkel:
Dat is de ole Runkelmunkel?

Un — puff! — kummt no'n Keerel an:
Dat is de swarte Morian.

Se danzet un springet un dreihet sick,
Den Krischan werd so wunderlick.

Se danzet, dildi, se trampelt, schrum, schrum!
Wupp! dreiht sick de ganze Stube um!

Jüst tret de Moder in de Doer,
De Krischan ligt ganz krumm un quer.

He ligt to Bed; de Keerels winkt,
Als Moder swarten Kaffee bringt.

He drinkt den swarten Kaffee ut,
Dat deiht min lewen Krischan gut;

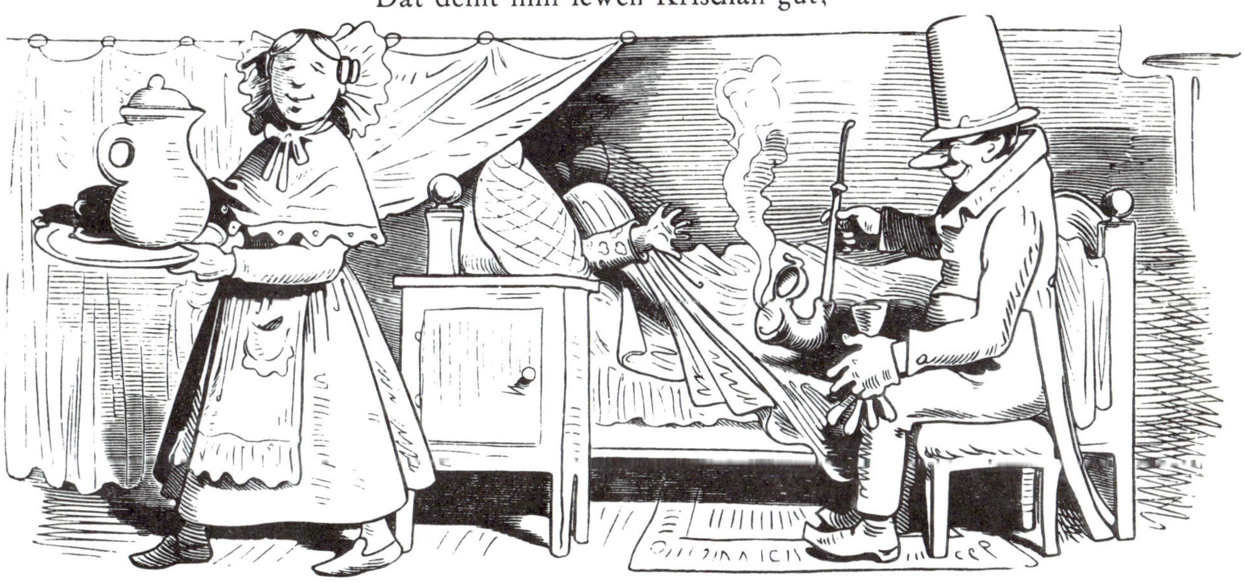

Un Vader sitt dabi un lacht
Un segt: „Dat heb ick lange dacht!

Jaja, min Jung! so mot et gahn!
Krischan lat de Piepe stahn!!"

Ihr Kinder, spricht das Mütterlein,
Geht ja nicht in den Wald hinein.

Ja Prosit! Wenn der Has' nicht wär'!
Gleich müssen sie dahinter her.

Nicht lange, eh' man's sich versah,
Steht schon die Kinderfalle da.

Die böse Hexe schreit: Nanu!
Perdatsch! Da fällt die Falle zu.

Und Hans und Gretel, ach, o Graus!
Schleppt man bis in das Hexenhaus.

Die Hexe macht das Feuer an,
Daß sie die Kinder kochen kann.

Am Tisch der dicke Bösewicht,
Der paßt schon auf sein Leibgericht.

Doch Hänsel faßt die Hex' am Bein,
Plumps! fällt sie in den Topf hinein.

Die Hexe kriegte ihren Lohn,
Tot hängt sie an der Gabel schon.

Der Menschenfresser, zornentbrannt,
Kommt mit dem Messer angerannt.

Im Kasten will er sie ertappen,
Der Kasten aber hat zwei Klappen.

O weh! Das hat er nicht bedacht,
Nun wird der Käfig zugemacht.

Der Dicke wird gerollt — und plumpf!
Schmeißt man ihn in den tiefen Sumpf.

Jetzt gehn die zwei zum Wald hinaus,
Die Mutter schaut schon aus dem Haus;

Sie winkt und läßt die Rute sehn:
Na, gute Nacht ! Da dank' ich schön!

Der Bauer und sein Schwein

Ein Bauer treibt in guter Ruh
Sein fettes Schwein der Heimat zu.

Bei einem Wirte kehrt er ein
Und kauft sich einen Branntewein.

Da zieht das Schwein, der Bauer fällt,
Weil er sich auf das Seil gestellt.

Sie stößt, mit schrecklichem Gebrumm,
Das Kind, den Tisch und Nachbar um.

Des Wirtes Nachbar und sein Sohn,
Die warten auf die Knödel schon.

Heraußen steht das Bäuerlein
Und wartet auf sein fettes Schwein.

Auf einmal kommt herein die Sau
Und stößt die gute Nachbarsfrau.

Das Schwein läuft aus der Tür heraus,
Der Bauer reitet fort im Saus.

Dem Schweine kommt das lästig vor,
Drum wälzt es sich im feuchten Moor.

Ans Ufer springt das böse Schwein,
Der Bauer mühsam hinterdrein.

Ins Schilderhaus verkriecht es sich,
Der Bauer spricht: „Jetzt hab' ich dich!"

Er setzt sich auf das Schilderhaus,
Da schaut des Schweines Schwanz heraus.

Der Wirt, Soldat und Nachbarsmann,
Die greifen jetzt den Bauer an.

Doch endlich schlachtet man das Schwein,
Da freute sich das Bäuerlein.

Der Virtuos

Ein Neujahrskonzert

Scherzo

Zum neuen Jahr begrüßt euch hier
Ein Virtuos auf dem Klavier;
Er führ' euch mit Genuß und Gunst
Durch alle Wunder seiner Kunst.

Silentium

Adagio

Introduzione

Adagio con sentimento

Piano

Capriccioso

Smorzando

Passagio chromatico

Maëstoso

Fuga del diavolo

Forte vivace

Fortissimo vivacissimo

Finale furioso

Bravo-Bravissimo

Die Drachen

Schon seit mehren Wochen haben
Drei intim bekannte Knaben —
Fritz, Franz, Conrad hießen sie —
Mit Verstand, Geduld und Müh'
Schöne Drachen sich gepappt
Und zum Flug bereit gehabt,
So daß sie, bis auf den Wind,
Mit der Sache fertig sind.

Endlich weht 'ne frische Brise,
Und fort geht es auf die Wiese.
Conrad wandelt an der Spitze,
Dann kommt Franz und schließlich Fritze.

„Freund!" sprach plötzlich Franz zu Fritzen —
„Siehst du Zöpfels Äpfel sitzen?"

Und als Fritze dies bejaht,
Schreitet man sofort zur Tat.
Doch was Conrad anbetraf,
Der geht weiter klug und brav.

Trefflich gut ging die Geschichte.
Franz hat Zöpfel seine Früchte.
Lirum larum! dachte er —
Fritze hin und Fritze her!
Ich genieße, was ich habe! —
Damit ist der freche Knabe,
Grad als wäre nichts passiert,
Äpfel essend fortmarschiert.
Saftig kann man's knirschen hören.
Soll das Fritzen nicht empören?

Mit dem Fuße und mit Krachen,
Gradesweges durch den Drachen,
Gibt er Franzen rücksichtslos
Einen wirkungsvollen Stoß.

Und es hebt sich und es saust
Seine zorngeballte Faust
Durch den vorgeschützten Drachen
Gleichfalls unter großem Krachen,
Dergestalt in Fritzens Nacken,
Daß er meint, er muß zerknacken.

Franz, der dieses krummgenommen,
Ist sofort herumgekommen.

Jetzt sucht jeder sich zu decken,
Und es wird so mit den Pflöcken,
Wo die Schnur herumgewickelt,
Emsig hin und her geprickelt.

Franz zuerst durch kühnes Wagen
Trifft genau auf Fritzens Magen.

Dafür sticht ihn Fritz, der flinke,
In das Nasenloch, das linke.

So entspinnt sich auf die Länge
Ein direktes Handgemenge,
Was zunächst und augenscheinlich
Für die Ohren äußerst peinlich.

Dennoch wird der Kampf zuletzt
Noch am Boden fortgesetzt.

Grad kommt Zöpfel wie gewöhnlich,
Um sich wieder mal persönlich
Und gewiß zu überzeugen,
Daß sein Obst noch an den Zweigen.
„Wer" — ruft er — „hat dies getan?"
Damit stockt sein Sprachorgan.

Ha! Jetzt wird er grausam heiter.
Er entdeckt die beiden Streiter.

Fritze kriegt den ersten Schlag,
Weil er am bequemsten lag.

Und der Franz war schon vergnügt,
Daß er siegt und oben liegt;
Bis die Peitsche wieder pfiff
Und auch ihn empfindlich kniff.

Gern entrinnen nun die beiden,
Um das Weitre zu vermeiden,
Wären nicht die nötgen Beine
Tief verwickelt in die Leine. —
Also folgt der Rest der Hiebe. —
Zöpfel tut's mit Lust und Liebe.

Sorgsam sammelt hierauf Zöpfel
Seine hochgeschätzten Äpfel.
Einer nur ist angenagt,
Was jedoch nicht viel besagt;
Und so kehrt er hoch erfreut
Heim in seine Häuslichkeit.

Aber ach, wie traurig stand's
Um den Fritze und den Franz.
Soviel ist gewiß für sie:
Ihre Drachen steigen nie,
Während Conrad seiner schon,
Dieser Erdenwelt entflohn,
Höher stets und höher steigt,
Bis man vor Erstaunen schweigt.

Der Fuchs

Die Bäurin hat ein Huhn erstochen,
Um Supp mit Huhn davon zu kochen.
Der Bauer sprach: „Das gibt ’n Jux!
Mit diesem Huhn fang’ ich den Fuchs!“

Vors Loch der Mauer stellt er schlau
Die Schlinge heimlich und genau.

Grad denkt der Fuchs: Was ist zu tun?
Ich stehle irgendwo ein Huhn!

Und wie er da was Gutes riecht
Und durch das Loch der Mauer kriecht —
O weh! Der Schreck ist nicht geringe —
Er hat das Huhn, ihn hat die Schlinge.
Schon kommt in froher Hast und Eile
Der Bauer mit dem langen Beile.

Indessen kroch und schlüpfte flugs
Durchs Loch zurück der schlaue Fuchs.
Draus sitzt der Fuchs, drin steht der Bauer,
Dazwischen steht die Gartenmauer.

Er steigt hinauf; er hat von oben
Zum wuchtgen Hieb das Beil erhoben.

Doch unbedacht, weil er in Zorn,
Zieht ihn der Hieb zu sehr nach vorn.

Drin sitzt der Fuchs, draus liegt der Bauer,
Dazwischen steht die Gartenmauer.

Er läuft nach innen durch das Tor.
Das Ding ist wieder wie zuvor.

Er sieht, es geht nicht so allein;
Drum fängt er heftig an zu schrein:
„Catrine, Catrine!
Komm 'raus, wir haben ihne!"

Sie kommt begierig angerannt,
Die Ofengabel in der Hand.
Jetzt, Meister Fuchs, mußt du erliegen,
Wenn sie dich in die Mitte kriegen.

Schnell fährt er auf die Bäurin los.
Zu langsam war der Gabelstoß.
Weh aber, wenn sie noch mal sticht!

Der Fuchs kehrt um und wartet nicht. —
Der Bauer faßt mit aller Kraft
Das Beil und zielt gewissenhaft.

Trotz alledem zerhaut er bloß
Die Schlinge, und der Fuchs ist los.
Der Fuchs beschleunigt seinen Schritt
Und nimmt auch noch das Hühnchen mit.

Verdonnert sehen hinterher
Sowohl die Bäurin wie auch er.

Sie sahen, wie der Fuchs entrann;
Dann sahen sie sich selber an.
„Du dumme Gans!“ sprach er zu ihr.
„Du Schafskopf!“ nennt sie ihn dafür.

Die Folgen der Kraft

Mit kühnem Mut aus seinem Bett
Schwingt sich der Turner Hoppenstedt.

Schon ist das Hantelpaar bereit
Zu frisch-fromm-freier Tätigkeit.

Der Bizeps wird zuerst geübt,
Er, der dem Arm die Spannkraft gibt.

Einseitig aber ist der Mann,
Der's nicht mit beiden Händen kann.

Stramm sei der Nacken, daß man trage
Das Vollgewicht in kühner Waage.

Besonders auch versäumt er nie
Des Beines Muskelenergie.

Derweilen sitzt unten beim Kaffee
Herr Meck und deutet in die Höh'.

Es wächst die Kraft. — Doch unten hier
Liest Vater Meck in dem Kurier.

Und kracks! — Zu groß wird das Gewicht;
Die Decke trägt es nicht — und — bricht.

Und Hoppenstedt, wie er sich stemme,
Saust schon in Topf und Butterbemme.

Man läuft, man fällt
nach allen Seiten,
Und Hoppenstedt
fängt an zu reiten.

Er eilt hinaus mit schnellem Schritt,
Und Topf und Butter eilen mit.

Am schlimmsten aber —
oh! oh! oh! —
Erging es dem
guten Fidelio.

Naturgeschichtliches Alphabet

für größere Kinder und solche, die es werden wollen

A Im Ameishaufen wimmelt es,
Der Aff frißt nie Verschimmeltes.

B Die Biene ist ein fleißig Tier,
Dem Bären kommt das g'spaßig für.

C Die Ceder ist ein hoher Baum,
Oft schmeckt man die Citrone kaum.

D Das wilde Dromedar man koppelt,
Der Dogge wächst die Nase doppelt.

E Der Esel ist ein dummes Tier,
Der Elefant kann nichts dafür.

F Im Süden fern die Feige reift,
Der Falk am Finken sich vergreift.

G Die Gems' im Freien übernachtet,
Martini man die Gänse schlachtet.

H Der Hopfen wächst an langer Stange,
Der Hofhund macht dem Wandrer bange.

I Trau ja dem Igel nicht, er sticht,
Der Iltis ist auf Mord erpicht.

J Johanniswürmchen freut uns sehr,
Der Jaguar weit weniger.

K Den Kakadu man gern betrachtet,
Das Kalb man ohne weiters schlachtet.

L Die Lerche in die Lüfte steigt,
Der Löwe brüllt, wenn er nicht schweigt.

M Die Maus tut niemand was zuleide,
Der Mops ist alter Damen Freude.

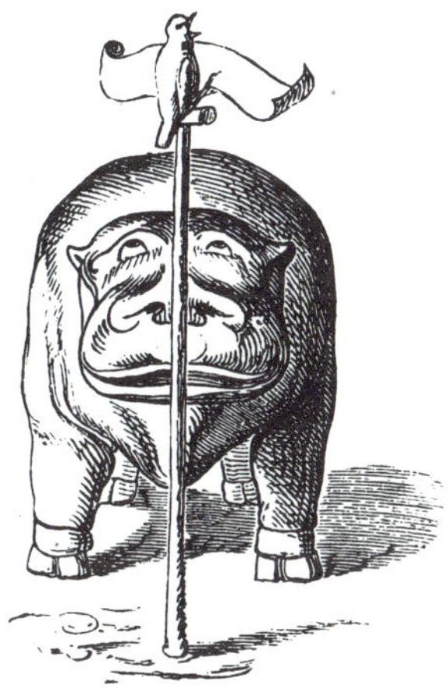

N Die Nachtigall singt wunderschön.
Das Nilpferd bleibt zuweilen stehn.

O Der Orang-Utan ist possierlich,
Der Ochs benimmt sich unmanierlich.

P Der Papagei hat keine Ohren,
Der Pudel ist meist halb geschoren.

Q Das Quarz sitzt tief im Berges-Schacht,
Die Quitte stiehlt man in der Nacht.

R Der Rehbock scheut den Büchsenknall,
Die Ratt' gedeihet überall.

S Der Steinbock lange Hörner hat,
Auch gibt es Schweine in der Stadt.

T Die Turteltaube Eier legt,
Der Tapir nachts zu schlafen pflegt.

U Die Unke schreit im Sumpfe kläglich,
Der Uhu schläft zwölf Stunden täglich.

V Das Vieh sich auf der Weide tummelt,
Der Vampir nachts die Luft durchbummelt.

W Der Walfisch stört des Herings Frieden,
Des Wurmes Länge ist verschieden.

Z Die Zwiebel ist der Juden Speise,
Das Zebra trifft man stellenweise.

Dorfpolitiker

Altentheiler liest mit Ruh'
In der Landeszeitung;
Friedlich grast die treue Kuh
Unter seiner Leitung.

Wenn sich zwei so einig sind
Und sich lange kennen,
Ach, wie kommt dann oft geschwind
Einer, sie zu trennen.

Daß die Trennung möglichst kurz,
Die die zwei betroffen,
Daß nicht gar zu hart der Sturz,
Nun, wir wollen's hoffen.

Überraschung

Stets findet Überraschung statt
Da, wo man's nicht erwartet hat;

Doch daß dieselbe überall
Grad' angenehm, ist nicht der Fall.

Gar oft erschreckt uns eine sehr
Und eine andre noch viel mehr.

Die Zeit

So ist nun mal die Zeit allhie,
Erst trägt sie dich, — dann trägst du sie;

Und wann's vorüber, weißt du nie.

Kritik des Herzens

In kleinen Variationen über ein bedeutendes Thema sollen diese Gedichte ein Zeugnis meines und unseres bösen Herzens ablegen. Recht unbehaglich! muß ich sagen. Also schweigen wir darüber, oder nehmen wir die Miene der Verachtung an und sagen, es sei nicht der Mühe wert, oder werfen wir uns in die Brust, und erheben wir uns in sittlicher Entrüstung! Oder sagen wir kurzweg: Es ist nicht wahr! Wer das letztere vorzieht und die Gedichte für falsch hält, der trete vor und lasse sich etwas genauer betrachten. — Was aber die sogenannte sittliche Entrüstung anbelangt, so muß sie wohl keine rechte Tugend sein, weil wir so eifrig dahinter her sind. — Schwieriger und heilsamer scheint mir das offene Geständnis, daß wir nicht viel taugen „von Jugend auf".

Es sitzt ein Vogel auf dem Leim,
Er flattert sehr und kann nicht heim.
Ein schwarzer Kater schleicht herzu,
Die Krallen scharf, die Augen gluh.
Am Baum hinauf und immer höher
Kommt er dem armen Vogel näher.
Der Vogel denkt: Weil das so ist
Und weil mich doch der Kater frißt,
So will ich keine Zeit verlieren,
Will noch ein wenig quinquilieren
Und lustig pfeifen wie zuvor.
Der Vogel, scheint mir, hat Humor.

*

Du fragtest mich früher nach mancherlei.
Ich sagte dir alles frank und frei.
Du fragtest, wann ich zu reisen gedächte,
Welch ein Geschäft ich machen möchte.
Ich sagte dir offen: „Dann und dann."
Ich gab dir meine Pläne an.
Oft hat die Reise mir nicht gepaßt;
Dann nanntest du mich 'n Quirlequast.
Oft ging's mit dem Geschäfte krumm;
Dann wußtest du längst, es wäre dumm.
Oft kamst du mir auch mit List zuvor;
Dann schien ich mir selber ein rechter Tor.
Nun hab' ich, weil mich dieses gequält,
Mir einen hübschen Ausweg erwählt.
Ich rede, wenn ich reden soll,
Und lüge dir die Jacke voll.

Ich kam in diese Welt herein,
Mich baß zu amüsieren,
Ich wollte gern was Rechtes sein
Und mußte mich immer genieren.
Oft war ich hoffnungsvoll und froh,
Und später kam es doch nicht so.

Nun lauf' ich manchen Donnerstag
Hienieden schon herummer,
Wie ich mich drehn und wenden mag,
's ist immer der alte Kummer.
Bald klopft vor Schmerz und bald vor Lust
Das rote Ding in meiner Brust.

*

Sei ein braver Biedermann,
Fange tüchtig an zu loben!
Und du wirst von uns sodann
Gerne mit emporgehoben.

Wie, du ziehst ein schiefes Maul?
Willst nicht, daß dich andre adeln?
Na, denn sei mir nur nicht faul
Und verlege dich aufs Tadeln.

Gelt, das ist ein Hochgenuß,
Schwebst du so mit Wohlgefallen
Als ein sel'ger Kritikus
Hocherhaben über allen.

Es wohnen die hohen Gedanken
In einem hohen Haus.
Ich klopfte, doch immer hieß es:
„Die Herrschaft fuhr eben aus!"

Nun klopf' ich ganz bescheiden
Bei kleineren Leuten an.
Ein Stückel Brot, ein Groschen
Ernähren auch ihren Mann.

*

Der Hausknecht in dem „Weidenbusch"
Zu Frankfurt an dem Main,
Der war Poet, doch immer kurz,
Denn wenig fiel ihm ein.

„Ja", sprach er, „Freund, wir leben jetzt
In der Depeschenzeit,
Und Schiller, käm' er heut zurück,
Wär' auch nicht mehr so breit."

*

Die Selbstkritik hat viel für sich.
Gesetzt den Fall, ich tadle mich;
So hab' ich erstens den Gewinn,
Daß ich so hübsch bescheiden bin;
Zum zweiten denken sich die Leut,
Der Mann ist lauter Redlichkeit;
Auch schnapp' ich drittens diesen Bissen
Vorweg den andern Kritiküssen;
Und viertens hoff' ich außerdem
Auf Widerspruch, der mir genehm.
So kommt es denn zuletzt heraus,
Daß ich ein ganz famoses Haus.

*

Es kam ein Lump mir in die Quer
Und hielt den alten Felbel her.
Obschon er noch gesund und stark,
Warf ich ihm dennoch eine Mark
Recht freundlich in den Hut hinein.
Der Kerl schien Philosoph zu sein.
Er sprach mit ernstem Bocksgesicht:
„Mein Herr, Sie sehn, ich danke nicht.
Das Danken bin ich nicht gewohnt.
Ich nehme an, Sie sind gescheit
Und fühlen sich genug belohnt
Durch Ihre Eitelkeit."

Die Rose sprach zum Mägdelein:
„Ich muß dir ewig dankbar sein,
Daß du mich an den Busen drückst
Und mich mit deiner Huld beglückst."

Das Mägdlein sprach: „O Röslein mein,
Bild dir nur nicht zuviel drauf ein,
Daß du mir Aug' und Herz entzückst.
Ich liebe dich, weil du mich schmückst!"

*

Man wünschte sich herzlich gute Nacht;
Die Tante war schrecklich müde;
Bald sind die Lichter ausgemacht,
Und alles ist Ruh' und Friede.

Im ganzen Haus sind nur noch zween,
Die keine Ruhe finden,
Das ist der gute Vetter Eugen
Mit seiner Base Lucinden.

Sie wachten zusammen bis in der Früh,
Sie herzten sich und küßten.
Des Morgens beim Frühstück taten sie,
Als ob sie von nichts was wüßten.

*

Mein Freund an einem Sonntagmorgen
Tät sich ein hübsches Rößlein borgen.
Mit frischem Hemd und frischem Mute,
In blanken Stiefeln, blankem Hute,
Die Haltung stramm und stramm die Hose,
Am Busen eine junge Rose,
So reitet er durch die Alleen,
Wie ein Adonis anzusehn.

Die Reiter machen viel Vergnügen,
Wenn sie ihr stolzes Roß bestiegen.

Nun kommt da unter sanftem Knarren
Ein milchbeladner Eselskarren.
Das Rößlein, welches sehr erschrocken,
Fängt an zu trappeln und zu bocken,
Und, hopp, das war ein Satz, ein weiter!
Dort rennt das Roß, hier liegt der Reiter,
Entfernt von seinem hohen Sitze,
Platt auf dem Bauche in der Pfütze.

Die Reiter machen viel Vergnügen,
Besonders, wenn sie drunten liegen.

Kennt der Kerl denn keine Gnade?
Soll er uns mit seiner Suade,
Durch sein breites Explizieren,
Schwadronieren, Disputieren,
Soll er uns denn stets genieren,
Dieser säuselnde Philister,
Beim Genuß des edlen Weins?
Pump ihn an, und plötzlich ist er
Kurz und bündig wie Glock eins.

✶

Mich wurmt es, wenn ich nur dran denke. —
Es saß zu München in der Schenke
Ein Protz mit dunkelroter Nase
Beim elften oder zwölften Glase.
Da schlich sich kümmerlich heran
Ein armer alter Bettelmann,
Zog vor dem Protzen seinen Hut
Und fleht: „Gnä' Herr, ach sein S' so gut!"
Der Protz jedoch, fuchsteufelswild,
Statt was zu geben, flucht und schilt:
„Gehst 'raus, du alter Lump, du schlechter!"
Nix möcht' er als grad saufen, möcht' er!

✶

Laß doch das ew'ge Fragen,
Verehrter alter Freund.
Ich will von selbst schon sagen,
Was mir vonnöten scheint.

Du sagst vielleicht dagegen:
„Man fragt doch wohl einmal."
Gewiß! Nur allerwegen
Ist mir's nicht ganz egal.

Bei deinem Fragestellen
Hat eines mich frappiert:
Du fragst so gern nach Fällen,
Wobei ich mich blamiert.

✶

Ich habe von einem Vater gelesen;
Die Tochter ist beim Theater gewesen.
Ein Schurke hat ihm das Mädchen verdorben,
So daß es im Wochenbette gestorben.
Das nahm der Vater sich zu tief zu Gemüte.
Und als er den Schurken zu fassen kriegte,
Verzieh er ihm nobel die ganze Geschichte.
Ich weine ob solcher Güte.

Vor Jahren waren wir mal entzweit
Und taten uns manches zum Torte;
Wir sagten uns beide zu jener Zeit
Viel bitterböse Worte.

Drauf haben wir uns ineinander geschickt;
Wir schlossen Frieden und haben
Die bitterbösen Worte erstickt
Und fest und tief begraben.

Jetzt ist es wirklich recht fatal,
Daß wieder ein Zwist notwendig.
O weh! Die Worte von dazumal,
Die werden nun wieder lebendig.

Die kommen nun erst in offnen Streit
Und fliegen auf alle Dächer;
Nun bringen wir sie in Ewigkeit
Nicht wieder in ihre Löcher.

✶

„Ich meine doch", so sprach er mal,
„Die Welt ist recht pläsierlich.
Das dumme Geschwätz von Schmerz und Qual
Erscheint mir ganz ungebührlich.

Mit reinem kindlichem Gemüt
Genieß' ich, was mir beschieden,
Und durch mein ganzes Wesen zieht
Ein himmlischer Seelenfrieden."

Kaum hat er diesen Spruch getan —
Aujau —, so schreit er kläglich.
Der alte hohle Backenzahn
Wird wohl mal unerträglich.

✶

Er stellt sich vor sein Spiegelglas
Und arrangiert noch dies und das.
Er dreht hinaus des Bartes Spitzen,
Sieht zu, wie seine Ringe blitzen,
Probiert auch mal, wie sich das macht,
Wenn er so herzgewinnend lacht,
Übt seines Auges Zauberkraft,
Legt die Krawatte musterhaft,
Wirft einen süßen Scheideblick
Auf sein geliebtes Bild zurück,
Geht dann hinaus zur Promenade,
Umschwebt vom Dufte der Pomade,
Und ärgert sich als wie ein Stint,
Daß andere Leute eitel sind.

Es saßen einstens beieinand
Zwei Knaben, Fritz und Ferdinand.
Da sprach der Fritz: „Nun gib mal acht,
Was ich geträumt vergangne Nacht.
Ich stieg in einen schönen Wagen,
Der Wagen war mit Gold beschlagen.
Zwei Englein spannten sich davor,
Die zogen mich zum Himmelstor.
Gleich kamst du auch und wolltest mit
Und sprangest auf den Kutschentritt.
Jedoch ein Teufel schwarz und groß,
Der nahm dich hinten bei der Hos'
Und hat dich in die Höll' getragen.
Es war sehr lustig, muß ich sagen." —
So hübsch nun dieses Traumgesicht,
Dem Ferdinand gefiel es nicht.
Schlapp! schlug er Fritzen an das Ohr,
Daß er die Zippelmütz verlor.
Der Fritz, der dies verdrießlich fand,
Haut wiederum den Ferdinand;
Und jetzt entsteht ein Handgemenge,
Sehr schmerzlich und von großer Länge. —
So geht durch wesenlose Träume
Gar oft die Freundschaft aus dem Leime.

✶

Sehr tadelnswert ist unser Tun,
Wir sind nicht brav und bieder. —
Gesetzt den Fall, es käme nun
Die Sintflut noch mal wieder.

Das wär' ein Zappeln und Geschreck!
Wir tauchten alle unter;
Dann kröchen wir wieder aus dem Dreck
Und wären, wie sonst, recht munter.

✶

Ein dicker Sack — den Bauer Bolte,
Der ihn zur Mühle tragen wollte,
Um auszuruhn, mal hingestellt
Dicht an ein reifes Ährenfeld —
Legt sich in würdevolle Falten
Und fängt 'ne Rede an zu halten.
„Ich", sprach er, „bin der volle Sack.
Ihr Ähren seid nur dünnes Pack.
Ich bin's, der euch auf dieser Welt
In Einigkeit zusammenhält.
Ich bin's der hoch vonnöten ist,
Daß euch das Federvieh nicht frißt;
Ich, dessen hohe Fassungskraft
Euch schließlich in die Mühle schafft.
Verneigt euch tief, denn ich bin der!
Was wäret ihr, wenn ich nicht wär'?"
Sanft rauschen die Ähren:
„Du wärst ein leerer Schlauch,
Wenn wir nicht wären."

✶

Was ist die alte Mamsell Schmöle
Für eine liebe treue Seele!
Sie spricht zu ihrer Dienerin:
„Ach, Rieke, geh Sie da nicht hin!
Was will Sie da im Goldnen Löben
Heut abend auf und nieder schweben?
Denn wedelt nicht bei Spiel und Tanz
Der Teufel fröhlich mit dem Schwanz?
Und überhaupt, was ist es nütz?
Sie quält sich ab. Sie kommt in Schwitz,
Sie geht hinaus, erkältet sich
Und hustet dann ganz fürchterlich.
Drum bleibe Sie bei mir nur lieber!
Und, Rieke, geh Sie mal hinüber
Und hole Sie von Kaufmann Fräse
Ein Viertel guten Schweizer Käse,
Und sei Sie aber jajaja
Gleich zur Minute wieder da!"
So ist die gute Mamsell Schmöle
Besorgt für Riekens Heil der Seele.
Ja später noch, in stiller Nacht,
Ist sie auf diesen Zweck bedacht
Und schleicht an Riekens Kammertür
Und schaut, ob auch die Rieke hier
Und ob sie auch in Frieden ruht
Und daß ihr ja nicht wer was tut,
Was sich nun einmal nicht gehört,
Was gottlos und beneidenswert.

✶

Es ging der fromme Herr Kaplan,
Nachdem er bereits viel Gutes getan,
In stiller Betrachtung der schönen Natur
Einst zur Erholung durch die Flur.
Und als er kam an den Waldessaum,
Da rief der Kuckuck lustig vom Baum:
„Wünsche guten Abend, Herr Kollege!"
Der Storch dagegen, nicht weit vom Wege,
Steigt in der Wiese auf und ab
Und spricht verdrießlich: „Plapperapapp!
Gäb's lauter Pfaffen lobesam,
Ich wäre längst schon flügellahm!"

Man sieht, daß selbst der frömmste Mann
Nicht allen Leuten gefallen kann.

Es wird mit Recht ein guter Braten
Gerechnet zu den guten Taten;
Und daß man ihn gehörig mache,
Ist weibliche Charaktersache.
Ein braves Mädchen braucht dazu
Mal, erstens, reine Seelenruh,
Daß bei Verwendung der Gewürze
Sie sich nicht hastig überstürze.
Dann, zweitens, braucht sie Sinnigkeit,
Ja, sozusagen Innigkeit,
Damit sie alles appetitlich,
Bald so, bald so und recht gemütlich
Begießen, drehn und wenden könne,
Daß an der Sache nichts verbrenne.
In summa braucht sie Herzensgüte,
Ein sanftes Sorgen im Gemüte,
Fast etwas Liebe insofern.
Für all die hübschen, edlen Herr'n,
Die diesen Braten essen sollen
Und immer gern was Gutes wollen.
Ich weiß, daß hier ein jeder spricht:
„Ein böses Mädchen kann es nicht."
Drum hab' ich mir auch stets gedacht
Zu Haus und anderwärts:
Wer einen guten Braten macht,
Hat auch ein gutes Herz.

✶

Ferne Berge seh' ich glühen!
Unruhvoller Wandersinn!
Morgen will ich weiterziehen,
Weiß der Teufel, wohin!
Ja, ich will mich nur bereiten,
Will — was hält mich nur zurück?
Nichts wie dumme Kleinigkeiten!
Zum Exempel dein Blick!

✶

Wärst du wirklich so ein rechter
Und wahrhaftiger Asket,
So ein Welt- und Kostverächter,
Der bis an die Wurzel geht;
Dem des Goldes freundlich Blinken,
Dem die Liebe eine Last,
Der das Essen und das Trinken,
Der des Ruhmes Kränze haßt —

Das Gekratze und Gejucke,
Aller Jammer hörte auf;
Kracks! Mit einem einz'gen Rucke
Hemmtest du den Weltenlauf.

Ihr kennt ihn doch schon manches Jahr,
Wißt, was es für ein Vogel war;
Wie er in allen Gartenräumen
Herumgeflattert auf den Bäumen;
Wie er die hübschen roten Beeren,
Die andern Leuten zugehören,
Mit seinem Schnabel angepickt
Und sich ganz lasterhaft erquickt.
Nun hat sich dieser böse Näscher,
Gardinenschleicher, Mädchenhäscher,
Der manchen Biedermann gequält,
Am Ende selber noch vermählt.
Nun legt er seine Stirn in Falten,
Fängt eine Predigt an zu halten
Und möchte uns von Tugend schwatzen.
Ei, so ein alter Schlingel! Kaum
Hat er 'nen eignen Kirschenbaum,
So schimpft er auf die Spatzen.

✶

Wirklich, er war unentbehrlich!
Überall, wo was geschah
Zu dem Wohle der Gemeinde,
Er war tätig, er war da.

Schützenfest, Kasinobälle,
Pferderennen, Preisgericht,
Liedertafel, Spritzenprobe,
Ohne ihn, da ging es nicht.

Ohne ihn war nichts zu machen,
Keine Stunde hatt' er frei.
Gestern, als sie ihn begruben,
War er richtig auch dabei.

✶

Da kommt mir eben so ein Freund
Mit einem großen Zwicker.
„Ei", ruft er, „Freundchen, wir mir scheint,
Sie werden immer dicker.

Jaja, man weiß oft selbst nicht wie,
So kommt man in die Jahre;
Pardon, mein Schatz, hier haben Sie
Schon eins, zwei graue Haare!" —

„Hinaus, verdammter Kritikus,
Sonst schmeiß' ich dich in Scherben.
Du Schlingel willst mir den Genuß
Der Gegenwart verderben!"

„Ach, wie geht's dem heil'gen Vater!
Groß und schwer sind seine Lasten,
Drum, o Joseph, trag den Gulden
In Sankt Peters Sammelkasten!"

✶

So sprach im Seelentrauerton
Die Mutter zu dem frommen Sohn.
Der Joseph, nach empfangner Summe,
Eilt auch sogleich ums Eck herumme,
Bis er das Tor des Hauses fand,
Wo eines Bockes Bildnis stand,
Was man dahingemalt mit Fleiß
Zum Zeichen, daß hier Bockverschleiß.
Allhier in einen kühlen Hof
Setzt sich der Joseph hin und soff.
Und aß dazu, je nach Bedarf,
Die gute Wurst, den Radi scharf,
Bis er, was gar nicht lange währt,
Sankt Peters Gulden aufgezehrt.
Nun wird's ihm trauriglich zu Sinn,
Und stille singt er vor sich hin:

„Ach der Tugend schöne Werke,
Gerne möcht' ich sie erwischen,
Doch ich merke, doch ich merke,
Immer kommt mir was dazwischen."

✶

Ich wußte, sie ist in der Küchen,
Ich bin ihr leise nachgeschlichen.
Ich wollt' ihr ew'ge Treue schwören
Und fragen: „Willst du mir gehören?"
Auf einmal aber stutzte ich.
Sie kramte zwischen dem Gewürze;
Dann schneuzte sie und putzte sich
Die Nase mit der Schürze.

✶

Zwischen diesen zwei gescheiten
Mädchen, Anna und Dorette,
Ist zu allen Tageszeiten
Doch ein ewiges Gekrette.

Noch dazu um Kleinigkeiten. —
Gestern gingen sie zu Bette,
Und sie fingen an zu streiten,
Wer die dicksten Waden hätte.

Es stand vor eines Hauses Tor
Ein Esel mit gespitztem Ohr,
Der käute sich sein Bündel Heu
Gedankenvoll und still entzwei. —
Nun kommen da und bleiben stehn
Der naseweisen Buben zween,
Die auch sogleich, indem sie lachen,
Verhaßte Redensarten machen,
Womit man denn bezwecken wollte,
Daß sich der Esel ärgern sollte. —
Doch dieser hocherfahrne Greis
Beschrieb nur einen halben Kreis,
Verhielt sich stumm und zeigte itzt
Die Seite, wo der Wedel sitzt.

Wer möchte diesen Erdenball
Noch fernerhin betreten,
Wenn wir Bewohner überall
Die Wahrheit sagen täten.

Ihr hießet uns, wir hießen euch
Spitzbuben und Halunken,
Wir sagten uns fatales Zeug,
Noch eh' wir uns betrunken.

Und überall im weiten Land
Als langbewährtes Mittel
Entsproßte aus der Menschenhand
Der treue Knotenknittel.

Da lob' ich mir die Höflichkeit,
Dies zierliche Betrügen.
Du weißt Bescheid, ich weiß Bescheid;
Und allen macht's Vergnügen.

✶

Es flog einmal ein muntres Fliegel
Zu einem vollen Honigtiegel.
Da tunkt es mit Zufriedenheit
Den Rüssel in die Süßigkeit.
Nachdem es dann genug geschleckt,
Hat es die Flüglein ausgereckt
Und möchte sich nach oben schwingen.
Allein das Bein im Honigseim
Sitzt fest als wie in Vogelleim.
Nun fängt das Fliegel an zu singen:
„Ach, lieber Himmel, mach mich frei
Aus dieser süßen Sklaverei!"

Ein Freund von mir, der dieses sah,
Der seufzte tief und rief: „Jaja!"

Kinder, lasset uns besingen,
Aber ohne allen Neid,
Onkel Kaspers rote Nase,
Die uns schon so oft erfreut.

Einst ward sie als zarte Pflanze
Ihm von der Natur geschenkt;
Fleißig hat er sie begossen,
Sie mit Wein und Schnaps getränkt.

Bald bemerkte er mit Freuden,
Daß die junge Knospe schwoll,
Bis es eine Rose wurde,
Dunkelrot und wundervoll.

Alle Rosen haben Dornen,
Diese Rose hat sie nicht,
Hat nur so ein Büschel Haare,
Welches keinen Menschen sticht.

Ihrem Kelch entströmen süße
Wohlgerüche, mit Verlaub:
Aus der wohlbekannten Dose
Schöpft sie ihren Blütenstaub.

Oft an einem frischen Morgen
Zeigt sie uns ein duftig Blau,
Und an ihrem Herzensblatte
Blinkt ein Tröpflein Perlentau.

Wenn die andern Blumen welken,
Wenn's im Winter rauh und kalt,
Dann hat diese Wunderrose
Erst die rechte Wohlgestalt.

Drum zu ihrem Preis und Ruhme
Singen wir dies schöne Lied.
Vivat Onkel Kaspers Nase,
Die zu allen Zeiten blüht!

*

Selig sind die Auserwählten,
Die sich liebten und vermählten;
Denn sie tragen hübsche Früchte,
Und so wuchert die Geschichte
Sichtbarlich von Ort zu Ort.
Doch die braven Junggesellen,
Jungfern ohne Ehestellen,
Welche ohne Leibeserben
So als Blattgewächse sterben,
Pflanzen sich durch Knollen fort.

Die erste alte Tante sprach:
„Wir müssen nun auch dran denken,
Was wir zu ihrem Namenstag
Dem guten Sophiechen schenken."

Drauf sprach die zweite Tante kühn:
„Ich schlage vor, wir entscheiden
Uns für ein Kleid in Erbsengrün,
Das mag Sophiechen nicht leiden."

Der dritten Tante war das recht:
„Ja", sprach sie, „mit gelben Ranken!
Ich weiß, sie ärgert sich nicht schlecht
Und muß sich auch noch bedanken."

*

Der alte Förster Püsterich,
Der ging nach langer Pause
Mal wieder auf den Schnepfenstrich
Und brachte auch eine nach Hause.

Als er sie nun gebraten hätt',
Da tät ihn was verdreußen;
Das Tierlein roch wie sonst so nett,
Nur konnt er's nicht recht mehr beißen.

„Ach ja!" So seufzt er wehgemut
Und wischt sich ab die Träne.
„Die Nase wär' soweit noch gut,
Nur bloß es fehlen die Zähne."

*

Früher, da ich unerfahren
Und bescheidner war als heute,
Hatten meine höchste Achtung
Andre Leute.

Später traf ich auf der Weide
Außer mir noch mehre Kälber,
Und nun schätz' ich, sozusagen,
Erst mich selber.

Es saß in meiner Knabenzeit
Ein Fräulein jung und frisch
Im ausgeschnittnen grünen Kleid
Mir vis-à-vis bei Tisch.

Und wie's denn so mit Kindern geht,
Sehr frömmig sind sie nie,
Ach, dacht' ich oft beim Tischgebet
Wie schön ist doch Marie!

Es sprach der Fritz zu dem Papa:
„Was sie nur wieder hat?
Noch gestern sagte mir Mama:
‚Du fährst mit in die Stadt.‘

Ich hatte mich schon so gefreut
Und war so voll Pläsier.
Nun soll ich doch nicht mit, denn heut,
Da heißt es: ‚Fritz bleibt hier!‘“

Der Vater saß im Sorgensitz.
Er sagte ernst und still:
„Trau Langhals nicht, mein lieber Fritz,
Der hustet, wann er will!“

*

Die Liebe war nicht geringe.
Sie wurden ordentlich blaß;
Sie sagten sich tausend Dinge
Und wußten noch immer was.

Sie mußten sich lange quälen.
Doch schließlich kam's dazu,
Daß sie sich konnten vermählen.
Jetzt haben die Seelen Ruh.

Bei eines Strumpfes Bereitung
Sitzt sie im Morgenhabit;
Er liest in der „Kölnischen Zeitung“
Und teilt ihr das Nötige mit.

*

Was soll ich nur von eurer Liebe glauben?
Was kriecht ihr immer so in dunkle Lauben?
Wozu das ew'ge Flüstern und Gemunkel?
Das scheinen höchst verdächtige Geschichten.
Und selbst die besten ehelichen Pflichten,
Von allem Tun die schönste Tätigkeit,
In Tempeln von des Priesters Hand geweiht,
Ihr hüllt sie in ein schuldbewußtes Dunkel.

*

Gerne wollt ihr Gutes gönnen
Unserm Goethe, unserm Schiller,
Nur nicht Meier oder Müller,
Die noch selber lieben können.
Denn durch eure Männerleiber
Geht ein Konkurrenzgetriebe;
Sei es Ehre, sei es Liebe;
Doch dahinter stecken Weiber.

Du willst sie nie und nie mehr wiedersehen?
Besinne dich, mein Herz, noch ist es Zeit.
Sie war so lieb. Verzeih, was auch geschehen.
Sonst nimmt dich wohl beim Wort die Ewigkeit
Und zwingt dich mit Gewalt zum Weitergehen
Ins öde Reich der Allvergessenheit.
Du rufst und rufst; vergebens sind die Worte;
Ins feste Schloß dumpfdröhnend schlägt die Pforte.

*

Das Bild des Manns in nackter Jugendkraft,
So stolz in Ruhe und bewegt so edel,
Wohl ist's ein Anblick, der Bewundrung schafft;
Drum Licht herbei! Und merke dir's, o Schädel!

Jedoch ein Weib, ein unverhülltes Weib —
Da wird dir's doch ganz anders, alter Junge.
Bewundrung zieht sich durch den ganzen Leib
Und greift mit Wonneschreck an Herz und Lunge.

Und plötzlich jagt das losgelaßne Blut
Durch alle Gassen wie die Feuerreiter.
Der ganze Kerl ist eine helle Glut;
Er sieht nichts mehr und tappt nur noch so weiter.

*

Ich hab' in einem alten Buch gelesen
Von einem Jüngling, welcher schlimm gewesen.
Er streut sein Hab und Gut in alle Winde.
Von Lust zu Lüsten und von Sünd' zu Sünde,
In tollem Drang, in schrankenlosem Streben
Spornt er sein Roß hinein ins wilde Leben,
Bis ihn ein jäher Sturz vom Felsenrand
Dahingestreckt in Sand und Sonnenbrand,
Daß Ströme Bluts aus seinem Munde dringen
Und jede Hoffnung fast erloschen ist.
„Ich aber hoffe“ — sagt hier der Chronist —,
„Die Gnade leiht dem Jüngling ihre Schwingen.“

Im selben Buche hab' ich auch gelesen
Von einem Manne, der honett gewesen.
Es war ein Mann, den die Gemeinde ehrte,
Der so von sechs bis acht sein Schöppchen leerte,
Der aus Prinzip nie einem etwas borgte,
Der emsig nur für Frau und Kinder sorgte;
Dazu ein proprer Mann, der nie geflucht,
Der seine Kirche musterhaft besucht.
Kurzum, er hielt sein Rößlein stramm im Zügel
Und war, wie man so sagt, ein guter Christ.
„Ich fürchte nur“ — bemerkt hier der Chronist —,
„Dem Biedermanne wachsen keine Flügel.“

Die Tante winkt, die Tante lacht:
„He, Fritz, komm mal herein!
Sieh, welch ein hübsches Brüderlein
Der gute Storch in letzter Nacht
Ganz heimlich der Mama gebracht.
Ei ja, das wird dich freun!“
Der Fritz, der sagte kurz und grob:
„Ich hol' 'n dicken Stein
Und schmeiß' ihn an den Kopp!“

*

Es saß ein Fuchs im Walde tief.
Da schrieb ihm der Bauer einen Brief:
So und so, und er sollte nur kommen,
's wär' alles verziehn, was übelgenommen.
Der Hahn, die Hühner und Gänse ließen
Ihn alle zusammen auch vielmals grüßen.
Und wann ihn denn erwarten sollte
Sein guter, treuer Krischan Bolte.
Drauf schrieb der Fuchs mit Gänseblut:
Kann nicht gut.
Meine Alte mal wieder
Gekommen nieder!
Im übrigen von ganzer Seele
Dein Fuchs in der Höhle.

*

Hoch verehr' ich ohne Frage
Dieses gute Frauenzimmer.
Seit dem segensreichen Tage,
Da ich sie zuerst erblickt',
Hat mich immer hoch entzückt
Ihre rosenfrische Jugend,
Ihre Sittsamkeit und Tugend
Und die herrlichen Talente.
Aber dennoch denk' ich immer,
Daß es auch nicht schaden könnte,
Wäre sie ein bissel schlimmer.

*

Gott ja, was gibt es doch für Narren!
Ein Bauer schneidet sich 'n Knarren
Vom trocknen Brot und kaut und kaut.
Dabei hat er hinaufgeschaut
Nach einer Wurst, die still und heiter
Im Rauche schwebt, dicht bei der Leiter.
Er denkt mit heimlichem Vergnügen:
Wenn ick man woll, ick könn di kriegen!

Ach, ich fühl' es! Keine Tugend
Ist so recht nach meinem Sinn;
Stets befind' ich mich am wohlsten,
Wenn ich damit fertig bin.

Dahingegen so ein Laster,
Ja, das macht mir viel Pläsier;
Und ich hab' die hübschen Sachen
Lieber vor als hinter mir.

*

Ich sah dich gern im Sonnenschein,
Wenn laut die Vöglein sangen,
Wenn durch die Wangen und Lippen dein
Rosig die Strahlen drangen.

Ich sah dich auch gern im Mondenlicht
Beim Dufte der Jasminen,
Wenn mir dein freundlich Angesicht
So silberbleich erschienen.

Doch, Mädchen, gern hätt' ich dich auch,
Wenn ich dich gar nicht sähe,
Und fühlte nur deines Mundes Hauch
In himmlisch warmer Nähe.

*

Sie hat nichts und du desgleichen;
Dennoch wollt ihr, wie ich sehe,
Zu dem Bund der heil'gen Ehe
Euch bereits die Hände reichen.

Kinder, seid ihr denn bei Sinnen?
Überlegt euch das Kapitel!
Ohne die gehör'gen Mittel
Soll man keinen Krieg beginnen.

*

Sie stritten sich beim Wein herum,
Was das nun wieder wäre;
Das mit dem Darwin wär' gar zu dumm
und wider die menschliche Ehre.

Sie tranken manchen Humpen aus,
Sie stolperten aus den Türen,
Sie grunzten vernehmlich und kamen zu Haus
Gekrochen auf allen vieren.

Wenn ich dereinst ganz alt und schwach,
Und 's ist mal ein milder Sommertag,
So hink' ich wohl aus dem kleinen Haus
Bis unter den Lindenbaum hinaus.
Da setz' ich mich denn im Sonnenschein
Einsam und still auf die Bank von Stein,
Denk' an vergangene Zeiten zurücke
Und schreibe mit meiner alten Krücke
Und mit der alten zitternden Hand

So vor mir in den Sand.

*

Ich weiß noch, wie er in der Juppe
Als rauhbehaarte Bärenpuppe
Vor seinem vollen Humpen saß
Und hoch und heilig sich vermaß,
Nichts ginge über rechten Durst,
Und Lieb' und Ehr' wär' gänzlich Wurst.
Darauf verging nicht lange Zeit,
Da sah ich ihn voll Seligkeit,
Gar schön gebürstet und gekämmt,
Im neuen Frack und reinen Hemd,
Aus Sankt Micheli Kirche kommen,
Allwo er sich ein Weib genommen.
Nun ist auch wohl, so wie mir scheint,
Die Zeit nicht ferne, wo er meint,
Daß so ein kleines Endchen Ehr'
Im Knopfloch gar nicht übel wär'.

*

Sahst du das wunderbare Bild von Brouwer?
Es zieht dich an wie ein Magnet.
Du lächelst wohl, derweil ein Schreckensschauer
Durch deine Wirbelsäule geht.

Ein kühler Doktor öffnet einem Manne
Die Schwäre hinten im Genick;
Daneben steht ein Weib mit einer Kanne,
Vertieft in dieses Mißgeschick.

Ja, alter Freund, wir haben unsre Schwäre
Meist hinten. Und voll Seelenruh
Drückt sie ein andrer auf. Es rinnt die Zähre,
Und fremde Leute sehen zu.

Denkst du dieses alte Spiel
Immer wieder aufzuführen?
Willst du denn mein Mitgefühl
Stets durch Tränen ausprobieren?

Oder möchtest du vielleicht
Mir des Tanzes Lust versalzen?
Früher hast du's oft erreicht;
Heute werd' ich weiterwalzen.

*

Er war ein grundgescheiter Mann,
Sehr weise und hocherfahren;
Er trug ein graumeliertes Haar,
Dieweil er schon ziemlich bei Jahren.

Er war ein abgesagter Feind
Des Lachens und des Scherzens
Und war doch der größte Narr am Hof
Der Königin seines Herzens.

*

Der alte Junge ist gottlob
Noch immer äußerst rührig;
Er läßt nicht nach, er tut, als ob,
Wennschon die Sache schwierig.

Wie wonnig trägt er Bart und Haar,
Wie blinkt der enge Stiefel.
Und bei den Damen ist er gar
Ein rechter böser Schliefel.

Beschließt er dann des Tages Lauf,
So darf er sich verpusten,
Setzt seine Zipfelkappe auf
Und muß ganz schrecklich husten.

*

Wärst du ein Bächlein, ich ein Bach,
So eilt' ich dir geschwinde nach.
Und wenn ich dich gefunden hätt'
In deinem Blumenuferbett,
Wie wollt ich mich in dich ergießen
Und ganz mit dir zusammenfließen,
Du vielgeliebtes Mädchen du!
Dann strömten wir bei Nacht und Tage
Vereint im süßen Wellenschlage
Dem Meere zu.

Du warst noch so ein kleines Mädchen
Von acht, neun Jahren ungefähr,
Da fragtest du mich vertraut und wichtig:
„Wo kommen die kleinen Kinder her?"

Als ich nach Jahren dich besuchte,
Da warst du schon über den Fall belehrt,
Du hattest die alte vertrauliche Frage
Hübsch praktisch gelöst und aufgeklärt.

Und wieder ist die Zeit vergangen.
Hohl ist der Zahn und ernst der Sinn.
Nun kommt die zweite und wichtige Frage:
„Wo gehen die alten Leute hin?"

Madame, ich habe mal vernommen,
Ich weiß nicht mehr so recht, von wem:
Die praktische Lösung dieser Frage
Sei eigentlich recht unbequem.

*

Also hat es dir gefallen
Hier in dieser schönen Welt;
So daß das Vondannenwallen
Dir nicht sonderlich gefällt.

Laß dich das doch nicht verdrießen.
Wenn du wirklich willst und meinst,
Wirst du wieder aufersprießen;
Nur nicht ganz genau wie einst.

Aber, Alter, das bedenke,
Daß es hier doch manches gibt,
Zum Exempel Gicht und Ränke,
Was im ganzen unbeliebt.

*

Strebst du nach des Himmels Freude
Und du weißt's nicht anzufassen,
Sieh nur, was die andern Leute
Mit Vergnügen liegenlassen.

Dicke Steine, altes Eisen
Und mit Sand gefüllte Säcke
Sind den meisten, welche reisen,
Ein entbehrliches Gepäcke.

Laß sie laufen, laß sie rennen;
Nimm, was bleibt, zu deinem Teile.
Nur, was sie dir herzlich gönnen,
Dient zu deinem ew'gen Heile.

Es hatt' ein Müller eine Mühl'
An einem Wasser kühle;
Da kamen hübscher Mädchen viel,
Zu mahlen in der Mühle.

Ein armes Mädel war darunt,
Zählt sechzehn Jahre eben;
Allwo es ging, allwo es stund,
Der Müller stund daneben.

Er schenkt ein Ringlein ihr von Gold,
Daß er in allen Ehren
Sie ewig immer lieben wollt;
Da ließ sie sich betören.

Der Müller, der war falsch von Sinn:
„Wenn ich mich tu vermählen,
So will ich mir als Müllerin
Wohl eine Reiche wählen."

Da 's arme Mädel das vernahm,
Wird's blaß und immer blasser
Und redt nit mehr und ging und kam
Und sprang ins tiefe Wasser. —

Der Müller kümmert sich nicht viel,
Tat Hochzeitleut bestellen
Und führt mit Sang und Saitenspiel
'ne andre zur Kapellen.

Doch als man auf die Brücke kam,
Fängt's Wasser an zu wogen
Und zischt und rauscht verwundersam
Herauf bis an den Bogen.

Die weiße Wassernixe stand
Auf schaumgekrönter Welle;
Sie hält in ihrer weißen Hand
Von Gold ein Ringlein helle.

„Du Falscher, deine Zeit ist aus!
Bereite dich geschwinde!
Dich ruft hinab ins kalte Haus
Die Mutter mit dem Kinde."

*

Wenn alles sitzenbliebe,
Was wir in Haß und Liebe
So voneinander schwatzen;
Wenn Lügen Haare wären,
Wir wären rauh wie Bären
Und hätten keine Glatzen.

Ich saß vergnüglich bei dem Wein
Und schenkte eben wieder ein.
Auf einmal fuhr mir in die Zeh
Ein sonderbar pikantes Weh.
Ich schob mein Glas sogleich beiseit
Und hinkte in die Einsamkeit
Und wußte, was ich nicht gewußt:
Der Schmerz ist Herr, und Sklavin ist die Lust.

*

Seid mir nur nicht gar so traurig,
Daß die schöne Zeit entflieht,
Daß die Welle kühl und schaurig
Uns in ihre Wirbel zieht;

Daß des Herzens süße Regung,
Daß der Liebe Hochgenuß,
Jene himmlische Bewegung,
Sich zur Ruh begeben muß.

Laßt uns lieben, singen, trinken,
Und wir pfeifen auf die Zeit;
Selbst ein leises Augenwinken
Zuckt durch alle Ewigkeit.

*

Wie schad, daß ich kein Pfaffe bin.
Das wäre so mein Fach.
Ich bummelte durchs Leben hin
Und dächt' nicht weiter nach.

Mich plagte nicht des Grübelns Qual,
Der dumme Seelenzwist,
Ich wüßte ein für allemal,
Was an der Sache ist.

Und weil mich denn kein Teufel stört,
So schlief' ich recht gesund,
Wär' wohlgenährt und hochverehrt
Und würde kugelrund.

Käm' dann die böse Fastenzeit,
So wär' ich fest dabei,
Bis ich mich elend abkasteit
Mit Lachs und Hühnerei.

Und dich, du süßes Mägdelein,
Das gern zur Beichte geht,
Dich nähm' ich dann so ganz allein
Gehörig ins Gebet.

Als er noch krause Locken trug,
War alles ihm zu dumm,
Stolziert daher und trank und schlug
Sich mit den Leuten herum.

Die hübschen Weiber schienen ihm
Ein recht beliebtes Spiel;
An Seraphim und Cherubim
Glaubt er nicht sonderlich viel.

Jetzt glaubt er, was der Pater glaubt,
Blickt nur noch niederwärts,
Hat etwas Haar am Hinterhaupt
Und ein verprömmeltes Herz.

*

Sie war ein Blümlein hübsch und fein,
Hell aufgeblüht im Sonnenschein.
Er war ein junger Schmetterling,
Der selig an der Blume hing.
Oft kam ein Bienlein mit Gebrumm
Und nascht' und säuselt' da herum.
Oft kroch ein Käfer kribbelkrab
Am hübschen Blümlein auf und ab.
Ach Gott, wie das dem Schmetterling
So schmerzlich durch die Seele ging.
Doch was am meisten ihn entsetzt,
Das Allerschlimmste kam zuletzt.
Ein alter Esel fraß die ganze
Von ihm so heiß geliebte Pflanze.

*

Mein kleinster Fehler ist der Neid.
Aufrichtigkeit, Bescheidenheit,
Dienstfertigkeit und Frömmigkeit,
Obschon es herrlich schöne Gaben,
Die gönn' ich allen, die sie haben.
Nur wenn ich sehe, daß der Schlechte
Das kriegt, was ich gern selber möchte;
Nur wenn ich leider in der Nähe
So viele böse Menschen sehe
Und wenn ich dann so oft bemerke,
Wie sie durch sittenlose Werke
Den lasterhaften Leib ergötzen,
Das freilich tut mich tief verletzen.
Sonst, wie gesagt, bin ich hienieden,
Gott Lob und Dank, so recht zufrieden.

Ich weiß ein Märchen hübsch und tief.
Ein Hirtenknabe lag und schlief.
Da sprang heraus aus seinem Mund
Ein Mäuslein auf den Heidegrund.
Das weiße Mäuslein lief sogleich
Nach einem Pferdeschädel bleich,
Der da schon manchen lieben Tag
In Sonnenschein und Regen lag.
Husch! ist das kleine Mäuslein drin,
Läuft hin und her und her und hin,
Besieht sich all die leeren Fächer,
Schaut listig durch die Augenlöcher
Und raschelt so die Kreuz und Quer
Im alten Pferdekopf umher. —
Auf einmal kommt 'ne alte Kuh,
Stellt sich da hin und macht Hamuh!
Das Mäuslein, welches sehr erschreckt,
Daß da auf einmal wer so blökt,
Springt, hutschi, übern Heidegrund
Und wieder in des Knaben Mund. —
Der Knab erwacht und seufzte: „Oh,
Wie war ich doch im Traum so froh!
Ich ging in einen Wald hinaus,
Da kam ich vor ein hohes Haus,
Das war ein Schloß von Marmelstein.
Ich ging in dieses Schloß hinein.
Im Schloß sah ich ein Mädchen stehn,
Das war Prinzessin Wunderschön.
Sie lächelt freundlich und bekannt,
Sie reicht mir ihre weiße Hand,
Sie spricht: ‚Schau her, ich habe Geld,
Und mir gehört die halbe Welt;
Ich liebe dich nur ganz allein,
Du sollst mein Herr und König sein.'
Und wie ich fall' in ihren Schoß,
Ratuh! kommt ein Trompetenstoß.
Und weg ist Liebchen, Schloß und alles
Infolge des Trompetenschalles."

*

Gestern war in meiner Mütze
Mir mal wieder was nicht recht;
Die Natur schien mir nichts nütze
Und der Mensch erbärmlich schlecht.

Meine Ehgemahlin hab' ich
Ganz gehörig angeblärrt,
Drauf aus purem Zorn begab ich
Mich ins Symphoniekonzert.

Doch auch dies war nicht so labend,
Wie ich eigentlich gedacht,
Weil man da den ganzen Abend
Wieder mal Musik gemacht.

Nun, da die Frühlingsblumen wieder blühen,
In milder Luft die weißen Wolken ziehen,
Denk' ich mit Wehmut deiner Lieb' und Güte,
Du süßes Mädchen, das so früh verblühte.
Du liebtest nicht der Feste Lärm und Gaffen,
Erwähltest dir daheim ein stilles Schaffen,
Die Sorge und Geduld, das Dienen, Geben,
Ein inniglich es Nurfürandreleben.
So teiltest du in deines Vaters Haus
Den Himmelsfrieden deiner Seele aus.
Bald aber kamen schwere, schwere Zeiten.
Wir mußten dir die Lagerstatt bereiten;
Wir sahn, wie deine lieben Wangen bleichten,
Sahn deiner Augen wundersames Leuchten;
Wir weinten in der Stille, denn wir wußten,
Daß wir nun bald auf ewig scheiden mußten.
Du klagtest nicht. Voll Milde und Erbarmen
Gedachtest du der bittern Not der Armen,
Gabst ihnen deine ganze kleine Habe
Und seufztest tief, daß so gering die Gabe.
Es war die letzte Nacht und nah das Ende;
Wir küßten dir die zarten weißen Hände;
Du sprachst: „Lebt wohl!" in deiner stillen Weise,
Und: „O die schönen Blumen!" riefst du leise.
Dann war's vorbei. Die großen Augensterne,
Weit, unbeweglich, starrten in die Ferne,
Indes um deine Lippen, halbgeschlossen,
Ein kindlichernstes Lächeln ausgegossen.
So lagst du da, als hättest du entzückt
Und staunend eine neue Welt erblickt.
Wo bist du nun, du süßes Kind, geblieben?
Bist du ein Bild im Denken deiner Lieben?
Hast du die weißen Schwingen ausgebreitet
Und zogst hinauf, von Engelshand geleitet,
Zu jener Gottesstadt im Paradiese,
Wo auf der heiligstillen Blütenwiese
Fernher in feierlichem Zug die Frommen
Anbetend zu dem Bild des Lammes kommen?
Wo du auch seist; im Herzen bleibst du mein.
Was Gutes in mir lebt, dein ist's allein.

*

Wenn mir mal ein Malheur passiert,
Ich weiß, so bist du sehr gerührt.
Du denkst, es wäre doch fatal,
Passierte dir das auch einmal.
Doch weil das böse Schmerzensding
Zum Glück an dir vorüberging,
So ist die Sache anderseits
Für dich nicht ohne allen Reiz.
Du merkst, daß die Bedauerei
So eine Art von Wonne sei.

Du hast das schöne Paradies verlassen,
Tratst ein in dieses Labyrinthes Gassen,
Verlockt von lieblich winkenden Gestalten,
Die Schale dir und Kranz entgegenhalten;
Und unaufhaltsam zieht's dich weit und weiter.
Wohl ist ein leises Ahnen dein Begleiter,
Ein heimlich Graun, daß diese süßen Freuden
Dich Schritt um Schritt von deiner Heimat scheiden,
Daß Irren Sünde, Heimweh dein Gewissen;
Doch ach, umsonst! Der Faden ist zerrissen.

Hohläugig faßt der Schmerz dich an und warnt,
Du willst zurück, die Seele ist umgarnt.
Vergebens steht ob deinem Haupt der Stern.
Einsam, gefangen, von der Heimat fern,
Ein Sklave, starrst du in des Stromes Lauf
Und hängst an Weiden deine Harfe auf.
Nun fährst du wohl empor, wenn so zuzeiten
Im stillen Mondeslichte durch die Saiten
Ein leises wehmutsvolles Klagen geht
Von einem Hauch, der aus der Heimat weht.

O du, die mir die Liebste war,
Du schläfst nun schon so manches Jahr.
So manches Jahr, da ich allein,
Du gutes Herz, gedenk' ich dein.
Gedenk' ich dein, von Nacht umhüllt,
So tritt zu mir dein treues Bild.

Dein treues Bild, was ich auch tu,
Es winkt mir ab, es winkt mir zu.
Und scheint mein Wort dir gar zu kühn,
Nicht gut mein Tun,
Du hast mir einst so oft verziehn,
Verzeih auch nun.

Reime und Sinnsprüche

Musik ist angenehm zu hören,
Doch ewig braucht sie nicht zu währen.

In des Dichters Herzen
Brennen oft mehrere Kerzen.

Ganzes Genie und Brockengenie.
Letzteres gewöhnlich.

Töpfe sind auch Kunstgeschöpfe.

Es ist die Länge der Gesänge
Zu lang für meines Ohres Länge.

Neues Klavier: ungeborener Lärm im Leib.

Seine Liebe war ewig. Als seine Frau starb, nahm er sich eine andere.

Saft, der nicht stark genug eingekocht ist, verdirbt. — Kunstwerk.

Oft ist das Denken schwer, indes,
Das Schreiben geht auch ohne es.

„Habe sieben Töchter.
Schlechte Ware; man muß, will man sie los sein, was zugeben.
Ich wollt', ich hätt' lauter Hittchenfelle dafür!" sagte Moder Meier.

Gedanken sind nicht stets parat,
Man schreibt auch, wenn man keine hat.

Oft trifft man wen, der Bilder malt,
Viel seltener wen, der sie bezahlt.

Er läßt sich nicht helfen beim Dichten.
Der Bauer macht seine Kinder jetzt selbst.

Leichter und schwerer Erfolg: Der eine betut sich im Traum, der andere muß drücken, daß ihm der Kopf berstet.

Wer zur Puppenbühne geht, sieht die Drähte.

Neue Gedanken sind nicht häufig;
Sag uns die alten nur geläufig.

Wer zusieht, sieht mehr, als wer mitspielt.

Nicht, wer selbst ein Lautenschläger,
Sondern ein Gedichtsverleger
Ist der rechte Kritikus,
Nämlich, weil er zahlen muß.

Jeder hat mal Flut, mal Ebbe; dazwischen liegt sein natürliches Wesen, je nachdem ihn der Mond, sein Genius, sinken läßt oder hebt. Was darunter, vielleicht auch was darüber, soll er nicht veröffentlichen.

Wer beobachten will, darf nicht mitspielen.

Ein Haar in der Suppe mißfällt uns sehr,
Selbst wenn es vom Haupt der Geliebten wär'.

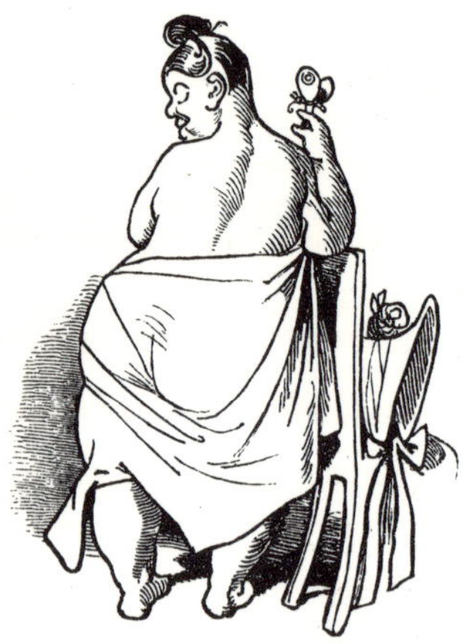

Böses Weib soll man dem Teufel zum Geburtstag schenken.

Sie ist sehr begabt — mit Geld.

Wie traulich sitzt im Sonnenschein,
Vor ihrer Tür auf einem Stein,
Die Mutter mit dem Kind im Schoß
Und schaut, was auf dem Kopfe los.

Geldheirat: Er hat vom Schwiegervater ein gutes Stück Brot gekriegt,
aber ein schlechtes Stück Fleisch dazunehmen müssen.

Selbst der Sperling, dieser nichtsnutzige Vogel, ist besorgt um seine Eier.

Böse Weiber holt der Teufel auf der Mistgabel.

Sind doch die Damen geborene Philosophen;
sie denken, was sie wollen, und wissen alles am besten.

Böse Tanten werden Hausspinnen nach ihrem Tode.

Viel besser als ein guter Wille
Wirkt manchmal eine gute Pille.

Dauerhaftem schlechtem Wetter
Mußt du mit Geduld begegnen,
Mach es wie die Schöppenstedter:
Regnet es, so laß es regnen.

Bäume werden „geritzt", damit sie tragen.

Wenn man auch früher verliebt war, das schadet nichts;
wenn man nur später gemütlich wird.

Sie ist ein Weib! Weiß der Teufel, was sie tut!

Eine Schwäre peinigt mich.
Wo denn sitzt sie? Da wo ich.

Lachen, Bedauern, Verachten sind nach der Wurzel zu intime Verwandte, gemeinsam erzeugt von dem wohltuenden Gefühl der Überlegenheit.

Mitunter sitzt die ganze (größte) Seele
In eines Zahnes dunkler (kleiner) Höhle.

Ein weher Zahn — schlechter Schlafkumpan.

Ein Zahn, ein hohler, macht mitunter
Sogar die faulsten Leute munter.

Ein hohler Zahn ist ein Asket,
Der allen Lüsten widersteht.

Lehrling: „Auch alles soll ich getan haben. Wenn nun die Meisterin 'n Kind kriegt, dann soll ich das wohl auch getan haben."

Kalte Füße sind lästig, besonders die eigenen.

Wenn ich und meine Kuh tot sind,
dann kann Maitag kommen, wann er will.

Gesunder Magen bleibt unbeachtet,
viel Arbeit, wenig Dank.

Er melkt zwei Zitzen zugleich.

Zuweilen lacht man über sich selber, sofern man sich mal bei einer mäßigen Dummheit erwischt, indem man sich nun sogar noch gescheiter vorkommt, als man ist.

Wie stark leidet einer? Verschiedene Dicke der Haut.
Ausdruck nicht zu prüfen auf seine Richtigkeit.

Eifersucht ist Liebesneid.

Doktor aus dem Fenster: „Noch kein Ostwind,
noch immer keine Lungenentzündung?"

Bei Regenwetter fliegen die Schwalben niedrig.

Juli trocken und heiß,
Klebt dem Bauern die Hose am Steiß.

Die Bäume fahren im Frühling aus der Haut.

Wenn es Silvester schneit,
Ist Neujahr nicht weit.

Ungeduld hat häufig Schuld.

Zu Weihnachten getanzt im Schnee,
Zu Ostern Frost im Zeh.

Ein Onkel, der Gutes mitbringt,
Ist besser als eine Tante, die bloß Klavier spielt.

Lacher gibt's vom Trottel bis zum Teufel

Wem Mutter Natur ein Gärtchen gibt und Rosen, dem gibt sie auch Raupen und Blattläuse, damit er's verlernt, sich über Kleinigkeiten zu entrüsten.

Mit den Besuchsplänen ist's wie mit den Schiffsplänen:
Wind und Wetter vorbehalten.

Es ist halt schön,
Wenn wir die Freunde kommen sehn. —
Schön ist es ferner, wenn sie bleiben
Und sich mit uns die Zeit vertreiben. —
Doch wenn sie schließlich wieder gehn,
Ist's auch recht schön.

Dummheit, die man bei den anderen sieht,
Wirkt meist erhebend aufs Gemüt.

Dummheit ist auch eine natürliche Begabung.

Alte Dummheiten treten uns früher oder später
doch immer wieder auf die Hacken.

Wenn andere klüger sind als wir,
Das macht uns selten nur Pläsier,
Doch die Gewißheit, daß sie dümmer,
Erfreut fast immer.

Warum er immer so vergnügt?
Weil er die anderen für dümmer hält als sich selbst.

Klatschen heißt anderer Leute Sünde beichten.

Tröste Gott, wenn der Mensch
auf sich selber zu sprechen kommt!

Wir müssen uns nun mal drücken und drängen lassen zwischen den eigenwilligen Dingen dieser Welt, weil wir auch eines sind.

Das Lachen ist ein alter Brauch,
Beelzebub, der tut es auch.

Er hat den Hals zu voll, um danke zu sagen.

Denn eine Störung seiner Freuden
Sucht jeder möglichst zu vermeiden.

Solange Herz und Auge offen,
Um sich am Schönen zu erfreun,
So lange, darf man freudig hoffen,
Wird auch die Welt vorhanden sein.

Mußte erst mit dem Kopf gegen die Bäume rennen, ehe er merkte, daß er auf dem Holzweg war.

Schwäche ist mißtrauisch.

Ich hörte mal, daß man Verdruß —
Womöglich streng vermeiden muß.

Der eine trägt Holz, der andere wärmt sich dran.

Knabendrohung: Sperrst du mich in den Keller, fang' ich Mäuse und setze sie an den Speck.

Jung ein Gimpel, alt ein Simpel.

Er hatte ihr nichts zu verzeihen, denn er hatte sie nicht beleidigt.

„Bitte, treten Sie näher!" sagte der Teufel.

So dich jemand auf die linke Backe schlägt, so reiße ihm das rechte Auge aus und wirf es von dir.

Höflichkeit: Der Affe der Herzensgüte.

Wenigstens Selbstironie sollte der Sünder haben — also jedermann.

Was man besonders gerne tut,
Ist selten ganz besonders gut.

Die Frage ist oft eine Mutter der Lüge.

Wer dir sagt, er hätte noch nie gelogen, dem traue nicht, mein Sohn.

Der Beste muß mitunter lügen;
Zuweilen tut er's mit Vergnügen.

Ich nahm die Wahrheit mal aufs Korn
Und auch die Lügenfinten.
Die Lüge machte sich gut von vorn,
Die Wahrheit mehr von hinten.

Zur Tugend, wie man zu sagen pflegt,
Ist eigentlich keiner recht aufgelegt.

Die Welt ist groß, weil der Kopf so klein.

Wer kann behaupten, daß die Naturgesetze ewig sind. Wir kennen nur das eine Ende davon.

Materie — Hartnäckigkeit der kleinsten Lebewesen.

Auf dem Gebiet des Verstandes
muß man sich den Gesetzen des Landes fügen.

Punkt — nullte Dimension.

Auch das kleinste Ding hat seine Wurzel in der Unendlichkeit, ist also nicht völlig zu ergründen.

Man spürt die Welt in allen Gliedern.

Die Geschichte mit einem Floh kann so interessant sein wie die Geschichte Griechenlands.

Wo was wächst, gleich ist wer da, der's frißt.

Wer sagt, die ganze Welt sei schlecht,
Der hat wohl nur so ziemlich recht.

Ach, mitunter muß man lügen,
und mitunter lügt man gern!

Die Reue wegen Unterlassung einer bösen Tat
ist, fürcht' ich, nur zu häufig.

Die Welt, obgleich sie wunderlich,
Ist gut genug für dich und mich!

Wahrheit ist zu schlau, um gefangen zu werden.

Ist darum schlecht die Welt,
Weil sie dir nicht gefällt?

Eigentlich hat's ja nicht viel auf sich mit dem besten Pessimismus. An dem Glücklichen gleitet er ab wie Wasser an der pomadisierten Ente, und der Unglückliche weiß ohne weiteres Bescheid.

Gar sehr verzwickt ist diese Welt,
Mich wundert's, daß sie wem gefällt.

Wer kann, hat recht.

Die Nationalität ist ein Ding, was keiner bei lebendigem Leibe los wird, er mag kratzen, soviel er will.

Im Land Italien lebt man froh,
Hoch hüpft das Herz und hoch der Floh.

Wenn man es nur versucht, so geht's,
Das heißt mitunter, doch nicht stets.

Jeder ist ein Sack für sich.

Der Philosoph wie der Hausbesitzer haben immer Reparaturen.

Wie der Wind bläst, so treibt die Spreu.

Manche Wahrheiten sollen nicht gesagt werden, manche brauchen nicht, manche müssen es.

Willst du das Leben recht verstehn,
Mußt du's nicht nur von vorn besehn.
Von vorn betrachtet, sieht ein Haus
Meist besser als von hinten aus.

Das Feinste fällt durchs Sieb.

„Genug", wenn's kommt, ist immer zuwenig, wenn's da ist.

Wer zu spät kommt, sieht nach der Uhr.

Man kann sein Geld nicht schlechter anlegen
Als in ungezogenen Kindern.

Der Gourmand hat im Traum
an Schnepfendreck gedacht.
Er träumt: Es hätte ihm ein Engel
was auf die Zunge gemacht.

Lästige Gedanken — zudringliche Stechmücken.

Wo man am meisten drauf erpicht,
Gerade das bekommt man meistens nicht.

An all unserem Ärger sind andere schuld. Das beste Mittel aber, um bei guter Laune zu bleiben, ist die stets richtige Erkenntnis, daß man selber nichts taugt.

Erfüllte Wünsche kriegen Junge, viele wie die Säue.

Wir mögen keinem gerne gönnen,
Daß er was kann, war wir nicht können.

Gewinn anderer wird fast wie Verlust empfunden.

In der Regel folgt auf Wenn
Erst ein So und dann ein Denn.

Um Neid ist keiner zu beneiden.

Es geht der Krieger, der gerechte,
Mit frohem Mute zum Gefechte.
Indessen ist es ihm doch lieber,
Wenn alles erst mal gut vorüber.

Mit dem Bezahlen wird man das meiste Geld los.

Wem Fortuna ein Haus geschenkt,
dem schenkt sie auch Möbel.

Dem Glücklichen schlägt kein Gewissen.

Wer eine Erbschaft übernommen,
Hat für die Schulden aufzukommen,
Denn nicht umsonst ist der Genuß.
Kein Leugnen gilt, kein Widerstreben,
Wir müssen sterben, weil wir leben.
So lautet der Gerichtsbeschluß.

Wer mal so ist, der bleibt auch so.

Der gute Unterhalter braucht nichts Gescheutes zu sagen, sondern muß was Dummes anhören können.

Horcher: Die Seele guckt ihm aus den Ohren.

Fritz hatte sich vorgesehen und ein Buch unter den Rock geschoben, aber der Lehrer schlug ganz woanders hin.

Gar mancher Schwierigkeit entweicht
Man durch das hübsche Wort „vielleicht“.

Sage nie: „Dann soll's geschehen!“
Öffne dir ein Hinterpförtchen
Durch „vielleicht“, das nette Wörtchen,
Oder sag: „Ich will mal sehen.“

Sehr verständig war der Mann,
Der das Wort „vielleicht“ ersann.

Unsichtbare Kraft der Toten, der Seelen.
Der Fährmann sieht sie nicht, aber sie beschweren den Kahn.

„Vielleicht“ ist wie ein schlauer Krebs,
Der vor- und rückwärtsgehen kann.

Als mir die Zeit entgegenkam,
Erschien sie mir hübsch wundersam
Und angenehm und lecker.
Sie ging vorüber, und — o weh! —
Nun, da ich sie von hinten seh,
Bemerk' ich ihren Höcker.

Sag nie bestimmt: „Es wird erreicht!“
Ein hübsches Wörtchen ist „vielleicht“.

So sind wir nun: kriechen heraus, hantieren hier oben eine Zeitlang scheinbar selbständig hin und her und legen uns dann ganz still wieder unter die Kruste.

Jeder Wunsch hienieden wird begleitet
von einem neckischen „Vielleicht“.

Stets äußert sich der Weise leise,
Vorsichtig und bedingungsweise.

Schneid einen Dieb vom Galgen, und er bestiehlt dich.

„So ist die Sach'!“ — Oh, wie so leise,
Wenn überhaupt, sagt das der Weise.

Es saust der Stock, es schwirrt die Rute,
Du sollst nicht scheinen, was du bist.
Wie schad', o Mensch, daß dir das Gute
Im Grunde so zuwider ist.

Der Weise verschweigt seine Meinung,
also bin ich keiner.

Er wäre was, wenn er was hätte.

Kein altes Übel ist so groß, daß es nicht
von einem neuen übertroffen werden könnte.

Also spricht der Fatalist:
„Du mußt werden, wie du bist.
Widerstreben ist vergebens.
Der Gebieter allen Lebens
Gab dir schon von Anbeginn
Deinen Wunsch und Eigensinn,
Bald mit Ja und bald mit Nein,
Gerade so und so zu sein.“

Der Weise äußert sich vorsichtig,
der Narr mit Bestimmtheit über das kommende Wetter.

Oben hält er den Sack zu, der unten ein Loch hat.

Bemüh dich nur und sei hübsch froh,
Der Ärger kommt schon sowieso.

Verhaßter Bote, der Verhaßtes meldet.

Ich bin Pessimist für die Gegenwart,
aber Optimist für die Zukunft.

Vergebens predigt Salomo.
Die Leute machen's doch nicht so.

Der Ungeduldige fährt sein Heu naß ein.

Wer auf den rechten Weg will,
muß durchaus durch sich selbst hindurch.

Was mich betrifft, so kann ich leider nicht umhin, den größten Teil meiner Nichtbefriedigung auf das höchst lästige Gepäck der eigenen Schuld zu schieben.

Niemand holt sein Wort wieder ein.

Fortwährend hinter angenehmen Erwartungen
schleichen die unangenehmen Möglichkeiten.

Die Ungewißheit über das Wo und Wie unserer Wiedergeburt ist ein Hauptbestandteil unseres Widerwillens gegen den Tod.

Ihr ging's wie dem neugierigen Zicklein,
das in den Korb sah, wo die Katze mit den Jungen saß.

Er *muß* die letzte Strophe mitsingen.

Der klugen Leute Ungeschick stimmt uns besonders heiter.
Man fühlt doch für den Augenblick sich auch einmal gescheiter.

Ein böses Wort läuft bis ans Ende der Welt.

Mit sich selbst ist man nicht immer in der vornehmsten Gesellschaft.

Bald holterpolter, wie gerädert,
In einem Wagen, der nicht federt,
Bald sanft, wie im Automobil,
So kam er an sein Lebensziel.

Den Lasterhaften tadelt oft, wer ihn beneidet.

„Das erfrischt!“ sagte die Katz’,
da fiel sie ins Regenfaß.

Mutter Natur, welche dem Individuum zu seiner Ausstattung erst allerlei vorschießt, hält sich für verpflichtet, es für die gemeinsamen Fonds, woraus es geliehen, wieder zu reklamieren, wenn es, ihrer Meinung nach, lange genug her ist.

„Das wird ein warmer Tag!“ sagte die Hexe,
da sollte sie verbrannt werden.

Knarr machte der Klotz, als der Keil eindrang.

Die halben Steine besorgt der Maurer.

Frühling, Sommer und dahinter
Gleich der Herbst und bald der Winter —
Ach, verehrteste Mamsell,
Mit dem Leben geht es schnell!

Bettelleut’ hat keiner gern,
Mehr beliebt sind reiche Herrn.

Leute, die sich immer ärgern, gibt’s immer.

Der Vater Adam sockte weiter
Nachdem er Kain das verwies.
Er sprach: „Auf seiner eignen Leiter
Kommt keiner in das Paradies.“

Aus faulen Eiern werden keine Küken.

Toleranz ist gut, aber nicht gegenüber
den Intoleranten.

Jeder hat ein extra Töpfchen auf dem Feuer.

Er ist so freudenvoll, daß ihm der Stöpsel
aus der Seele fliegt.

Die kleinen Hunde tun das meiste Beißen.

Noch seine tote Hand hielt krampfhaft den
Geldbeutel fest.

Scheint dir auch mal das Leben rauh,
Sei still und zage nicht;
Die Zeit, die alte Bügelfrau,
Macht alles wieder schlicht.

Ottilie ist eigen: ißt nur Eier,
Die in einer reinlichen Familie gelegt sind.

Die kleinen Gläubiger drängen am ärgsten.

Dumme Gedanken hat jeder, nur der Weise
verschweigt sie.

So geht es nun mal auf der Reise hienieden. Einer nach dem andern steigt aus, und der Zug saust weiter, bis die Station kommt, wo man selber aussteigen muß.

Denn mancher hat sich schon beklagt:
Ach, hätt’ ich das doch nicht gesagt!

Mancher kann nicht aus dem Fenster hinausdenken.

Es fehlt in deinem Wortregister
Mein werter Name? Nun, da ist er!

Wer auf offener See fährt,
richtet sich nach den Sternen und dem Kompaß
(Kein Baedeker zur See).

Nur was wir glauben, wissen wir gewiß.

Das sogenannte böse Gewissen sollte eigentlich das gute heißen, weil's ehrlich die Wahrheit sagt.

Mancher ertrinkt lieber, als daß er um Hilfe ruft.

Das Ungeziefer! Erst grollt man ihm, dann prüft man sich selbst, dann denkt man gelinder.

Mensch, was bist du für ein Schlingel!

Der freie Wille: Vor der Vernunft ist er nicht zu erweisen, aber doch muß man ihn fordern, sonst hört alle Selbstverantwortung auf.

Durch die Kinderjahre hindurchgeprügelt.

Ist Leidenschaft das Wesen der Welt, so werden Schläge wohl mehr wirken als Worte.

Alte Bäume behämmert der Specht am meisten.

Zwischen bös und gut hat sich ein Streit erhoben,
Gut hat keinen Mut, bös bleibt oben.

Willst du Schläge, so tanz auf der Kirchweih.

So hat es sich von je gefügt,
Daß Edelmut Gewalt erliegt.

Wer je ein gründliches Erstaunen über die Welt empfunden, will mehr. Er philosophiert — und was er auch sagen mag — er glaubt.

Jeder Jäger wird mal ein Hase.

Metaphysik und Worte! Das ist gerade so, als wenn man einem die Lehre von der Erbsünde auf der Flöte vorspielte.

Je älter man wird, je hastiger tritt sie einem auf die Hacken, die Zeit, die sogenannte.

Dürre Zweige, kurz gebrochen,
Etwas dünner oder dicker,
Um Kaffee dabei zu kochen,
Diese Zweige heißen Spricker.

Wer längst Vergangnes in der Gegenwart aufsuchen möchte, setzt sich meist einer großen Enttäuschung aus.

Das Leben wird schließlich mit dem Tode bestraft.

Im Alter Ersatz natürlicher Liebenswürdigkeit durch künstliche.

Kinder, wie alle, die der Natur noch näher stehen, glauben ans Weiterleben, es komme, was wolle, und sie werden schon recht haben.

„Die Zeit ist mir in die Kiepe gestiegen!", sagte Knackstert, da war er alt geworden.

Die Geister, ob gut oder böse, unbeliebte Gäste.

Nach dem vierzigsten Jahr ändert keiner mehr seine Philosophie.

Nichts, was war, wacht auf, wie es einstmals gewesen ist.

Tod: Wenn auch das Haus aufbrennt,
der Kobold zieht mit um.

„Es wird mir so eng in der Haut!" sagte die Laus, da wurde sie geknickt.

Eine Freude im Stübchen, zehn warten draußen.

Lamm: „Warum zerrupfst du mein Kleid?"
Dornenstrauch: „Weil es mich freut."

Zur Kirche wandelt Küster Nüssel,
In der Hand den großen Schlüssel:
Daß er, so wie bisher, auch heute
Im Turm die Abendglocke läute.

Wenn man auch als gescheiter Kerl stirbt, man weiß nie, ob man nicht als Trottel wieder auflebt.

Gott zieht an einer Hand, der Teufel an beiden Beinen.

Ich stehe auf der Grenze von hier und dort, und fast kommt es mir vor, als ob beides dasselbe wäre.

So sind wir Menschen. Wir singen und beten in aller Gemütlichkeit. Geht aber mal was quer, dann zeigt sich's, wie erbärmlich wenig Gottvertrauen wir haben.

Gute Kinder sterben früh; ihnen sind die Engelsflügel nicht abgeschnitten.

Gott zieht nur an der Hand, der einen,
Der Teufel zieht an beiden Beinen.

Wird man aus einem Leben herausgeklopft, huscht man ins andere wieder 'nein.

Zuviel und zuwenig Vertrauen sind Nachbarskinder.

Wer anders glaubt, ist schlecht,
wer anders denkt, ist dumm.

An der See hört der Baedeker auf.

Der Zustand vor jedem Dasein war besser, war unsere Heimat.

Dreimännerglaube — Dreimännerwein.

Nur in der Tiefe der Seele, mit Hilfe jener Kraft, die stärker ist als alle Vernünftigkeit, kann Trost und Ruhe gefunden werden.

Glaube beruht auf Ursachen, nicht auf Gründen.

Frei ist der Anfang, und frei ist das Ende; was dazwischen liegt, ist notwendig.

Glück, Freiheit: Negationen der Wirklichkeit.

Mit Gewalt ins Himmelreich:
durch Wollen, nicht durch Grübeln.

Wirt (zu einem späten Gast): „Es schläft schon einer im Saal." Der Gast zieht sich leise aus; der andere war ein vom Blitz erschlagener Schneidergeselle.

Es brenzelt schon nach dem Jüngsten Tage.

Der philosophische Ballon steigt nicht über die irdische Atmosphäre hinauf.

Wenn Erbstrafe, dann wohl auch Erbsünde.

Lebenslauf: Reise. Woher? Wohin? Bellende Hunde im Dorf, die kleinen tun das Beißen. Einkehr und Abschied. Wie die Blinden: Auf Wiedersehen! Heimat und Ruhe.

Gewisse Dinge greift man so vergeblich mit Worten an wie Geister mit Waffen.

Man verspürt Weltschmerz, wenn man sieht, wie die Bildnerin Natur auch ihre besten Arbeiten in den großen Tonkübel zurückschmeißt und sie einstampft mit den anderen.

Gewißheit gibt allein die Mathematik. Aber leider streift sie nur den Oberrock der Dinge.

Hinter der Kost ist schlecht naschen.

Wer rudert, sieht den Grund nicht.

Die sogenannten Wahrheiten habe ich doch ein wenig im Verdacht der Unbeständigkeit.

Was Frau Wahrheit betrifft, so zeigt sie sich selbst ihren intimsten Verehrern nur in keuscher Umhüllung.

Worte scharwenzeln um die Wahrheit herum;
sie ist keusch.

Tausend Jahre, mit dem unendlichen Halm gemessen, sind bloß ein Stück Häckerling.

Unsere Philosophie nach dem dreißigsten Jahre heißt Glaube.

Der Glaube soll ruhig auf seiner Burg bleiben, wo er sicher und geborgen ist.

Junge kommt zu langsam mit der Schnapsflasche. Vater: „Wart, der Knüppel kommt dir schon entgegen."

Heinrich, Heinrich, werde munter,
Denn sonst kömmste einen 'runter.

Vizehirn: besorgt die laufenden Geschäfte, auch wenn der Herr nicht daheim ist.

Vexiergeschenk: Wenig Gehalt, viel Papier.

Er ist ganz Ruhe, vom Nachtmützenzipfel bis in die Schuhe.

Sobald einer auf eigenem Lande ist, kann ihm der Werwolf nichts tun.

Wem ein Floh ins Ohr gesetzt wird,
der muß stochern.

Es schwant mir was, mir ist so wohl,
Gibt's heute mittag Sauerkohl?

Das ist wie Regen ins Wasser.

„Auch das noch!" sagte der Bettler, da fiel ihm das Brot durch die Kiepe.

Hoffetod: stirbt nicht oder ist schon gestorben.

Glaubenssachen sind Liebessachen.
Es gibt keine Gründe dafür oder dagegen.

Zaunigel — Bild des bewaffneten Friedens.

„Beizu trifft man am besten", sagte Taps, da hat er sich den Finger abgehackt.

Der Zug ist eben abgelassen —
Ich stehe da und kann's nicht fassen.

Zu einem Wurstpaket:
Es blüht die Wurst nur kurze Zeit,
Die Freundschaft blüht in Ewigkeit.

Das ist es eben! Man denkt nicht nur, man will auch leben.

Es ist ein Brauch von alters her,
Wer Sorgen hat, hat auch Likör.
Doch wer zufrieden und vergnügt,
Sieht auch zu, daß er welchen kriegt.

Mein Lebenslauf ist bald erzählt. —
In stiller Ewigkeit verloren
Schlief ich, und nichts hat mir gefehlt,
Bis daß ich sichtbar ward geboren.

Was aber nun? — Auf schwachen Krücken,
Ein leichtes Bündel auf dem Rücken,
Bin ich getrost dahingeholpert,
Bin über manchen Stein gestolpert,

Mitunter grad, mitunter krumm,
Und schließlich mußt' ich mich verschnaufen.
Bedenklich rieb ich meine Glatze
Und sah mich in der Gegend um.

O weh! Ich war im Kreis gelaufen,
Stand wiederum am alten Platze,
Und vor mir dehnt sich lang und breit,
Wie ehedem, die Ewigkeit.

Aus seinen Skizzenbüchern

Blatt dunkelgrün

Der Vater

Die Mutter mit einem Enkel

Selbstbildnis des sechzehnjährigen Busch

Der neunzehnjährige Busch

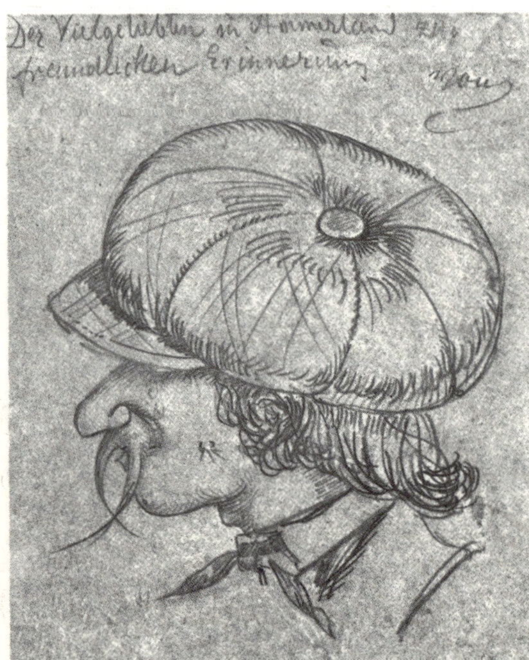

Selbstkarikatur

Von mir über mich

Kein Ding sieht so aus, wie es ist. Am wenigsten der Mensch, dieser lederne Sack voller Kniffe und Pfiffe. Und auch abgesehen von den Kapriolen und Masken der Eitelkeit. Immer, wenn man was wissen will, muß man sich auf die zweifelhafte Dienerschaft des Kopfes und der Köpfe verlassen und erfährt nie recht, was passiert ist. Wer ist heutigen Tages noch so harmlos, daß er Weltgeschichten und Biographien für richtig hält? Sie gleichen den Sagen und Anekdoten, die Namen, Zeit und Ort benennen, um sich glaubhaft zu machen. Sind sie unterhaltlich erzählt, sind sie ermunternd und lehrreich oder rührend und erbaulich, nun gut!, so wollen wir's gelten lassen. Ist man aber nicht grad ein Professor der Beredsamkeit und sonst noch allerlei, was der heilige Augustinus gewesen, und will doch partout über sich selbst was schreiben, dann wird man wohl am besten tun, man faßt sich kurz. Und so auch ich.

Es scheint verwunderlich; aber weil andere über mich geschrieben, muß ich's auch einmal tun. Daß es ungern geschähe, kann ich dem Leser, einem tiefen Kenner auch des eigenen Herzens, nicht weismachen, daß es kurz geschieht, wird ihm eine angenehme Enttäuschung sein.

Ich bin geboren am 15. April 1832 zu Wiedensahl als der erste von sieben.

Mein Vater war Krämer, klein, kraus, rührig, mäßig und gewissenhaft; stets besorgt, nie zärtlich; zum Spaß geneigt, aber ernst gegen Dummheiten. Er rauchte beständig Pfeifen, aber, als Feind aller Neuerungen, niemals Zigarren, nahm daher auch niemals Reibhölzer, sondern blieb bei Zunder, Stahl und Stein oder Fidibus. Jeden Abend spazierte er allein durchs Dorf, zur Nachtigallenzeit in den Wald. Meine Mutter, still und fromm, schaffte fleißig in Haus und Garten und pflegte nach dem Abendessen zu lesen. Beide lebten einträchtig und so häuslich, daß einst über zwanzig Jahre vergingen, ohne daß sie zusammen ausfuhren.

Wiedensahl

Wir lebten in einem kleinen Überfluß, zu essen gab's genug, und wenn gespart wurde, so geschah's für die Zukunft der Kinder. Diese Liebe und Entsagung rührt mich noch immer, obwohl ich doch schon ziemlich lange hübsch abgeschabt bin auf dieser Erdkruste. Liebe und Strenge sowohl, die mir von den Eltern zuteil geworden, hat der Schlafittich der Zeit aus meiner dankbaren Erinnerung nicht zu verwischen vermocht.

Was weiß ich denn noch aus meinem dritten Jahr? Knecht Heinrich macht schöne Flöten für mich und spielt selber auf der Maultrommel, und im Garten ist das Gras fast so hoch wie ich, und die Erbsen sind noch höher; und hinter dem strohgedeckten Hause, neben dem Brunnen, stand ein Kübel voll Wasser, und ich sah mein Schwesterchen drin liegen wie ein Bild unter Glas und Rahmen, und als die Mutter kam, war sie kaum noch ins Leben zu bringen.

Mein gutes Großmütterlein war zuerst wach in der Früh. Sie schlug Funken am P-förmigen Stahl, bis einer zündend ins „Usel" sprang, in die halbverkohlte Leinwand am Deckelkästchen des Feuerzeugs, und bald flackerte es lustig in der Küche auf dem offenen Herde unter dem Dreifuß und dem kupfernen Kessel; und nicht lange, so hatte auch das Kanonenöfchen in der Stube ein rotglühendes Bäuchlein, worin's bullerte.

Als ich sieben, acht Jahre alt war, durfte ich zuweilen mit aufstehen, und im Winter besonders kam es mir wonnig geheimnisvoll vor, so früh am Tag schon selbstbewußt in dieser Welt zu sein, wenn ringsumher noch alles still und tot und dunkel war. Dann saßen wir zwei, bis das Wasser kochte, im engen Lichtbezirk der pompejanisch geformten zinnernen Lampe. Sie spann. Ich las ein paar schöne Morgenlieder aus dem Gesangbuch vor. Gesangbuchverse, biblische Geschichten und eine Auswahl der Märchen von Andersen waren meine früheste Lektüre.

Später beim Kaffee nahmen Herrschaft, Knechte und Mägde, wie es bei guten Freunden geziemt, am nämlichen Tische Platz.

Um diese Zeit meines Lebens passierte eine kleine Geschichte, die recht schmerzhaft und schimpflich für mich ablief. Beim Küster diente ein Kuhjunge, fünf, sechs Jahre älter als ich. Er hatte in einen rostigen Kirchenschlüssel, so groß wie dem Petrus seiner, ein Zündloch gefeilt; und gehacktes Fensterblei hatte er auch schon genug, bloß das Pulver fehlte ihm noch zu Blitz und Donner. Infolge seiner Beredsamkeit machte ich einen stillen Besuch bei einer gewissen steinernen Kruke, die auf dem Speicher stand. Nachmittags zogen wir mit den Kühen auf die einsame Waldwiese. Großartig war der Widerhall des Geschützes. Und so beiläufig ging auch ein altes Bäuerlein vorbei, in der Richtung des Dorfes. — Abends kehrte ich fröhlich heim und freute mich so recht auf das Nachtessen. Mein Vater empfing mich an der Tür und lud mich ein, ihm auf den Speicher zu folgen. Hier ergriff er mich am linken Flügel und trieb mich vermittels eines Rohrstockes im Kreise umher, immer um die Kruke herum, wo das Pulver drin war. Wie peinlich mir das war, ließ ich weithin verlautbaren. Und sonderbar! Ich bin weder Jäger noch Soldat geworden.

Als ich neun Jahre alt geworden, beschloß man, mich dem Bruder meiner Mutter in Ebergötzen zu übergeben. Ich freute mich darauf. Wie Kinder sind, halb froh, halb wehmütig, plätscherte ich am Abend vor der Abreise mit der Hand in der Regentonne, über die ein Strauch von weißen Rosen hing, und sang „Christine! Christine!" versimpelt für mich hin.

Früh vor Tag wurde das dicke Pommerchen in die Scherdeichsel des Leiterwagens gedrängt. Das Gepäck ist aufgeladen; als ein Hauptstück der wohlverwahrte Leib eines alten Zinkedings von Klavier, dessen lästig gespreiztes Beingestell in der Heimat blieb; ein ahnungsvolles Symbol meiner musikalischen Zukunft. Die Reisenden steigen auf: Großmutter, Mutter, vier Kinder und ein Kindermädchen, Knecht Heinrich zuletzt. Fort rumpelt's durch den Schaumburger Wald. Ein Rudel Hirsche springt über den Weg; oben ziehen die Sterne; im Klavierkasten tunkt es.

In Wirtshäuser einkehren taten wir nicht; ein wenig seitwärts von der Straße wurde stillgehalten, der Deckel der Ernährungskiepe wurde aufgetan und unter anderm ein ganzer geräucherter Schinken entblößt, der sich bald merklich verminderte. Nach zweimaligem Übernachten bei Verwandten erreichten wir glücklich das Ebergötzener Pfarrhaus.

Gleich am Tage nach der Ankunft schloß ich Freundschaft mit dem Sohne des Müllers. Wir gingen vors Dorf hinaus, um zu baden. Wir machten eine Mudde aus Erde und Wasser, die wir „Peter und Paul" benannten, überkleisterten uns damit von oben bis unten, legten uns in die Sonne, bis wir inkrustiert waren wie Pasteten, und spülten's im Bach wieder ab. Die Freundschaft ist von Dauer gewesen. Alljährlich besuch' ich ihn und schlafe noch immer gut beim Rumpumpeln des Mühlwerkes und dem Rauschen des Wassers.

Auch der Wirt des Ortes, weil er ein Piano besaß, wurde bald mein guter Bekannter. Er war rauh wie Esau. Ununterbrochen kroch das schwarze Haar in die Krawatte und aus den Ärmeln wieder heraus bis dicht an die Fingernägel. Beim Rasieren mußte er weinen, denn das Jahr 48, welches selbst den widerspenstigsten Bärten die Freiheit gab, war noch nicht erschienen. Er trug lederne Klappantoffeln und eine gelbgrüne Joppe, die das hintere Mienenspiel der blaßblauen Hose nur selten zu bemänteln suchte. Seine Philosophie war der Optimismus mit rückwirkender Kraft; er sei zu gut für diese Welt, pflegte er gern und oft zu behaupten. Als er einst einem Jagdhunde mutwillig auf die Zehen trat und ich meinte, das stimmte nicht recht mit seiner Behauptung, kriegt' ich sofort eine Ohrfeige. Unsere Freundschaft auch. Doch die Erschütterung währte nicht lange. Er ist mir immer ein lieber und drolliger Mensch geblieben. Er war ein geschmackvoller Blumenzüchter, ein starker Schnupfer und hat sich dreimal vermählt.

Bei ihm fand ich einen dicken Notenband, der durchgeklimpert, und freireligiöse Schriften jener Zeit, die begierig verschlungen wurden.

Der Lehrer der Dorfjugend, weil nicht der meinige, hatte keine Gewalt über mich — solange er lebte. Aber er hing sich auf, fiel herunter, schnitt sich den Hals ab und wurde auf dem Kirchhofe dicht vor meinem Kammerfenster begraben. Und von nun an zwang er mich allnächtlich, auch in der heißesten Sommerzeit, ganz unter der Decke zu liegen. Bei Tag ein Freigeist, bei Nacht ein Geisterseher.

Meine Studien teilten sich naturgemäß in beliebte und unbeliebte. Zu den ersteren rechne ich Märchenlesen, Zeichnen, Forellenfischen und Vogelstellen. Mein Freund auf der Mühle, der meine gelehrten Unterrichtsstunden teilte, teilte auch meine Studien in freier Natur. Dohnen und Sprenkeln wurden eifrig verfertigt, und der Schlupfwinkel keiner Forelle den ganzen Bach entlang unter Steinen und Baumwurzeln blieb unbemerkt von uns.

Zwischen all dem herum aber schwebte beständig das anmutige Bildnis eines blondlockigen Kindes. Natürlich sehnte ich oft die bekannte Feuersbrunst herbei mit nachfolgendem Tode zu Füßen der geretteten Geliebten. Meist jedoch war ich nicht so rücksichtslos gegen mich selbst, sondern begnügte mich mit dem Wunsch, daß ich zauberhaft fliegen und hüpfen könnte, hoch in der Luft, von einem Baum zum andern, und daß sie es mit ansähe und wäre starr vor Bewunderung.

Von meinem Onkel, der äußerst milde war, erhielt ich nur ein einziges Mal Hiebe mit einem trockenen Georginenstengel, weil ich den Dorftrottel geneckt hatte. Dem war die Pfeife voll Kuhhaare gestopft und dienstbeflissen angezündet. Er rauchte sie aus, bis aufs letzte Härchen, mit dem Ausdruck der seligsten Zufriedenheit. Also der Erfolg war unerwünscht für mich in zwiefacher Hinsicht. Es macht nichts. Ein Trottel bleibt immer eine schmeichelhafte Erinnerung.

Etwa ums Jahr 45 bezogen wir die Pfarre zu Lüethorst.

Unter meinem Fenster murmelte der Bach. Gegenüber am Ufer stand ein Haus, eine Schaubühne des ehelichen Zwistes; der sogenannte Hausherr spielt die Rolle des besiegten Tyrannen. Ein hübsches natürliches Stück; zwar das Laster unterliegt, aber die Tugend triumphiert nicht. Das Stück fing an hinter der Szene, spielte weiter auf dem Flur und schloß im Freien. Sie stand oben vor der Tür und schwang triumphierend den Reiserbesen, er stand unten im Bach und streckte die Zunge heraus; und so hatte er auch seinen Triumph.

In den Stundenplan schlich sich nun auch die Metrik ein. Dichter, heimische und fremde, wurden gelesen. Zugleich fiel mir die „Kritik der reinen Vernunft" in die Hände, die, wenn auch damals nur spärlich durchschaut, doch eine Neigung erweckte, in den Laubengängen des intimeren Gehirns zu lustwandeln, wo's bekanntlich schön schattig ist, oder in der Gehirnkammer Mäuse zu fangen, wo es nur gar zuviel Schlupflöcher gibt.

Sechzehn Jahre alt, ausgerüstet mit einem Sonett und einer ungefähren Kenntnis der vier Grundrechnungsarten, erhielt ich Einlaß zur Polytechnischen Schule in Hannover.

Hier ging mit meinem Äußeren eine stolze Veränderung vor. Ich kriegte die erste Uhr — alt, nach dem Kartoffelsystem — und den ersten Paletot — neu, so schön ihn der Dorfschneider zu bauen vermochte. Mit diesem Paletot, um ihn recht sehen zu lassen, stellte ich mich gleich den ersten Morgen sehr dicht vor den Schulofen. Eine brenzlige Wolke und die freudige Teilnahme der Mitschüler ließen mich ahnen, was hinten vor sich ging. Der umfangreiche Schaden wurde kuriert nach der Schnirrmethode, beschämend zu sehn; und nur noch bei äußerster Witterungsnot ließ sich das einst so prächtige Kleidungsstück auf offener Straße blicken.

In der reinen Mathematik schwang ich mich bis zu „Eins mit Auszeichnung" empor, aber in der angewandten bewegt' ich mich mit immer matterem Flügelschlage.

Im Jahre 48 trug auch ich mein gewichtiges Kuhbein, welches nie scharf geladen werden durfte, und erkämpfte mir in der Wachtstube die bislang noch nicht geschätzten Rechte des Rauchens und des Biertrinkens; zwei Märzerrungenschaften, deren erste mutig bewahrt, deren zweite durch die Reaktion des Alters jetzt merklich verkümmert ist.

Ein Maler wies mir den Weg nach Düsseldorf. Ich kam, soviel ich weiß, grad an zu einem jener Frühlingsfeste, für diesmal die Erstürmung einer Burg, die weithin berühmt waren. Ich war sehr begeistert davon und von dem Maiwein auch.

Unter Anwendung von Gummi, Semmel und Kreide übte und erlernte ich daselbst die beliebte Methode des „Tupfens, mit der man das reizende lithographische Korn" erzeugt. Nachdem ich mich recht und schlecht durch den Antikensaal getüpfelt hatte, begab ich mich nach Antwerpen in die Malschule, wo man, so hieß es, die alte Muttersprache der Kunst noch immer erlernen könne.

In dieser kunstberühmten Stadt sah ich zum erstenmal die Werke alter Meister: Rubens, Brouwer, Teniers, Frans Hals. Ihre göttliche Leichtigkeit der Darstellung malerischer Einfälle, verbunden mit stofflich juwelenhaftem Reiz; diese Unbefangenheit eines guten Gewissens, welches nichts zu vertuschen braucht; diese Farbenmusik, worin man alle Stimmen klar durchhört, vom Grundbaß herauf, haben für immer meine Liebe und Bewunderung gewonnen; und gern verzeih' ich's ihnen, daß sie mich zu sehr geduckt haben, als daß ich's je recht gewagt hätte, mein Brot mit Malen zu verdienen wie manch anderer auch. Die Versuche, freilich, sind nicht ausgeblieben; denn geschafft muß werden, und selbst der Taschendieb geht täglich auf Arbeit aus. Ja, ein wohlmeinender Mitmensch darf getrost voraussetzen, daß diese Versuche, deren Resultate zumeist für mich abhanden gekommen, sich immerfort durch die Verhältnisse hindurchziehen, welche mir schließlich meinen bescheidenen Platz anwiesen.

Ich wohnte am Eck der Käsbrücke bei einem Bartscherer. Er hieß Jan, seine Frau hieß Mie. Zu gelinder Abendstunde saß ich mit ihnen vor der Haustür, im grünen Schlafrock, die Tonpfeife im Munde; und die Nachbarn kamen auch herzu: der Korbflechter, der Uhrmacher, der Blechschläger, die Töchter in schwarzlackierten Holzschuhen. Jan und Mie waren ein zärtliches Pärchen, doch kinderlos, sie dick, er dünn; sie balbierten mich abwechselnd, verpflegten mich während einer Krankheit und schenkten mir beim Abschied in kühler Jahreszeit eine warme rote Jacke und drei Orangen. — Wie war mir's traurig zumut, als ich voll Neigung und Dankbarkeit nach

Neues Wohnhaus der Eltern Buschs von der Straßenseite

Tor in Gallifort bei Antwerpen

Jahren dies Eck wiederaufsuchte, und alles war neu, und Jan und Mie gestorben, und nur der Blechschläger pickte noch in seinem alten, eingeklemmten Häuschen und sah mich trüb und verständnislos über die Brille an.

Den deutschen Künstlerverein, bestehend aus einigen Malern, aus politischen Flüchtlingen und Auswanderungsagenten, besuchte ich selten, fühlte mich aber geehrt durch Aufnahme einiger Scherze in die Kneipzeitung.

Nach Antwerpen hielt ich mich in der Heimat auf.

Was damals die Leute ut oler Welt erzählten, klang mir sonderbar ins Ohr. Ich horchte genauer und sucht' es mir fleißig zu merken, doch wußt' ich leider zuwenig, um zu wissen, was wissenschaftlich bemerkenswert war. Das Vorspuken eines demnächstigen Feuers hieß „wabern". Den Wirbelwind, der auf der Landstraße den Staub auftrichtert, nannte man „warwind"; es sitzt eine Hexe drin. Übrigens hörte ich, seit der Alte Fritz das Hexen verboten hätte, müßten sich die Hexen überhaupt sehr in acht nehmen mit ihrer Kunst.

Von Märchen wußte das meiste ein alter, stiller, für gewöhnlich wortkarger Mann. Einsam saß er abends im Dunkeln. Klopft' ich ans Fenster, so steckte er freudig den Trankrüsel an. In der Ofenecke steht sein Sorgensitz. Rechts von der Wand langte er sich die sinnreich senkrecht im Kattunbeutel hängende kurze Pfeife, links vom Ofen den Topf voll heimischen Tabaks, und nachdem er gestopft, gesogen und Dampf gemacht, fängt er seine vom Mütterlein ererbten Geschichten an. Er erzählt gemächlich; wird's aber dramatisch, so steht er auf und wechselt den Platz, je nach den redenden Personen, wobei denn auch die Zipfelmütze, die sonst nur leis nach vorne nickte, in mannigfachen Schwung gerät.

Für Spukgeschichten dagegen von bösen Toten, die wiederkommen zum Verdrusse der Lebendigen, war der Schäfer Autorität. Wenn er abends erzählte, lag er quer über dem Bett, und wenn's ihm trocken und öd wurde im Mund, sprang er auf und ging vor

den Tischkasten und biß ein neues Endchen Kautabak ab zur Erfrischung. Sein Frauchen saß daneben und spann.

In den Spinnstuben sangen die Mädchen, was ihre Mütter und Großmütter gesungen. Während der Pause, abends um neun, wurde getanzt, auf der weiten Haustenne unter der Stallaterne, nach dem Liede:

Maren will wie Hawern meihn,
wer schall den woll binnen?
Dat schall Meiers Dortchen don,
de will eck wol finnen.

Von Wiedensahl aus besucht' ich auf längere Zeit den Onkel in Lüethorst. Ein Liebhabertheater im benachbarten Städtchen zog mich in den angenehmen Kreis seiner Tätigkeit; aber ernsthafter fesselte mich das wundersame Leben des Bienenvolkes. Es hatte sich grad um einen Grundsatz der Wissenschaft, nämlich, daß nur aus einem befruchteten Ei ein lebendes Wesen entstehen könne, ein Streit erhoben. Ein schlichter katholischer Geistlicher wies nach, daß die Bienen eine Ausnahme machten. Mein Onkel als gewandter Schriftsteller und guter Beobachter ergriff seine Partei und beteiligte sich lebhaft an dem Kampfe. Der Wunsch und Plan, nach Brasilien auszuwandern, dem Dorado der Imker, hat sich nicht verwirklichen sollen. Die Annahme, daß ich überhaupt praktischer Bienenzüchter geworden, ist freundlicher Irrtum.

Auch mich zog es unwiderstehlich abseits in das Reich der Naturwissenschaften. Ich las Darwin, ich las Schopenhauer damals mit Leidenschaft. Doch so etwas läßt nach mit der Zeit. Ihre Schlüssel passen ja zu verschiedenen Türen in dem verwunschenen Schlosse dieser Welt; aber kein „hiesiger" Schlüssel, so scheint's, und wär's der Asketenschlüssel, paßt je zur Ausgangstür.

Von Lüethorst trieb mich der Wind nach München, wo bei der grad herrschenden akademischen Strömung mein kleines flämisches Schifflein, das wohl auch schlecht gesteuert war, nicht recht zum Schwimmen kam und gar bald auf dem trockenen saß,

Um so angenehmer war es im Künstlerverein, wo man sang und trank und sich nebenbei karikierend zu necken pflegte. Auch ich war solchen persönlichen Späßen nicht abgeneigt. Man ist ein Mensch und erfrischt und erbaut sich gern an den kleinen Verdrießlichkeiten und Dummheiten anderer Leute. Selbst über sich selber kann man lachen mitunter, und das ist ein Extrapläsier, denn dann kommt man sich sogar noch klüger und gedockener vor als man selbst. — Die Veröffentlichung der dort verübten Späße, besonders der persönlichen Verhohnhacklungen, ist mir unerwünscht. Was hilft's? Dummheiten, wenn auch vertraulich in die Welt gesetzt, werden früher oder später doch leicht ihren Vater erwischen, mag er's wollen oder nicht.

Lachen ist ein Ausdruck relativer Behaglichkeit. Der Franzel hinterm Ofen freut sich der Wärme um so mehr, wenn er sieht, wie sich draußen der Hansel in die rötlichen Hände pustet. Zum Gebrauch in der Öffentlichkeit habe ich jedoch nur Phantasiehanseln genommen. Man kann sie auch besser herrichten nach Bedarf und sie eher tun und sagen lassen, was man will. Gut schien mir oft der Trochäus für biederes Reden, stets praktisch der Holzschnittstrich für stilvoll heitere Gestalten. So ein Konturwesen macht sich leicht frei von dem Gesetze der Schwere und kann, besonders wenn es nicht schön ist, viel aushalten, eh' es uns weh tut. Man sieht die Sach' an und schwebt derweil in behaglichem Selbstgefühl über den Leiden der Welt, ja über dem Künstler, der gar so naiv ist.

Auch das Gebirg', das noch nie in der Nähe gesehene, wurde für längere Zeit aufgesucht. An einem Spätnachmittag kam ich zu Fuß vor dem Dörfchen an, wo ich zu bleiben gedachte. Gleich das erste Häuschen mit dem Plätscherbrunnen und dem Zaun, von Kürbis durchflochten, sah verlockend idyllisch aus. Feldstuhl und Skizzenbuch wurden aufgeklappt. Auf der Schwelle saß ein steinaltes Mütterlein und schlief, das Kätzchen daneben. Plötzlich, aus dem Hintergrund des Hauses, kam eine jüngere

Frau, faßte die Alte bei den Haaren und schleifte sie auf den Kehrichthaufen. Dabei quäkte die Alte wie ein Huhn, das geschlachtet werden soll. Feldstuhl und Skizzenbuch wurden zugeklappt. Mit diesem Rippenstoße führte mich das neckische Schicksal zu den trefflichen Bauersleuten und in die herrliche Gegend, von denen ich nur ungern wieder Abschied nahm.

Es kann 59 gewesen sein, als zuerst in den „Fliegenden" eine Zeichnung mit Text von mir gedruckt wurde: zwei Männer, die aufs Eis gehen, wobei einer den Kopf verliert. Vielfach, wie's die Not gebot, illustrierte ich dann neben eigenen auch fremde Texte. Bald aber meint' ich, ich müßt' halt alles selber machen. Die Situationen gerieten in Fluß und gruppierten sich zu kleinen Bildergeschichten, denen größere gefolgt sind. Dann hab' ich sie laufen lassen auf den Markt, und da sind sie herumgesprungen, wie Buben tun, ohne viel Rücksicht zu nehmen auf gar zu empfindsame Hühneraugen; wohingegen man aber auch annehmen darf, daß sie nicht gar zu empfindlich sind, wenn sie mal Schelte kriegen. Wer sie freundlich in die Hand nimmt, etwa wie Spieluhren, wird vielleicht finden, daß sie, trotz bummligen Aussehens, doch teilweise im Leben geglüht, mit Fleiß gehämmert und nicht unzweckmäßig zusammengesetzt sind. Fast alle hab' ich, ohne wem was zu sagen, in Wiedensahl verfertigt, ausgenommen ein allegorisches Tendenzstück und einige Produkte des drängenden Ernährungstriebes, zum Selbstpläsier. Hätte jedoch die sorglos in Holzschuhen tanzende Muse den einen oder andern der würdigen Zuschauer auf die Zehe getreten, so wird das bei ländlichen Festen nicht weiter entschuldigt. Ein auffällig tugendsames Frauenzimmer ist's freilich nicht. Aber indem sie einerseits den Myrtenzweig aus der Hand des übertriebenen Wohlwollens errötend von sich ablehnt, hält sie anderseits gemütlich den verschleierten Blick eines alten Ästhetikers aus, dem bei der Bestellung des eigenen Ackers ein Stäubchen Guano ins Auge geflogen.

Man hat den Autor, den diese Muse begeistert, für einen Bücherwurm und Absonderling gehalten. Das erste mit Unrecht. Zwar liest er unter anderem die Bibel, die großen Dramatiker, den Augustin, den Pickwick und Don Quijote und hält die Odyssee für das schönste der Märchenbücher, aber ein Bücherwurm ist doch ein Tierchen mit ganz anderen Manierchen.

Ein Sonderling dürfte er schon eher sein. Für die Gesellschaft ist er nicht genugsam dressiert, um ihre Freuden geziemend zu würdigen und behaglich genießen zu können. Zu einer Abendunterhaltung jedoch unter vier bis höchstens sechs Augen, in einer neutralen Rauchecke, bringt er noch immer eine Standhaftigkeit mit, die kaum dem anrückenden Morgen weicht.

Selbstbildnis von 1860

Groß war auch seine Nachlässigkeit oder Schüchternheit im schriftlichen Verkehr mit Fremden. Der gewandte Stilist, der seine Korrespondenten mit einem zierlichen Strohgeflechte beschenkt, macht sich umgehend beliebt, während der Unbeholfene, der seine Halme aneinanderknotet wie der Bauer, wenn er Seile bindet, mit Recht befürchten muß, daß er Anstoß erregt. Er zögert und vergißt.

Verheiratet ist er auch nicht. Er denkt gelegentlich eine Steuer zu beantragen auf alle Ehemänner, die nicht nachweisen können, daß sie sich lediglich im Hinblick auf das Wohl des Vaterlandes vermählt haben. Wer eine hübsche und gescheite Frau hat, die ihre Dienstboten gut behandelt, zahlt das Doppelte. Den Ertrag kriegen die alten Junggesellen, damit sie doch auch eine Freud' haben.

Ich komme zum Schluß. Das Porträt, um rund zu erscheinen, hätte mehr Reflexe gebraucht. Doch manche vorzügliche Menschen, die ich liebe und verehre, für Selbstbeleuchtungszwecke zu verwenden, wollte mir nicht passend erscheinen, und in bezug auf andere, die mir weniger sympathisch gewesen, halte ich ohnehin schon längst ein mildes gemütliches Schweigen für gut.

So stehe ich denn tief unten an der Schattenseite des Berges. Aber ich bin nicht grämlich geworden; sondern wohlgemut, halb schmunzelnd, halb gerührt, höre ich das fröhliche Lachen von anderseits her, wo die Jugend im Sonnenschein nachrückt und hoffnungsfreudig nach oben strebt.

Soviel wollt' ich von mir selber sagen.

Wer grad in ein Ballett vertieft ist, wer eben seinen Namenstag mit Champagner feiert, wer zufällig seine eigenen Gedichte liest, wer Skat spielt oder Tarock, dem ist freilich geholfen.

Leider stehen diese mit Recht beliebten Mittel temporärer Erlösung nicht immer jedem zur Verfügung. Oft muß man schon froh sein, wenn nur einer, der Wind machen kann, mal einen kleinen, philosophisch angehauchten Drachen steigen läßt, geklebt aus altem Papier. Man wirft sein Bündel ab, den Wanderstab daneben, zieht den heißen Überrock des Daseins aus, setzt sich auf den Maulwurfshügel allerschärfster Betrachtung und schaut dem langgeschwänzten Dinge nach, wie's mehr und mehr nach oben strebt, sodann ein Weilchen in hoher Luft sein stolzes Wesen treibt, bis die Schnur sich verkürzt, bis es tiefer und tiefer sinkt, um schließlich matt und flach aufs dürre Stoppelfeld sich hinzulegen, von dem es aufgestiegen.

Wenigstens was mich betrifft, so mag nur einer kommen und mir beweisen, daß die Zeit und dies und das bloß ideal ist, ein Spuk unter dem Dach, ein angeerbtes Kopfübel, hartnäckig, inkurabel, bis der letzte Schädel ausgebrummt; er soll mich nur aufs Eis führen, seine blanken Schlittschuhe anschnallen, auf der gefrorenen Ebene seine sinnreichen Zahlen und Schnörkel schreiben, ich will ihn gespannt begleiten, ich will ihm dankbar sein; nur gar zu kühl darf es nicht werden, daß mir die Nase friert, sonst drücke ich mich lieber hinter irgendeinen greifbaren Ofen, wär' es auch nur ein ganz bescheidener von schlichten Kacheln, bei dem man sich ein bissel wärmen kann.

Ja, die Zeit spinnt luftige Fäden, besonders die in Vorrat, welche wir oft weit hinausziehen in die sogenannte Zukunft, um unsere Sorgen und Wünsche daran aufzuhängen wie die Tante ihre Wäsche, die der Wind zerstreut. — Als ob's mit dem Gedrängel des gegenwärtigen Augenblicks nicht grad genug wäre.

Und dann dies liebe, trauliche, teilweis grauliche, aber durchaus putzwunderliche Polterkämmerchen der Erinnerung voll scheinbar welken, abgelebten Zeugs, das dennoch weiterwirkt, drückt, zwickt, erfreut, oft ganz, wie's ihm beliebt, nicht uns; das sitzenbleibt, obwohl nicht eingeladen, das sich empfiehlt, wenn wir es halten möchten. Ein Kämmerchen, in Fächer eingeteilt, mit weißen, roten Türen, ja selbst mit schwarzen, wo die alten Dummheiten hinter sitzen.

Vielleicht ist's grade Winter. Leise wimmeln die Flocken vor deinem Fenster nieder. Ein weißes Türchen tut sich auf. Sieh nur, wie deutlich alles dasteht, wie in einem hellerleuchteten Puppenstübchen. Der Lichterbaum, die Rosinengirlanden, die schaumvergoldeten Äpfel und Nüsse, die braungebackenen Lendenkerle; glückliche Eltern, selige Kinder. Freundlich betrachtest du das Bübchen dort, denn das warst du, und wehmütig zugleich, daß nichts Besseres und Gescheiteres aus ihm geworden, als was du bist.

Mach wieder zu. — Öffne dies rote Türchen. — Ein blühendes Frauenbild. Ernst, innig schaut's dich an, als ob's noch wäre, und ist doch nichts als ein Phantom von dem, was längst gewesen.

Laß sein. — Paß auf das schwarze Türchen. — Da rumort's hinter. — Halt zu! — Schon recht, so lange, wie's geht. — Du kriegst, wer weiß woher, einen Stoß auf Herz, Leber, Magen oder Geldbeutel. Du läßt den Drücker los. Es kommt die stille, einsame, dunkle Nacht. Da geht's um in der Gehirnkapsel und spukt durch alle Gebeine, und du wirfst dich von dem heißen Zipfel deines Kopfkissens auf den kalten und her und hin, bis dir der Lärm des aufdämmernden Morgens wie ein musikalischer Genuß erscheint.

Nicht du, mein süßer Backfisch! Du liegst da in deinem weißen Häubchen und weißen Hemdchen, du faltest deine schlanken Finger, schließest die blauen, harmlos-träumerischen Augen und schlummerst seelenfriedlich deiner Morgenmilch mit Brötchen entgegen und selbst deiner Klavierstunde, denn du hast fleißig geübt.

Aber ich, Madam! Und Sie, Madam, und der Herr Gemahl, der abends noch Hummer ißt, man mag sagen, was man will. — Doch nur nicht ängstlich! Die bösen Menschen brauchen nicht gleich alles zu wissen. Zum Beispiel ich, ich werde mich wohl hüten, ich lasse hier nur ein paar kümmerliche Gestalten heraus, die sich so gelegentlich in meinem Gehirn eingenistet haben, als ob sie mit dazugehörten.

Es ist Nacht in der kunst- und bierberühmten Residenz. Ich komme natürlich aus dem Wirtshause, bin aber bereits in der Vorstadt und strebe meinem einsamen Lager zu. Links die Planke, rechts der Graben. Hinter mir eine Stadt voll leerer Maßkrüge, vor mir die schwankende Nebelsilhouette eines betagten Knickebeins. Bald drückt er zärtlich die Planke, bald zieht ihn der Graben an, bis endlich die Planke, des falschen Spiels müde, ihm einen solch verächtlichen Schubs gibt, daß er dem Graben, mit Hinterlassung des linken Filzschuhs, sofort in die geschmeidigen Arme sinkt. Ich ziehe ihn heraus bei den Beinen wie einen Schubkarren. Er wischt sich die Ohren und wimmert kläglich: „Wissen S', i siech halt nimma recht!" — Gewiß häufig eine zutreffende Ausrede für ältere Herren in verwickelten Umständen.

Ein andermal derselbe Weg. — Vor mir ein zärtliches Pärchen. Ihr schleift, am Bändel hängend, die Schürze nach. Ich wirble sie auf mit dem Stock und sage in gefälligem Ton: „Fräulein, Sie verlieren etwas." Sie hört es nicht. Es ist der Augenblick vor einem Liebeskrach. Er schlägt sie zu Boden, tritt ihr dreimal hörbar auf die Brust, und fort ist er. — Schnell ging's. — Und was für einen sonderbaren Ton das gibt, so ein Fußtritt auf ein weibliches Herz. Hohl, nicht hell. Nicht Trommel, nicht Pauke. Mehr lederner Handkoffer, voll Lieb und Treu vielleicht. Ich gebe ihr meinen Arm, daß sie sich aufrichten und erholen kann; denn man ist oft gerührt und galant, ohne betrunken zu sein.

Ein andermal ein andrer Weg. — Ein berühmter Maler hat mich zu Mittag geladen. Stolz auf ihn und meine silbervergoldete Dose, geh' ich durch eine einsame Straße und drehe mir vorher noch eben eine Zigarette. Hinter mir kommt wer angeschlurft; er schlurft an mir vorbei. „Ja, Beddelleit, die hat koana gern; die mag neamed." Er spricht es leise und bescheiden, er schaut nicht seitwärts, er schaut nicht um; er schlurft so weiter. Hände im schwärzlichgrauen Paletot; schwärzlichgrauer Hut im Nacken; Hose schwärzlichgrau, unten mit Fransen dran; da, wo Hut und Paletotkragen ihre Winkel bilden, je ein blasses Stückchen Ohr zu sehen. Ein armer, farbloser Kerl. Schon zehn Mark, vermutlich, würden ihm recht sein. Freilich — der Schneider — die Fahrt ins Tirol — am End' versäuft er's nur. — Macht nichts! Gib's ihm halt! — Inzwischen ist er weg ums Eck, für immer unerwischbar.

Schnell eine andere Tür! — Schau, schau! — Zwischen zwei Hügeln, mitten hindurch der Bach, das Dörflein meiner Kindheit. Vieles im scharfen Sonnenlicht früher Eindrücke, manches überschattet von mehr als vierzig vergangenen Jahren, einiges nur sichtbar durch den Lattenzaun des Selbsterlebten und des Hörensagens. Alles so heiter, als hätt' es damals nie geregnet.

Aber auch hier gibt's arme Leutchen. — Es ist noch die gute alte Zeit, wo man den kranken Handwerksburschen über die Dorfgrenze schiebt und sanft in den Chausseegraben legt, damit er ungeniert sterben kann; obschon der unbemittelte Tote immerhin noch einen positiven Wert hat, unter anderm für den Fuhrmann, der ihn zur Anatomie bringt.

Im Dörflein seitab, hier hinter den trüben Fensterscheiben, da sitzt vielleicht das „Puckelriekchen". Sie spinnt und spinnt. Auf die Lebensfreuden hat sie verzichtet. Aber drei Tage nach ihrem Tode, da wenigstens möchte sie sich mal so ein recht gemütliches Fest bereiten, nämlich ein ehrliches Begräbnis mit heilen Gliedmaßen, im schwarzlackierten Sarge, auf dem heimatlichen Kirchhofe. Nach dem Professor, der die toten Leute kaputtschneidet, will sie nicht; und dann müßte sie sich ja auch so schämen vor den Herren Studenten, weil sie gar so klein und mager und bucklig ist. Darum bettelt sie und sinnt und spinnt von früh bis spät. — O weh! Zu früh schneidet die Parze den Flachs- und Lebensfaden ab. Es hat nicht gelangt. Nun heißt es doch: „Hinein in die ungehobelte Kiste!", und „Krischan, spann an!" Und dort fährt er hin mit ihr in der frühen Dämmerung, und wer grad verreisen muß, der kann mit aufsitzen. — Das wäre was gewesen für Tante Malchen, die immer so gern per Gelegenheit fuhr!

Der dort langsam und verdrießlich Holz sägt, das scheint der „Pariser“ zu sein. „Eine kalte Winternacht“, so pflegt er auf plattdeutsch zu sagen, „ein Grenzstein im freien Feld und eine Pulle voll Schluck, das müßte einen bequemen Tod abgeben.“ Oder: „Hätt' ich nur erst eine Viertelstunde gehangen, mich dünkt, so wollt' ich gleich mit einem um die Wette hängen, der schon ein ganzes Jahr gehangen hat.“ Gegen die erste Manier schützt er Geldmangel vor, gegen die zweite den bedenklichen Anfang. Er zögert und zögert und muß sich zuletzt mit einem gewöhnlichen Tod begnügen, wie er grad vorkommt.

Hier im Hof, auf dem Steintritt vor der Tür, steht eine hübsche Frau. Sagen wir, Kreuzbänder an den Schuhen, Locken an den Schläfen, Schildpattkamm im Flechtennest. Ein fremder Betteljunge kommt durch die Pforte. Haare wie trockener Strohlehm, Hemd und Haut aus *einem* Topf gemalt, Hose geräumig, vermutlich das Geschenk eines mildtätigen Großvaters, Bettelsack mit scheinbar knolligem Inhalt, Stock einfach, zweckentsprechend. „Heut kriegst du nichts, wir haben selbst Arme genug.“ — „So bra'r jöck de Düwel wat ower, dat je'r anne sticket!“ Nach Abgabe dieses Segenswunsches entfernt er sich, um sein Sammelwerk anderweitig fortzusetzen. Nicht mit Erfolg. Hinter der Mauer hervor, bewehrt mit kurzem Spieß, tritt ihm unerwartet ein kleiner Mann entgegen, entledigt ihn, listig lächelnd, doch rücksichtslos, seiner Vorräte und zeigt ihm sodann unter Zuhilfenahme der umgekehrten Waffe, durch stoßweise Andeutungen auf der Kehrseite, den richtigen Weg zum Dorfe hinaus.

Dieser Wachsame und Gewaltige ist der „alte Danne“. Da er körperlich und geistig zu schwach geworden, um Tagelöhner zu sein, so hat man ihm ein Amt verliehen mit dem Titel „Bettelvogt“ und als Zeichen seiner Würde den Speer, „dat Baddelspeit“. Kraft dessen ist er Herzog und Schirmherr aller einheimischen Bettler. — Er ißt „reihrund“. Er schläft nachts im Pferdestall, nachmittags bei günstiger Witterung im Baumgarten hinter dem Hause. Und hier kann man am besten eine Eigentümlichkeit an ihm beobachten, welche hauptsächlich bei alten unbemittelten Leuten vorzukommen scheint, die versäumt haben, sich ein neues Gebiß zu kaufen. Atmet er ein — lautes Schnarchen, atmet er aus — ein leises Flöten. Erst dieser alte, faltige, grauborstige Mümmelmund hübsch weit abgerundet nach innen gezogen: krah!, dann plötzlich bei hohlen Backen hübsch zugespitzt nach außen getrieben und nur ein ganz feines Löchlein drin: püh! — Für den Naturforscher, selbst bei häufiger Wiederholung, ein interessantes Phänomen. — Leider geht der alte Danne nur noch kurze Zeit seinen Erholungen und Amtsgeschäften nach. Es kommt so ein gewisser, schöner, ausdermaßen warmer Nachmittag. Zwei flachsköpfige Buben, sehr bewandert in Obstangelegenheiten, besuchen grad zufällig in einem schattigen Garten einen berühmten Sommerbirnenbaum, um eben mal nachzusehen, wie die Sachen da liegen. — Der alte Danne liegt darunter. Speer im Arm, still, bleich, grade ausgestreckt, die Augen starr nach oben in die vollen Birnen gerichtet, Mund offen, so daß man sah: krah! war sein letzter Laut gewesen; zwei Fliegen kriechen ein und aus. Der alte Danne ist tot. Um ihn her liegen die goldigsten Sommerbirnen, aber für diesmal mochten wir keine. — Und schlau hat er's abgepaßt, denn der neue Kirchhof wird nächstens eingeweiht. Er kommt noch auf den alten und kann ruhig weiterliegen, ohne von später kommenden Schlafgästen gestört zu werden. — Eine geschmackvolle Garnitur von Brennesseln steht um sein Grab herum. —

Ja, mein guter, wohlsituierter und lebendiger Leser! So muß man überall bemerken, daß es Verdrießlichkeiten gibt in dieser Welt und daß überall gestorben wird. Du aber sei froh. Du stehst noch da, wie selbstverständlich, auf deiner angestammten Erde. Und wenn du dann dahinwandelst, umbraust von den ahnungsvollen Stürmen des Frühlings, und deine Seele schwillt mutig auf, als solltest du ewig leben; wenn dich der wonnige Sommer umblüht und die liebevollen Vöglein in allen Zweigen singen; wenn deine Hand im goldenen Herbst die wallenden Ähren streift; wenn zur hellglänzenden Winterzeit dein Fuß über blitzende Diamanten knistert, hoch über dir die segensreiche

Sonne oder der unendliche Nachthimmel voll winkender Sterne — und doch, durch all die Herrlichkeiten hindurch, allgegenwärtig, ein feiner, peinlicher Duft, ein leiser, zitternder Ton —, und wenn du dann nicht so was wie ein heiliger Franziskus bist, sondern wenn du wohlgemut nach Hause gehst zum gutgekochten Abendschmaus und zwinkerst deiner reizenden Nachbarin zu und kannst schäkern und lustig sein, als ob sonst nichts los wäre, dann darf man dich wohl einen recht natürlichen und unbefangenen Humoristen nennen.

Fast wir alle sind welche. — Auch du, mein kleines, drolliges Hänschen, mit deinem Mumps, deiner geschwollenen Backe, wie du mich anlächelst durch Tränen aus deinem dicken, blanken, schiefen Gesicht heraus, auch du bist einer; und wirst du vielleicht später mal gar ein Spaßvogel von Metier, der sich berufen fühlt, unsere ohnehin schon große Heiterkeit noch künstlich zu vermehren, so komm nur zu uns, guter Hans, wir werden dir gern unsere alten Anekdoten erzählen, denn du bist es wert.

„Ahem! — Wie war denn das Diner bei dem berühmten Maler?“ So unterbrichst du mich, mein Wertester mit dem Doppelkinn. — Nun! Kurz, aber gut, Wein süperb, Schnepfen exquisit. — Doch ich sehe, du hast dich gelangweilt. Das beleidigt mich. Aber ich bin dir unverwüstlich gut. Ich werde sonstwie für dich sorgen; ich verweise dich auf den vielsagenden Ausspruch eines glaubwürdigen Blattes: „Il faut louer Busch pour ce qu'il a fait, et pour ce qu'il n'a pas fait.“ Wohlan, mein Freund! Wende deinen Blick von links nach rechts, und vor dir ausgebreitet liegt das Gelobte Land aller guten Dinge, die ich nicht gemacht habe.

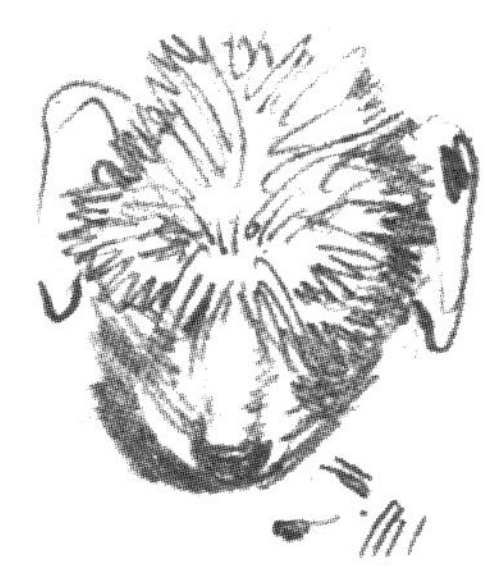

Liebst du herz- und sonnenwarme Prosa, lies Werther. — Suchst du unverwelklichen Scherz, der wohl dauern wird, solange noch eine sinnende Stirn über einem lachenden Munde sitzt, begleite den Ritter von der Mancha auf seinen ruhmreichen Fahrten. — Willst du in einem ganzen Spiegel sehen, nicht in einer Scherbe, wie Menschen jeder Sorte sich lieben, necken, raufen, bis jeder sein ordnungsmäßiges Teil gekriegt, schlag Shakespeare auf. Trägst du Verlangen nach entzückend mutiger Farbenlust, stelle dich vor das Flügelbild Peter Pauls in der Scheldestadt und laß dich anglänzen von der jungfräulichen Mutter mit dem Kinde. — Oder sehnst du dich mehr nach den feierlichen Tönen einer durchleuchteten Dämmerung, besuch den Heiligen Vater in seinem beneidenswerten Gefängnis und schau den Sebastian an. — Und ist dir auch das noch nicht hinreichend, so zieh meinetwegen an den Arno, wo eine gedeckte Brücke zwei wundersame Welten der Kunst verbindet.

Damit, denk' ich, wirst du für acht Tage genug haben, und wärst du so genußfähig wie ein Londoner Schneidermeister auf Reisen.

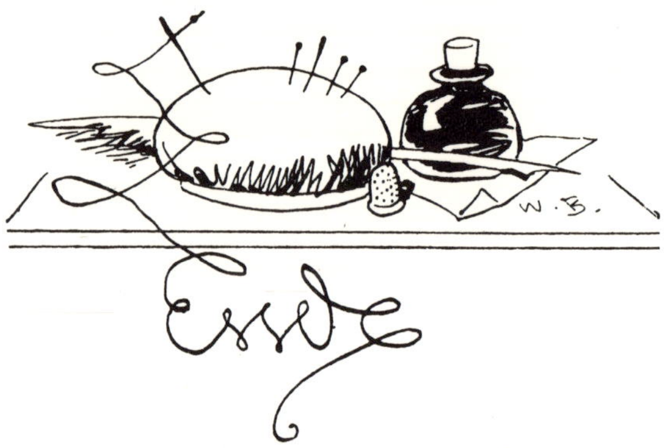
W. B.
Ende